Die

TOP YACHT RACES

DER WELT

PRIMAGAZ
PRIMAGAZ
PRIMAGAZ
PRIMAGAZ
L'ENERGIE D'ALLER PLUS LOIN
VIFF

Die TOP YACHT RACES DER WELT

Vorwort von PETE GOSS

SUE & ANTHONY STEWARD

HEEL

WIDMUNG

Für unsere Söhne Shackleton und Selbourne;
in liebender Erinnerung an Morgan.

Heel Verlag GmbH
Gut Pottscheidt
53639 Königswinter
Tel.: (0 22 23) 92 30-0
Fax: (0 22 23) 92 30 26

New Holland Publishers
Garfield House, 86 Edgware Road
London W2 2EA, UK
Englischer Originaltitel:
Top Yacht Races of the World

Lektorat:
Joachim Hack, Bad Honnef
Druck und Verarbeitung:
Tien Wah Press Ltd., Singapore

Printed and bound in Singapore

ISBN 3-89365-913-7

LAYOUT: **PETER BOSMAN**
REDAKTION: **MARIELLE RENSSEN**
ILLUSTRATIONEN: **STEVEN FELMORE**
KARTEN: **JOHN LOUBSER**
BILD-REDAKTION: **CARMEN WATTS**
BERATUNG: **JEFF TOGHILL (AUSTRALIEN)**
JOYCE TALBOT (NEUSEELAND)
DONALD REID (ENGLAND)

Schmutztitel: EIN BESATZUNGSMITGLIED AN DER ZWEIHANDWINSCH EINER WHITBREAD-60-YACHT.

Titel: VÖLLIG LOSGELÖST: LAURENT BOURGNONS TRIMARAN *PRIMAGAZ*.

Auf dieser Seite: DAS AMERIKANISCHE TEAM AUF *FLASH GORDON*, GEWINNER DES ADMIRAL'S CUP 1997.

Seiten 6-7: DIE YACHT *GARTMORE* VON JOSH HALL BEI PROBESCHLÄGEN FÜR DIE AROUND ALONE 1998.

MUMM
CHAMPAGNE
20
U.S.A.

INHALT

PRADA
PRADA
LUNA ROSSA

VORWORT

von Pete Goss

EINE REGATTA – DAS IST IMMER EINE PERSÖNLICHE HERAUSFORDERUNG, ganz gleich, ob man Teil eines Teams ist oder als Einzelkämpfer antritt. Physisch wie mental steht man im ewigen Wettstreit mit den Naturkräften, die einen auf unerwartete Weise auf die Probe stellen können und dieses auch tun. Und schließlich geht es darum, alles Vertrauen in sein Schiff zu setzen, mit dem man zum Wesentlichen einer jeden Herausforderung vordringt.

Ich selbst habe dieses unbeschreibliche Prickeln und die überwältigenden Gefühle, bei einem guten Rennen dabei zu sein, erleben dürfen. Aber auch die Tiefpunkte auf See und die menschlichen Tragödien, von denen in diesem Buch so packend berichtet wird. So verschaffte mir die Round-the-World-Regatta Vendée Globe einen tiefen Einblick in die peniblen Vorbereitungen, die für solch ein Rennen getroffen werden müssen. Alles läuft bei den Einhandseglern auf einen Punkt zu, und von den Teilnehmern wird zielstrebige Entschlusskraft erwartet. Ganz im Gegensatz dazu stehen Team-Regatten, wie zum Beispiel die British Steel Challenge. Hier wäre es falsch, den Teamgeist unterzubewerten, zumal man die schwierigsten Situationen miteinander teilt, man zusammen von Wind und Wetter abhängig ist und mit den Kameraden auf engstem Raum unter schwierigen Bedingungen zusammenlebt.

Natürlich spreche ich auch von persönlichen Niederlagen, die man im Rahmen eines ehrgeizigen Projekts ertragen muss und die sich vor einem wie unvorhergesehene Hürden aufbauen, ehe es dann vielleicht doch weiter geht. Ich denke da an den weltweit publizierten Vorfall vom 28. März 2000, als der Rumpf meines 120-Fuß-Katamarans *Team Philipps* bei Testfahrten zur Trophée Jules Verne einfach auseinanderbrach. Zwei Jahre intensiver Planung und Vorbereitung waren binnen Sekunden zerstört. Auch solch ein Vorfall wirft ein Schlaglicht auf die zarte Bande, die zwischen dem Segler und seinem Schiff bestehen. Crew-Kollege Paul Larsen fasste es wie folgt zusammen: „Deine Zukunft hängt an ein paar Carbonfasern". Wohl wahr, unterstreicht es doch die Belastung, denen Körper und Geist in solch einem Fall ausgesetzt sind. Immerhin kann man sich damit trösten, dass es nicht mitten im Südpazifik passiert ist, wo eisige Gewässer für einen fatalen Ausgang gesorgt hätten. Stattdessen, um die Worte von Crewmitglied Mike Calvin zu benutzen, „ist der Traum nicht ausgeträumt, nur etwas aufgeschoben."

Tatsache ist, dass trotz der Dramen, die sich auf den Weltmeeren abspielen können, die Herausforderung überwiegt und immer wieder dafür sorgen wird, dass mutige Individualisten bis an ihre Grenzen gehen. Im Sinne der Fairness und der Notwendigkeit, auch Seglern mit kleineren Booten eine gerechte Chance einzuräumen, sind die Handicap-Regelungen zu verstehen. Nur so ist ein Gleichgewicht zwischen kleinen Yachten und den großen High-Tech-Yachten mit den riesigen Budgets überhaupt möglich und nur so haben sie dieselbe Chance, als Sieger über die Ziellinie zu gehen. Wichtig, wenn man bedenkt, dass man bei den meisten Regatten, von denen in diesem Buch die Rede ist, schlicht dem Ersten den Sieg zusprach. Das Handicap-Prinzip funktioniert. Trotzdem hat eine Regatta wie The Race, bei der es keine regulierenden Beschränkungen gibt, etwas Aufregendes, das die Fantasie erregt, so wie das Zusammenspiel des Textes und der ausgezeichneten Fotos in diesem fantastischen Buch Gefühle einfängt.

Gegenüber DER AMERICA'S CUPPER *PRADA LUNA ROSSA* FÜHRT DAS FELD IM VIERTELFINALE DES LOUIS VUITTON CUPS AN. DIESE REGATTASERIE ÜBER DREI SOGENANNTE ROUND-ROBIN-AUSSCHEIDUNGEN, EIN HALBFINALE UND EIN FINALE ENTSCHEIDET ÜBER DEN AMERICA'S CUP-HERAUSFORDERER.

Oben PETE GOSS UND SEIN GEWALTIGER KATAMARAN *TEAM PHILIPPS*, DER MIT ZWEI GABELBAUM-RIGGS AUSGESTATTET IST.

EINFÜHRUNG
DIE BESTEN SEGLER ALLER ZEITEN

Die Liste der besten Segler aller Zeiten liest sich wie das *Who is Who* der Yacht-Geschichte. So war es der Portugiese Ferdinand Magellan, der unter spanischer Flagge schon im Jahr 1519 eine Expedition leitete, bei der er erfolgreich die Welt umrundete – eine Reise übrigens, die erst 1522 zu Ende ging. Gestartet war er mit einer Flotte von fünf Schiffen mit insgesamt 240 Mann Besatzung an Bord. Magellan selbst kam bei dem Versuch ums Leben, eingeborene Philipinos zum Christentum zu bekehren, und nur 17 Männer der Crew kehrten auf der Vittoria lebend zurück. Die Ehre, auf dem eigenen Schiff die Welt zu umrunden, blieb dem britischen Kommandeur Sir Francis Drake vorbehalten, der dies mit seiner Golden Hind von 1577 bis 1580 vollbrachte.

Im Jahr 1895 initiierte der in Kanada geborene und spätere Amerikaner Joshua Slocum das Einhandsegeln. Von Boston aus segelte Slocum auf der von ihm restaurierten *Spray*, einer elf Meter langen (36,5 Fuß) Sloop. Nach dreijähriger, zielloser Navigation und 46.000 Seemeilen (85.100 Kilometer) lief er in den Hafen von Newport/Rhode Island (USA) ein, womit er als Erster einhand die Welt auf einem Segelboot umrundet hatte.

1942 war es der argentinische Landwirt Vito Dumas, der mit seiner 9-Meter-Ketsch *Legh II* (31 Fuß) als erster den Globus über die Südmeere bezwang.

Der britische Segler John Guzzwell benötigte drei Jahre (von 1955 bis 1959), um mit seiner nur sechs Meter langen *Trekka* (20 Fuß) als erster Engländer die Welt einhand zu umsegeln – und dies mit der kleinsten Yacht überhaupt.

Der amerikanische Teenager Robin Lee Graham startete im Alter von 16 Jahren mit seiner Yacht *Dove* und wurde fünf Jahre später mit 21 Jahren und zwei Monaten der bis dahin jüngste Weltumsegler aller Zeiten. Nur ein Jahr später gelang dem Briten Sir Francis Chichester die Weltumseglung auf seiner *Gipsy Moth III* in einer Rekordzeit von neun Monaten, wobei er lediglich im australischen Sydney einen einzigen Stopp einlegte. Diese unglaubliche Leistung war letztlich Anlass für die erste Regatta rund um die Welt. Die Golden Globe Challenge wurde von der britischen Tageszeitung Sunday Times ins Leben gerufen und mit 5000 Pfund Preisgeld dotiert. Ziel war die schnellste Nonstop-Einhand-Weltumseglung, wobei es lediglich darauf ankam, dass die Teilnehmer von irgend einem englischen Hafen vor dem 31. Oktober 1968 los segelten. Neun Yachten stellten sich der Herausforderung zu den unterschiedlichsten Zeiten, doch nur ein Segler vollendete die Weltumseglung – der Brite Robin Knox-Johnston auf seiner 10-Meter-Ketch *Suhaili* (33 Fuß). Der 30-jährige Reservist der Royal Navy beendete das Rennen nach 313 Tagen und 30.123 Seemeilen (55.727 Kilometer), der längsten ununterbrochenen Zeit auf See.

Dabei ist durchaus strittig, wer den Rekord der ersten Nonstop-Einhand-Weltumseglung hält. Obwohl Knox-Johnston das Rennen offiziell gewann, hat der Franzose Bernard Moitessier durchaus Anspruch auf den Titel, kreuzte er mit seiner 11-Meter-Ketsch *Joshua* doch vor Knox-Johnston den Ausgangskurs. Doch während Knox-Johnston die Welt umsegelte, wobei er im südwestlichen Zipfel Englands in Falmouth startete und auch dort landete, verließ Moitessier Plymouth (östlich von Falmouth) mit südlichem Kurs. 145 Tage später kreuzte dieser 700 Meilen westlich von Kapstadt seinen eigenen Kurs, um kurzerhand seine Reise über den Indischen Ozean fortzusetzen und die Welt ein zweites Mal zu umrunden. Jenes Kreuzen auf einer abgelegenen Route führte schließlich zu der kontroversen Diskussion, was eigentlich exakt eine Weltumseglung sei.

Tragisch in diesem Zusammenhang ist die Geschichte des Briten Nigel Tetley, der mit seiner Yacht Victress

Oben DER EINGEBÜRGERTE AMERIKANER JOSHUA SLOCUM WAR DER ERSTE MENSCH, DER DIE WELT MIT EINER YACHT EINHAND UMSEGELTE – EINE LEISTUNG, DIE ER IN DREI JAHREN VOLLBRACHTE.

Links 1967 VERKÜRZTE SIR FRANCIS CHICHESTER SLOCUMS REKORD VON DREI JAHREN FÜR DIE EINHAND-WELTUMSEGLUNG TROTZ EINES STOPPS AUF NEUN MONATE.

beim Golden Globe-Rennen den Ausgangskurs nur 2 Stunden und 35 Minuten später kreuzte als Knox-Johnston den Zielhafen erreichte. Tetleys Leistung wurde nie wirklich anerkannt, zumal sein Boot Schiffbruch erlitt und sank, ehe er im Ziel ankam. Dabei war er in einen Nervenkrieg gegen den britischen Mitbewerber Donald Crowhurst verwickelt, der Tetley mit falschen Positionsangaben dazu brachte, bis zum Äußersten zu gehen. Crowhursts Trimaran wurde später treibend aufgefunden und sein Logbuch bewies, dass er Wettfahrtleitung wie Konkurrenten getäuscht und zu keinem Zeitpunkt am Rennen teilgenommen hatte. Seine Leiche wurde nie gefunden.

In den 70-er Jahren machte die Seefahrtsindustrie große Fortschritte, so bei der technischen Konstruktion der Yachten und der Wettervorhersage. Fakt war, dass sich die Segler besser für Langstrecken ausstatten konnten. So gelang 1971 dem Briten Chay Blyth eine Nonstop-Weltumseglung in 292 Tagen, wobei er gegen die vorherrschenden Winde und Strömungen alle drei Kaps umrundete – das südamerikanische Kap Hoorn, das Kap der Guten Hoffnung in Südafrika und das australische Cap Leeuwin. Hinzu kommt das Verdienst, dies mit dem größten Monohull, der 18 Meter langen (59 Fuß) *British Steel* geschafft zu haben.

Mit einer Rekordzeit von 169 Tagen und nur einem Zwischenstopp in Sydney vollendete der Franzose Alain Colas 1973 seinen Round-the-World-Trip auf dem 21 Meter langen (69 Fuß) Multihull *Manureva*. Danach gab es unzählige Rekordversuche, und die Bestzeiten lösten einander ab. 1985 verkürzte der Amerikaner Dodge Morgan den Rekord für eine Nonstop-Weltumseglung auf 150 Tage. Ein Rekord, der sich durch den Franzosen Philippe Monet mit seinem Trimaran *Kriter* in Luft auflöste, brauchte dieser doch nur 129 Tage für den lediglich von einigen technischen Zwischenstopps unterbrochenen Trip von Brest nach Brest.

1993 gelang es dem Südafrikaner Anthony Steward – übrigens Co-Autor dieses Buches – als erstem Menschen, in einem offenen Boot die Welt zu umrunden, während dies bereits 1984 der Australier Serge Testa mit der kleinsten Yacht aller Zeiten, der nur vier Meter langen (13 Fuß) *Acrolic Australis*, vollbracht hatte.

Den Rekord für die schnellste Weltumseglung hält derzeit der Franzose Christophe Auguin, der beim letzten Vendée Globe Challenge dafür 105 Tage, 20 Stunden, 31 Minuten und 23 Sekunden benötigte. Den ebenfalls ungebrochenen Rekord für eine Weltumseglung mit Crew verteidigt der derzeitige Titelträger der Jules Verne Trophy, der französische Skipper Olivier de Kersausson, mit seinem 27-Meter-Trimaran *Sport-Elec*. Seine Zeit: 71 Tage, 14 Stunden und 18 Minuten.

Die Bestleistung für Frauen im weltumspannenden Segelsport hält die Neuseeländerin Naomi James, die im Alter von 28 Jahren einhand in 272 Tagen einschließlich einiger Zwischenstopps die Welt umrundete. Den Titel Nonstop holte sich hingegen 1988 die Australierin Kay Cottee, die mit ihrer Yacht *First Lady* 189 Tage benötigte.

DER STARTSCHUSS ZU WELTWEITEN REGATTEN

Die Tatsache, dass Knox-Johnston Mitglied der Royal Naval Sailing Association (RNSA) war und vor allem sein Sieg mit der *Suhaili* im Jahr 1969, sorgten letztlich für Aufbruchstimmung in der Mitgliedschaft. Otto Steiner, Konteradmiral der RNSA, hatte die Idee, ein Mannschaftswettrennen rund um die Welt ins Leben zu rufen. Als sein Vorschlag mit Begeisterung aufgenommen wurde, gründete er ein Wettfahrt-Komitee und sorgte für den finanziellen Hintergrund, sodass 1973 das Whitbread Round the World Race geboren wurde.

Es dauerte nur bis 1982, bis mit dem BOC Around Alone eine neue Einhand-Regatta für Monohulls offiziell eingeführt wurde. Diese Regatta war letztlich Auslöser für die sogenannte Vendée Globe (allein, nonstop, um die Welt) und diese wiederum für die Jules Verne Trophy. Alles gipfelt schließlich in The Race, dem bedingungslosen und schnellsten Rennen rund um die Welt, das am 31. Dezember 2000 gestartet wurde.

CHALLENGER – DAS BOOT FÜR EINE UNGEWÖHNLICHE HERAUSFORDERUNG

Anthony Steward aus Kapstadt in Südafrika war 1993 der erste Segler – und daran hat sich bis heute nichts geändert –, der die Welt alleine in einem offenen Boot umrundete. Dabei segelte Steward mit einem von

Oben links SIR CHAY BLYTH GELANG ALS ERSTEM SEGLER EINE WELTUMSEGLUNG IN ENTGEGENGESETZTER RICHTUNG. HIER SIEHT MAN IHN AM STEUER DER *UNITED FRIENDLY* BEIM WHITBREAD-RACE 1981/1982.

Oben Mitte DER PIONIERGEIST DER FRÜHEN SEGLER FÜHRTE LETZTLICH ZU EINHAND-REGATTEN UM DIE WELT – MIT RENNMASCHINEN, WIE Z.B. DER *GEODIS* VON CHRISTOPHE AUGUIN.

Oben rechts ROBIN KNOX-JOHNSTON SEGELTE DANK SEINER ERSTEN EINHAND-WELTUMSEGLUNG MIT DER AUS TEAK GEBAUTEN UND MIT EINEM BLEIKIEL UND EINEM HOLZMAST VERSEHENEN YACHT *SUHAILI* DIREKT IN DIE GESCHICHTSBÜCHER.

DES VORGABEN-RÄTSELS LÖSUNG

Gemischte Regatten begeistern das Publikum nur wenig, was wiederum die Debatte um ein Yacht-Vorgabensystem anheizt, das zwar die Fairness im Wettbewerb erhöht, doch den Zuschauer verwirrt. Match-Racing und Einheitsklassen-Regatten hingegen sind außerordentlich erfolgreich. Denn: Sie sind leicht zu verfolgen, da derjenige, der als erster die Ziellinie passiert, auch die Lorbeeren erntet. Dies mag auch ein Grund dafür sein, warum viele Rennen, mit denen sich dieses Buch beschäftigt, sich auf ein bestimmtes Yachtdesign stützen. Zum Einen sind die Sponsoren hoch zufrieden, wenn sich ihre Investition in den Medien widerspiegelt, zum anderen interessiert die Öffentlichkeit nur das, was sie auch versteht. Vor allem die Franzosen sind Meister dieser Kunst, und eine ganze Nation begeistert sich fürs Segeln mehr als für die meisten anderen Sportarten. Ein Hauptgrund dafür ist, dass ihre Regatten leicht mitzuverfolgen sind: Ein Beispiel – die Tour de France ist ein Rennen von Mumm 36 One-Design-Yachten, die gegeneinander segeln. Und Sieger ist immer derjenige, der das Feld am Schluss anführt.

Verwirrung ist dennoch an der Tagesordnung: Bei der Cape to Rio-Regatta 1996 zum Beispiel wurde das kleinste Boot des Feldes zum Sieger erklärt, das erst acht Tage nach der ersten Yacht über die Ziellinie ging. Es ist klar, dass im Laufe der Jahre und bei der Vielzahl der weltweiten Yachtdesigns ein System entwickelt werden musste, das dem stets vorherrschenden Wettbewerbsgedanken entgegenkommt und zudem ermöglicht, dass all diese Yachten gegeneinander antreten können und jeder eine faire Siegchance hat.

Der sogenannte Performance Handicap Rating Factor (PHRF) schreibt vor, dass sich jede Yacht in perfektem Rennzustand befindet muss – das bedeutet, einschließlich eines aufgeräumten Decks, eines tadellosen Unterwasserschiffs und eines Satzes Regattasegel. Danach wird jede Yacht eingestuft, und sie fährt solange in dieser Klasse, bis mögliche Verbesserungen dazu führen, dass das „Rating" überprüft werden muss.

Um der Klarheit willen kann das Rating-System vereinfacht wie folgt erklärt werden:

Boot A, eine große, schlanke Rennyacht, verfügt über ein Rating von 1,5. Boot B hingegen ist eine familientaugliche Fahrtenyacht, die für dieselbe Regatta ein Rating von 0,7 erhält. Boot A beendet das Rennen in zehn Stunden, Boot B in 20. Ihre Rennzeit wird mit dem jeweiligen Rating-Faktor multipliziert. Boot A: 10 Stunden x 1,5 = 15 Stunden (korrigierte Zeit). Boot B: 20 Stunden x 0,7 = 14 Stunden (korrigierte Zeit). Nach dem Handicap-System ist Boot B der Sieger. Die tatsächlich benötigte Zeit, im Beispiel 10 bzw. 20 Stunden, wird als „gesegelte Zeit" bezeichnet.

Jede Region hat ihr eigenes Wettfahrtkomitee, und so manche haben auch ihr eigenes Rating-System. Dies ist vor allem für Spitzensegler frustrierend. So gibt es Bereiche, bei denen Veränderungen am Boot nach Ansicht der Wettfahrtleitung statthaft sind; ein Jahr später jedoch, mit Antritt einer neuen Wettfahrtleitung, können genau dieselben Veränderungen bestraft werden. Dennoch – unter einem erfolgreichen Rating-System versteht man, wenn die kleinste Yacht in einem Regattafeld den Gesamtsieg erringen kann und man damit davon ausgeht, dass die erbrachte Leistung besser war als die aller anderen Boote im Feld. Das bedeutet, dass ihre Taktik, der Trimm ihrer Segel und das Zusammenspiel der Mannschaft der Konkurrenz überlegen waren.

Natürlich ist dies immer ein Kompromiss. Ein seriöser Regattasegler versucht stets, sein Boot in eine bestimmte Kategorie einzuordnen und dabei sicherzustellen, dass keine Regeln verletzt werden. Nur so kann ein fairer Wettbewerb gegen die Konkurrenten stattfinden. Nun mag es sein, dass man im Rahmen neuer Entwicklungen sich neuen Herausforderungen stellen muss, etwa der Mini-Transat, die aus einer wenig regulierten Klasse besteht. Diese bedingt, dass die gegeneinander antretenden Yachten zwar gleich groß sein müssen, aber jeder die Möglichkeit hat, durch radikale Veränderung die Leistungsfähigkeit seiner Yacht zu verbessern. So ist den individuellen Yacht-Designs zu verdanken, dass Konstruktionen wie Wasserballast und spektakuläre Kielformen ein gängiges Phänomen bei den Einhand-Segelmarathons geworden sind.

Ein anderes Vorgabensystem ist das International Measurement System (IMS), bei dem die gültige Formel durch eine ganze Reihe von Yachtmaßen ermittelt wird. Zu den Kriterien, mit der man das IMS-Rating errechnet, gehören Segelfläche, Wasserlinie, der Kiel-Typ und das Gewicht des Bootes.

seinem Landsmann Dudley Dix entworfenen Day-Sailer, der nur 5,8 Meter lang war und über keine Kabine und somit auch über keinen Schutz gegen Sonne und See verfügte. Auf dem als selbstlenzende Plicht angelegten Cockpit konnte das Wasser wegtrocknen, doch Verpflegung, Bekleidung und das über Sonnenenergie betriebene VHF-Radio mussten in wasserdichten Schapps rund ums Cockpit verstaut werden.

Während dieser mutigen Reise kenterte Steward häufiger als er sich erinnern kann. Er wurde von einem riesigen Schiff kurz hinter dem Panama-Kanal (jener Wasserstraße, die die Karibik vom Pazifik trennt und die zwischen Nord- und Südamerika verläuft) überfahren und wie durch ein Wunder an der Heckwelle wieder ausgespuckt, er erlitt Mastbruch vor der Pazifik-Insel Samoa und – für neun Tage – Schiffbruch vor der Seychelleninsel Ile de Cerf.

Die von ihm vorgesehene Route sollte über den Süd-Atlantik führen, dann nördlich in Richtung Karibik, durch Panama hindurch in den Pazifik, schließlich durch den Indischen Ozean zurück zum Ausgangspunkt, dem südlichen Zipfel Afrikas. Der erste Schlag führte ihn zur Vulkaninsel St. Helena im südöstlichen Atlantik auf etwa der geographischen Breite wie die Südküste Angolas. Nach 18 Tagen war er angesichts der angespannten Verhältnisse auf seinem Boot kaum noch in der Lage zu laufen. Und so ist es nur der guten Pflege, der moralischen Unterstützung der Inselbewohner und nicht zuletzt der Tatsache eines fehlenden Flughafens zu verdanken, dass Steward seine Reise in Richtung Norden in die Karibik fortsetzte.

Der längste Abschnitt seines Abenteuers war ein 30-tägiger Schlag über den Pazifischen Ozean. Nachdem

Aus der Vogelperspektive: DAS DECK VON ANTHONY STEWARDS BOOT, DAS IHM ACHTEINHALB MONATE LANG ALS HEIM UND LEBENSRAUM DIENTE. DIE FLÄCHE WAR KAUM GRÖSSER ALS EIN DOPPELBETT – UND UNGLEICH UNBEQUEMER.

Steward vor Samoa nordöstlich der Fidschi-Inseln Mastbruch erlitten hatte, errichtete er ein Notrigg und kämpfte sich bis nach Brisbane, also bis auf halbe Höhe der australischen Ostküste durch, um dort Wartungsarbeiten durchzuführen und die Wirbelsturm-Saison abzuwarten.

Doch nachdem er das Barriere-Riff und Australiens Nordküste hinter sich gelassen hatte und sich anschickte, von Darwin aus den Indischen Ozean zu queren, um rechtzeitig zur eigenen Hochzeit zu kommen, kenterte er erneut und verlor dabei wieder sein Rigg. Die Trinkwasserreserven waren durch das Salzwasser verdorben, was ihn dazu zwang, vier Tage lang ohne Unterbrechung in Richtung Madagaskar zu steuern, wobei das kleine Boot riesige Wellen abreiten musste. Im Zustand völliger Erschöpfung erblickte er schließlich die Palmen-bewachsene Ile de Cerf, die jedoch von einem gewaltigen Riff umgeben war, das die Insel vor den Wellen des Indischen Ozeans schützt. Steward war nicht mehr in der Lage, sein beschädigtes Boot auf die andere Seite der Insel zu segeln, und seine einzige Hoffnung bestand darin, über das Riff hinweg zu surfen. Als das Boot über die Korallen hinweg donnerte, rissen Ruder und Kiel ab, aber Steward befand sich in vermeintlicher Sicherheit – im ruhigen, klaren Gewässer innerhalb des Riffs. Dummerweise ist dies nur die größte Brutstätte des Tiger-Hais! Seine blutigen Hände zogen sogleich auch einen Schwarm von Haien an, während er versuchte, zur Insel zu schwimmen. Nur mit einem großen Angelhaken bewaffnet konnte er sie fernhalten. Schließlich erreichte er den Strand, löschte seinen Durst mit der Milch einer Kokosnuss und schlief vor lauter Erschöpfung ein.

Nachdem er aufgewacht war, hielt Steward Ausschau nach Hilfe, aber die Insel war verlassen. Es war eine jener unbewohnten Inseln im äußeren Ring der Seychellen. Immerhin entdeckte er die Überreste eines Hauses eines ehemaligen Inselbewohners auf der Leeseite der Insel, wo er sein Lager aufschlug, um sich fortan von Kokosmilch und Pawpaws zu ernähren. Der Notsender seines Bootes war zwar verrostet, trotzdem gelang es ihm, einen Ruf abzusetzen. Natürlich wusste er nicht, dass niemand diesen Notruf hören würde.

Kaum neun Tage später ankerte ein kleines Fischerboot auf der geschützten Leeseite der Insel, sodass die Crew ihr vom Sturm beschädigtes Schiff reparieren konnte. Die Notflagge Stewards interpretierten sie zunächst als Wolke. Immerhin – der junge Kapitän Frank Bebe war von dieser Variante nicht ganz überzeugt und ließ ein Dingi aussetzen. Als sie einen „verrückten weißen Mann auf dem Strand" tanzen sahen, forderten sie Verstärkung an. Nur mit Fischermessern bewaffnet, näherten sie sich vorsichtig. Freilich waren sie davon überzeugt, dass der gestrandete Rumpf nur das Beiboot zu Stewards großer Yacht war. Völlig verzweifelt kletterte der schiffbrüchige Segler auf sein Boot und weigerte sich, mitzukommen. Die Fischer waren schließlich gezwungen, ihn auf ihr Boot zu zerren, von dem aus er mit sehr besorgten Familienmitgliedern Kontakt aufnahm. Seine Heimreise legte er an Bord einer Maschine der Air Seychellen zurück – gerade 20 Tage vor seiner bevorstehenden Heirat.

Sein Boot wurde nach Südafrika zurückgebracht, wo es die Mediterranean Shipping Company nach umfangreichen Reparaturen aufnahm und es mit ihm vor der bewussten Insel wieder zu Wasser ließ. Steward konnte seine Reise fortsetzen (dieser letzte Abschnitt führte von der Ostküste Südafrikas um Cap Agulhas herum schließlich nach Kapstadt). Er vollendete seinen Törn, wobei er Seite an Seite mit Killerwalen durch den sogenannten Moçambique-Channel zwischen Madagaskar und der moçambiquanischen Küste segelte. Auch bewältigte er die gefährliche südafrikanische Küste. Da er über keine Koch-Möglichkeiten an Bord verfügte, ernährte er sich von rohem Fisch und einer knappen Ration aus Konserven. Insgesamt benötigte Steward für diese Meisterleistung 260 Tage, wobei der gesamte Trip über zwei Jahre dauerte, einschließlich der notwendigen Auszeiten zwischen den einzelnen Abschnitten.

Oben DIE *NCS CHALLENGER* MIT GEREFFTEN SEGELN BEI SCHLECHTEM WETTER. SIE ÜBERSTAND UNZÄHLIGE STÜRME UND KENTERUNGEN, UND WURDE SOGAR VON EINEM SCHIFF IN DER NÄHE PANAMAS ÜBERFAHREN.

Oben NACH FAST DREIVIERTEL DER STRECKE – UND KURZ NACH DEM WIEDERBEGINN DER REISE NACH EINEM SCHIFFBRUCH – NÄHERT SICH STEWARD DEN KOMOREN IM INDISCHEN OZEAN.

Oben und ganz oben STEWARD WAR UNTERWEGS ALLEN WETTERBEDINGUNGEN AUSGESETZT (OBEN). VERSCHWINDEND KLEIN WIRKT SEIN BOOT, ALS ER BEIM EINLAUFEN IN KAPSTADT VON EINER WILLKOMMENS-FLOTTE BEGRÜSST WIRD.

DIE ENTWICKLUNG DES YACHT-DESIGNS

Eigentlich würde man vermuten, dass das einzige Bestreben eines Rennyacht-Designers das Erreichen größtmöglicher Geschwindigkeit ist. Doch angesichts der zahlreichen, weltweit existierenden Rating-Systeme und der Tatsache, dass der Erste, der über die Ziellinie geht, nicht automatisch der Sieger ist, kommt es darauf an, ein Boot so zu zeichnen, dass es über alles gewinnt. Es gilt ein Boot zu bauen, das jeden denkbaren Vorteil im Rahmen der Rating-Regeln optimal nutzt, dabei die gängigen Standards durchkreuzt und schließlich die Fachleute so täuscht, dass sie davon überzeugt sind, das Boot sei längst nicht so schnell wie es tatsächlich ist – und damit ein günstigeres Rating bekommt, mit dem es die Regatten bestreitet.

Innovative Ideen im Yachtdesign haben eine nur begrenzte Lebensdauer. Nicht zuletzt, weil im Laufe der Jahre alle technischen Neuheiten von den Rating-Regeln bestraft werden, die laufend verändert und erneuert werden, womit man radikale Designs ausgrenzt, die einem Boot womöglich einen „unfairen" Vorteil verschaffen.

Eine der größten Innovationen im Yachtdesign war die Abkehr von schweren Yachten, die sich durch große Seen hindurch kämpfen konnten – was als sicherste Option galt –, hin zu leichten Verdrängern. So leichte Yachten, die in der Lage sind, über große Seen hinweg zu gleiten und die dank ihrer Geschwindigkeit aus der Gefahr heraus segeln können. Riesige, schwere Kielformen wichen hochtechnischen Kielen (tiefer und schmaler, bei zugleich größerer Stabilität und geringerem Gewicht).

Oben MIT SEINEN ENTWÜRFEN DOMINIERTE JEAN-MARIE FINOT DAS FELD DES EINHANDSEGELNS. DREI SIEGE BEIM AROUND ALONE UND ZWEI BEIM VENDÉE GLOBE GEHEN AUF SEIN KONTO.

Ganz oben DER FRANZOSE PHILIPPE JEANTOT AN BORD SEINER YACHT *CRÉDIT AGRICOLE*, DIE IN DER HEUTIGEN OFFENEN EINHAND-60ER-KLASSE NEUE STANDARDS SETZTE.

Einen riesigen Vorteil erlangte der Holländer Ricus van de Stadt mit dem Entwurf einer Trimmklappe am Kiel seiner Yacht *Zeevalk*. Doch diese wurde durch die Vorgabe-Regelung bestraft, um allen dieselben Gewinnchancen einzuräumen. Die Strafe fiel so stark aus, dass die Klappe schon bald aus der Mode kam. Nur zwei Jahre später war van de Stadt davon überzeugt, dass das Prinzip der leichten Verdrängung ein leichtsinniges Konzept sei. Seine *Stormvogel* hatte zwar ebenfalls zwei Masten sowie eine stark vergrößerte Segelfläche, blieb aber bemerkenswert seegängig.

Große Fortschritte im Ausrüstungsbereich versetzten Yachtkonstrukteure, wie zum Beispiel den Franzosen Guy Ribadeau Dumas, in die Lage, dieses Prinzip der vergrößerten Segelfläche aufzunehmen, um höhere Geschwindigkeiten zu erzielen und gleichzeitig die Anzahl der Crewmitglieder zu reduzieren. Die von ihm entworfene *Crédit Agricole* war speziell für das BOC-Rennen, eine Einhand-Regatta rund um die Welt, konzipiert. Tatsächlich wurden mit diesem Boot im internationalen Regattageschäft neue Standards gesetzt, die da heißen: Professioneller Anspruch bei zugleich riesigen Budgets. Tatsächlich war sie sehr leicht und – für die damalige Zeit – auch extrem (verglichen mit heutigen Standards jedoch moderat).

Als die International Offshore Rules (IOR) mehr und mehr in den Ruf kamen, den Fortschritt im modernen Yachtbau vorzuverurteilen und zu bremsen, wurde eine neue Rating-Methode eingeführt – das International Measurement System (IMS) –, das fortan die Entwicklung fördern sollte. Doch allein die Tatsache, dass es sich wieder um ein Rating-System handelte, dessen Ziel es war, gleiche Wettkampfbedingungen zwischen Yachten jeglicher Herkunft sicherzustellen, begann der Teufelskreis, Yachtentwicklung zu hemmen, aufs Neue.

Die International Offshore Rules beherrschte kein anderer so meisterhaft wie der Neuseeländer Bruce Farr. Mit seinen extrem schnellen Designs räumte er im Yacht-Rennzirkus förmlich auf, doch jedes mal wurden seine Designs von den ständig geänderten Regeln behindert. Er reagierte, indem er sich aus dem Regattageschäft zurückzog und sich auf Fahrtenschiffe konzentrierte. Trotzdem: Seine Farr 38, deren Qualitäten unter den IOR-Regeln litten, war plötzlich unter dem neuen IMS-Rating-System im Vorteil.

Allerdings sorgten die Regeln für einen vereinheitlichenden Prozess. Weil die Architekten versuchten, das Maximale aus den Regeln herauszuholen, verfielen alle auf dieselben Schlupflöcher, was wiederum in einer einheitlichen Siegformel mit ähnlich aussehenden Schiffen resultierte. Nur der Kalifornier Bill Lee versuchte, aus diesem einheitlichen Yacht-Design auszubrechen, indem er Boote kreierte, die als California Sleds berühmt wurden (lesen Sie dazu auch Seite 83). Dies war seine Antwort auf den Prestigegewinn durch den Erhalt der Bam Door Trophy bei der Transpac-Regatta. Bill Lee's *Merlin* sollte noch drei weitere Male gewinnen.

Oben DER RENOMMIERTE NEUSEELÄNDISCHE YACHT-DESIGNER BRUCE FARR SPIELTE DANK NEUER ANSÄTZE IN DEN ONE-DESIGN-KLASSEN EINE GEWICHTIGE ROLLE BEI DER ENTWICKLUNG DER RATING-SYSTEME.

ZEEVALK

1967

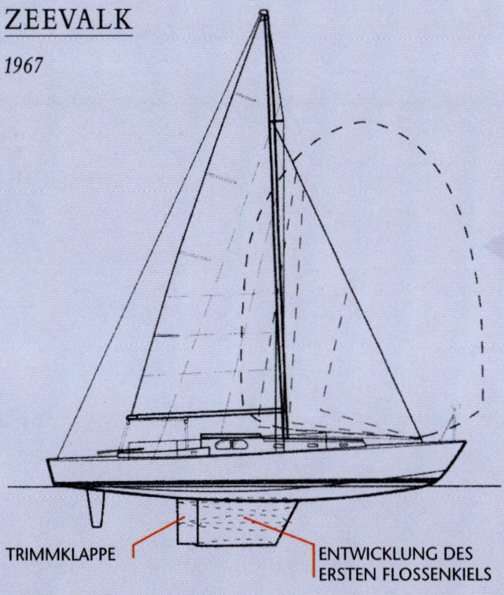

Yacht-Design: Ricus van de Stadt

Van de Stadts Entwurf zeichnet sich durch eine Art Trimm-Flügel am Kiel aus, der etwa den Höhenrudern eines Flugzeuges entspricht, wodurch der Kiel mehr angeströmt wird und man höher am Wind segeln kann.

STORMVOGEL

1969

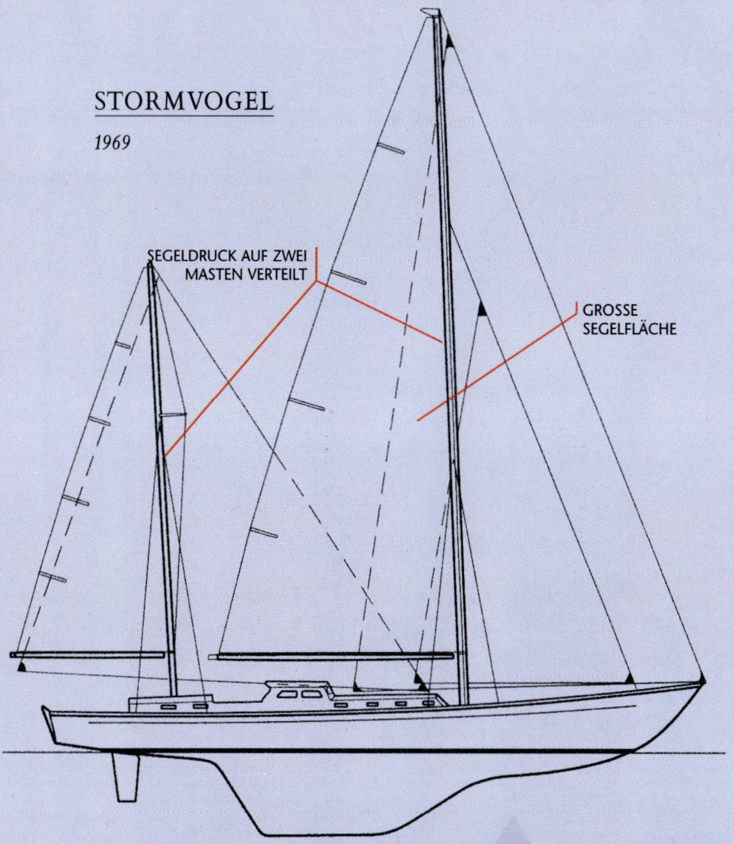

Yacht-Design: Ricus van de Stadt

Der Druck auf das Rigg wurde bei der *Stormvogel* auf zwei Masten verteilt, wodurch man einerseits eine höhere Fahrt erreichte, andererseits die Sicherheit erhöhte. Zwar benötigte sie eine große Crew, galt jedoch zu ihrer Zeit als die seegängigste Yacht überhaupt.

FARR 38

1983

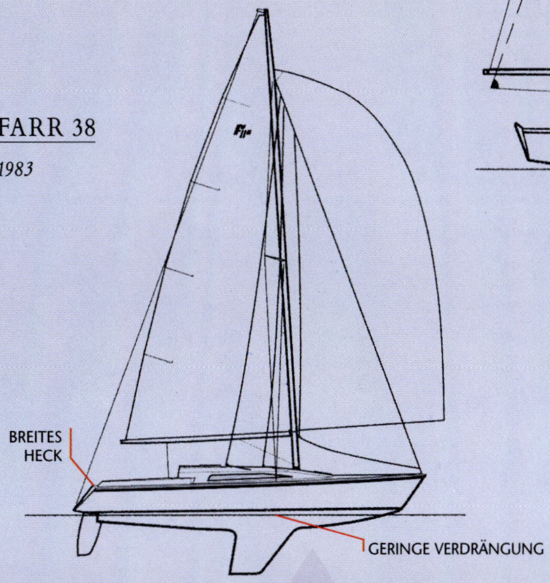

Yacht-Design: Bruce Farr

Wegen ungerechter Vermessungsregeln wandte sich Bruce Farr dem Entwurf von schnellen Fahrtenyachten zu. So entstand die Farr 38 als wenig verdrängender Cruiser. Sie verfügt über ein breites Heck, ist sehr seetüchtig und leicht zu handhaben.

CRÉDIT AGRICOLE

1983

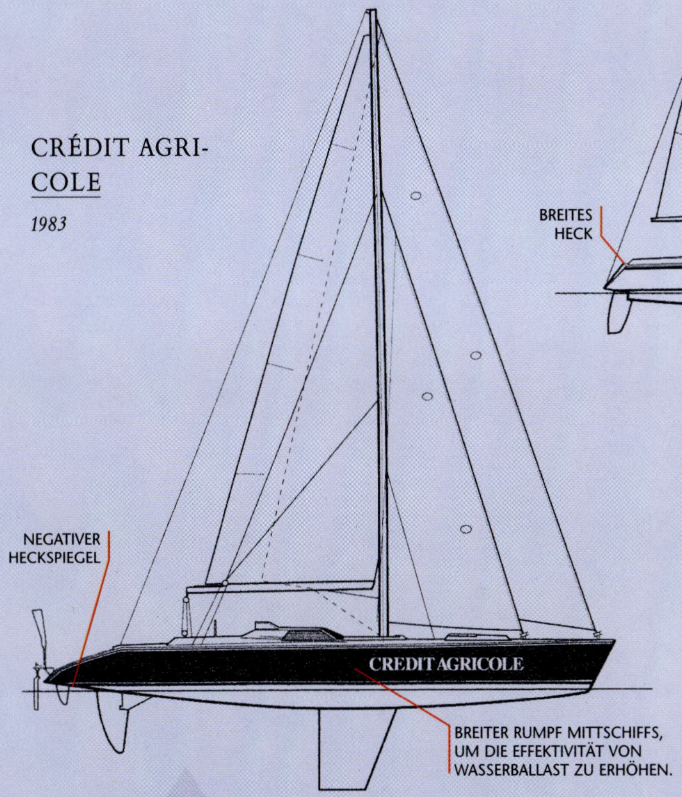

Yacht-Design: Guy Ribadeau Dumas

Angesichts der enormen Entwicklungen im Segelbereich und bei der Riggkonstruktion, war man in der Lage, riesige Flächen zu handhaben. Konstrukteur Dumas entschied sich für eine größere Segelfläche, nicht zuletzt wegen der Rollsegel, deretwegen man nur noch ein Crewmitglied benötigte, um zu reffen. Auch die Winschen sind wesentlich effektiver.

MERLIN

1985

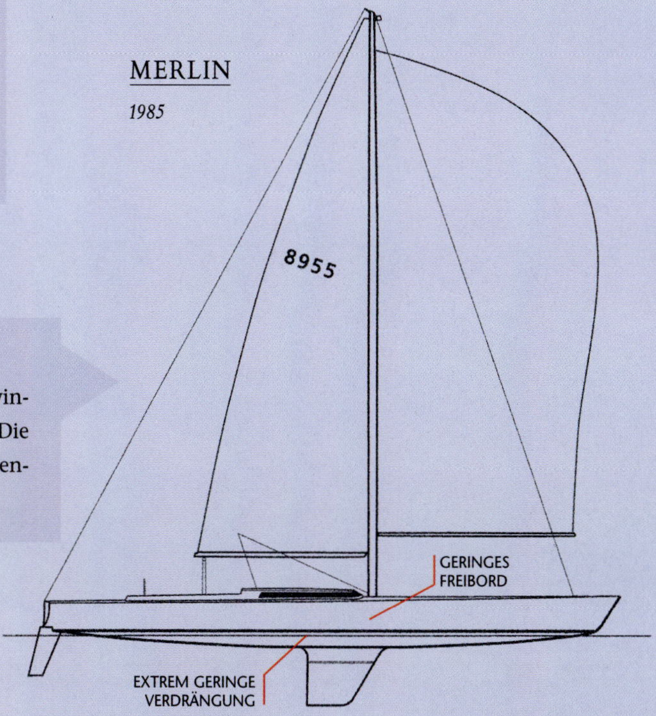

Yacht-Design: Bill Lee

Die California Sled ist mehr noch auf Geschwindigkeit konstruiert als auf Vermessungsregeln. Die Sleds unterliegen lediglich bestimmten Größenregelungen (box rules).

SKALA

0 Meter 10

0 Fuss 30

OFFSHORE

CLASSICS

FASTNET

Obwohl es viele verschiedene Offshore-Regatten in allen Teilen der Welt gibt, so dreht sich doch alles um drei Klassiker, die in etwa gleich lang sind (um die 600 Seemeilen oder 1100 Kilometer): Es ist das Newport-Bermuda Race vom amerikanischen Rhode Island auf die britische Kolonialinsel Bermuda; es ist Sydney-Hobart von der Hauptstadt New South Wales' an der australischen Ostküste zu der Hauptstadt der Insel Tasmanien und schließlich das Fastnet Race von Cowes auf der Insel Wight zum Fastnet Rock und zurück nach Plymouth im südwestlichen England.

Vorbild für das Fastnet Race war das Rennen von Newport nach Bermuda, das amerikanische Segler im Jahr 1923 etablierten. Und so wollten einige britische Segelbegeisterte im Jahr 1924 einen Kurs abstecken, der als gleichwertiges Rennen angesehen werden konnte. Nach einer hitzigen Debatte darüber, ob es weise sei, eine „öffentliche Seeregatta" in den nördlichen Gewässern durchzuführen, wurde der erste Fastnet-Kurs festgelegt. Gestartet wurde in Ryde auf der Insel Wight und Ziel sollte Plymouth sein.

Sieben britische Fahrtenyachten reihten sich schließlich am 15. August 1925 zu einem Rennen auf, das sich diesmal als Leichtwetter-Regatta herausstellen sollte. Es gewann die *Jolie Brise* mit einer Zeit von sechs Tagen. Beim anschließenden Dinner in Plymouth gründeten die Teilnehmer den Ocean Racing Club und verkündeten, fortan in jedem Jahr eine 600-Meilen-Regatta zu veranstalten.

Bereits in den ersten Jahren hatten die Segler in etlichen Rennen mit schweren westlichen Stürmen zu kämpfen. Und schon bald hatte das Fastnet Race seinen Ruf als Schwerwetter-Regatta verdient (nicht zuletzt, weil die Yachten am Wind nur wenig Höhe liefen). Verglichen mit anderen Regatten jener Zeit, bei denen man in der Regel auf Raumschots-Kursen entlang der Küste segelte, bekam das Fastnet Race schon bald den inoffiziellen Ehrentitel „The Grand National of Ocean Racing", nicht zuletzt wegen des abwechslungsreichen Kurses und der Tatsache, dass man den Verlauf unmöglich vorhersehen konnte. Erstmals erwähnte diese Bezeichnung der amerikanische Yachtautor Alf Loomis, der selbst zwischen den Weltkriegen mehrfach am Fastnet Race teilnahm.

Bis 1931 wurde das Rennen jährlich ausgetragen, doch seit 1933 (von 1941 bis 1945 abgesehen) findet es alle zwei Jahre statt, wobei das Newport-Bermuda Race immer in den geraden Jahren ausgetragen wurde. Veranstalter ist seit 1931 der Royal Ocean Racing Club (RORC), der zu jener Zeit weitere, wenn auch kürzere Offshore-Rennen vor der britischen Küste und unter anderem nach Frankreich, Spanien und Dänemark ausrichtete.

Die Teilnehmerzahlen am Fastnet Race stiegen von 1947 an kontinuierlich. Vor allem die Beteiligung aus den USA, Frankreich, den Niederlanden und Deutschland nahm stetig zu. Waren es 1949 insgesamt 29 teilnehmende Crews, zählten die Organisatoren 1959 bereits 58, 1969 schon 185 und schließlich 1979 insgesamt 303 Crews. Dies war auch das Jahr

Vorhergehende Seiten BEIM START ZUM SYDNEY-HOBART RACE 1990 IN DER HAUPTSTADT DES AUSTRALISCHEN STAATES NEW SOUTH WALES PEILT DAS FELD SYDNEY HEADS AN, UM GRÖSSTMÖGLICHEN VORTEIL AUS DEM 60-GRAD-WINKEL ZUM SEGEL ZU ZIEHEN.

Oben DIE YACHT *VIPER* ZU FÜSSEN DES BERÜHMTEN FASTNET-LEUCHTTURMS WÄHREND DES GLEICHNAMIGEN RENNENS.

Gegenüber DIE BRITISCHE YACHT *SKANDIA* MIT DEM SCHWEDISCHEN SKIPPER LUDDE INGVALL AM STEUER WÄHREND DES FASTNET RACE 1999.

COMPAQ
MAXI ONE 04
SOUTHAMPTON
Skandia
Adecco

mit der höchsten Zahl überhaupt. Heute sind es durchschnittlich 250 Crews, die sich zur Teilnahme einschreiben.

EINFÜHRUNG ZUM ADMIRAL'S CUP

Traditionell galt das Hauptaugenmerk im britischen Segelsport der neun Tage währenden Cowes Week, die bereits seit 1826 ausgetragen wurde und an deren Ende der Gewinn eines gewichtigen Preises stand, des 45 Kilogramm schweren Gold Cups. Angesichts ihrer langen Verbindung mit dem Königshaus genoss die Regatta schon in ihren frühen Tagen die königliche Schirmherrschaft durch William IV. Auch heute noch wird diese Tradition durch Prince Philip, dem Ehemann von Königin Elizabeth II., dank regelmäßiger Teilnahme an dem neuntägigen Event fortgesetzt.

Als immer wieder erstklassige amerikanische Boote sowohl in Cowes als auch beim Fastnet Race an den Start gingen, begann sich die Veranstaltung zu verändern. Im Jahr 1957 entschieden einige ältere Mitglieder des RORC, den Gewinn des goldenen Admiral's Cup nicht nur auf britische Teilnehmer zu beschränken, sondern ihn auch amerikanischen Teams zu verleihen. Mitverantwortlich für diese Entscheidung war Captain John Illingworth, der auch das Sydney-Hobart Classic Race ins Leben gerufen hatte. Gewinner würde jenes Team aus drei Booten sein (drei Yachten verschiedener Kategorien aus einer Nation), das eine Kombination aus vier Rennen für sich entscheiden konnte: Zwei Rennen unter Land – den Britannia Cup und den New York Yacht Club Cup – sowie das Channel Race über ein 225 Meilen (416 Kilometer) langes Dreieck und schließlich das Fastnet Race.

Ab 1959 öffnete sich der Admiral's Cup auch für alle anderen Nationen, und der RORC übernahm die Wettfahrtorganisation. Die stets wachsende Teilnehmerzahl sorgte für eine immer größer werdende Internationalität der Fastnet-Flotte. Ein interessanter Aspekt des Wettbewerbs war die Tatsache, dass auch die führende Yacht im

Oben DAS FRANZÖSISCHE TEAM DER YACHT *CORUM* BEIM START DES FASTNET RACE 1991. NACH EINEM VIERTEN PLATZ TRIUMPHIERTEN DIE FRANZOSEN IM SCHLUSSSPURT.

Gegenüber oben EIN SPEKTAKULÄRER BLICK AUS DER VOGELPERSPEKTIVE ÜBER DEN SOLENT WÄHREND DER COWES WEEK 1993, ALS DAS FASTNET-FELD SICH VON DEN ZUSCHAUERBOOTEN LÖST.

Gegenüber Mitte DIE YACHT *JAMESON WHISKEY* MIT EINER IRISCHEN CREW NACH EINER FRÜHEN WENDE WÄHREND DES FASTNET RACE 1997. IM VORDERGRUND DAS AMERIKANISCHE TEAM DER *FLASH GORDON*.

Admiral's Cup sich ihres Sieges solange nicht sicher sein konnte, ehe das Fastnet Race nicht absolviert war. Das mitunter brutale Offshore-Rennen wird so hoch mit Punkten bewertet, dass die Teams von „zeros to heroes" werden können (und umgekehrt) – und das nur als Folge einer umspringenden Brise.

Wie schnell das Glück umschlagen kann, wurde beim Fastnet Race 1991 besonders deutlich. Mit neun Punkten Vorsprung vor den Engländern und zehn Punkten vor den Amerikanern gingen die Italiener ins Rennen. Die Franzosen, die am Start sogar noch 20 Punkte zurücklagen, segelten ein fantastisches Rennen und überholten alle drei Teams, um schließlich Gesamtsieger zu werden.

Im Jahr 1999 wurde der Admiral's Cup wieder auf einen Termin zwei Wochen vor der Cowes Week verlegt. So konnten zum Einen wieder Rennen unter Land im Solent – jener Wasserstraße zwischen der englischen Küste und der Insel Wight – ausgetragen werden, zum Anderen gab man damit den Crews die Möglichkeit, sich von den physischen Strapazen zu erholen und an den Festivitäten der Cowes Week teilzunehmen. Das Fastnet Race blieb indes Bestandteil der Cowes Week und wurde für das Ende der Rennwoche angesetzt. Stattdessen installierte man für den Admiral's Cup mit dem sogenannten Wolf Rock Race ein neues Mittelstrecken-Rennen.

Das 600 Meilen lange Fastnet Race startet heute stets in Cowes auf der Insel Wight vor der südenglischen Küste. In der Regel schlägt das Regattafeld einen westlichen Kurs durch den Solent ein, um durch die Hurst Meerenge so schnell wie möglich die Needles-Kalkfelsen zu passieren, zumal das Rennen stets bei westlicher Tide beginnt. Von da an ist es die Aufgabe der Crews, so zu navigieren, dass sie entlang der Südküste Englands ein Maximum an Zeit gewinnen. Keine einfache Aufgabe, denn jede einzelne Landspitze erfordert eine eigene Strategie, mit der Tide fertig zu werden. Als erster Test steht nur 50 Meilen von Cowes entfernt Portland Bill bevor, wo sich die Yachten regelmäßig eine Wettfahrt mit der Tide liefern. Danach gilt es, die Lyme Bay zu durchqueren, an deren Ende sich Start Point befindet und sich die weitläufige Bucht öffnet, in der auch Plymouth und Falmouth liegen. Und schließlich liegt am südlichsten Ende Englands mit Lizard Point eine weitere schroffe Wegmarke.

Rechts EIN HERAUSFORDERER ZIEHT 1993 AN DEN NEEDLES VORBEI. DIE EXTREM STARKE TIDE MACHT DIESES GEWÄSSER AN DER SÜDKÜSTE ENGLANDS ZU EINEM DER SCHWIERIGSTEN SEGELREVIERE ÜBERHAUPT.

Mitunter ist es wegen des Wetters klüger, alles auf eine Wild Card zu setzen und eine alternative Route in Richtung Channel Islands vor der Nordwestküste Frankreichs zu wählen. Möglicherweise erwarten einen dort bessere Winde und letztlich Vorteile fürs Rennen. Druck, Anspannung und Aufregung kennzeichnen das Rennen, vor allem dann, wenn sich das Feld auf der Suche nach einem etwaigen Vorsprung aufteilt.

Von Lizard aus nimmt das Rennen einen nordwestlichen Kurs, und Runnelstone ist die letzte Landmarke an der englischen Küste. Diese liegt ganz in der Nähe von Land's End, wo Winterstürme seit ewigen Zeiten die Küste traktieren und tiefe Narben hinterlassen haben. Von Runnelstone bis Fastnet Rock benötigt eine Yacht im Mittelfeld des Rennens etwa 30 Stunden. Ehe der berühmte Felsen auftaucht, etwa zehn Seemeilen südwestlich von Irland, ist kein Land in Sicht. In dem Mo-

Oben DIE ITALIENISCHE YACHT *BRAVA Q8* – NACH DEM FASTNET-RENNEN AM ZIEL IM HAFEN VON PLYMOUTH – IST MITGLIED DES SIEGREICHEN TEAMS BEIM ADMIRAL'S CUP 1995. DAS LANGSTRECKENRENNEN SELBST GEWANN LUDDE INGVALL AUF DER YACHT *MORNING GLORY*.

Links DIE WHITBREAD-YACHT *TOSHIBA* BEIM RUNDEN DES FASTNET-FELSENS 1997. SIEGER WURDE DIE DIESMAL VON HASSO PLATTNER GESTEUERTE *MORNING GLORY*.

ment, in dem die Crews den Leuchtturm umrundet haben, wird ihnen auch ihre Position bewusst und das Rennen beginnt aufs Neue. Nun nehmen sie südöstlichen Kurs auf den 160 Seemeilen entfernten Bishop Rock vor den Scilly-Inseln. Von hier aus sind es noch 100 Seemeilen bis zum Ziel in Plymouth und reichlich Zeit für wechselnde Wetterbedingungen, ausbleibende Winde sowie taktische Erfolge oder Enttäuschungen.

DAS FASTNET RACE 1979

Dieses Rennen ist verantwortlich für die schlimmste Katastrophe ihrer Art in England. 303 Yachten und über 3000 Segler nahmen 1979 an dem Wettbewerb teil. Am 11. August segelten sie in den schwersten Sommersturm der vergangenen 30 Jahre. Niemand konnte ahnen, dass 194 Yachten würden aufgeben müssen, 24 Schiffe verloren gingen und 15 Menschen ums Leben kamen.

Das Rennen begann bei leichten bis moderaten West-Nordwest-Winden, die jedoch schnell zunahmen und mit stärker werdendem Tiefdruckeinfluss aus entgegengesetzter Richtung kamen und somit das Wetter im Fastnet-Gebiet bestimmten. Der Sturm hatte über dem Norden der USA Form angenommen und in den Staaten New York und Boston eine Schneise der Verwüstung hinterlassen. Yachten rissen los und wurden an Land geschleudert, Dächer abgedeckt, Bäume entwurzelt. Eine Frau kam durch einen herab stürzenden Ast ums Leben. Als der Startschuss zum Fastnet Race gegeben wurde, hatte das Tiefdruckgebiet den amerikanischen Kontinent bereits verlassen und fegte mit 80 Stundenkilometern über den Atlantik.

Zwar hatte die Wetterstation von einigen Schiffen beängstigende Nachrichten erhalten, doch ehe man die Gefahr realisierte, war es für eine Warnung zu spät. Erst recht für eine der üblichen Vorhersagen, die vier Mal am Tag über BBC Radio 4 von den Teilnehmern gehört wur-

Oben DIE MAXI-YACHT *BOOMERANG* STELLTE 1999 MIT EINER AMERIKANISCHEN CREW UND SKIPPER GEORGE COUMANTAROS DEN VON DER *NIRVANA* 1985 AUFGESTELLTEN REKORD MIT LEICHTIGKEIT EIN.

Links DIE TRIMARANE DER OFFENEN 60-ER-KLASSE *KING SHER, FUJICOLOR* UND *BROCÉLIANDE* WÄHREND DES FASTNET-RENNENS 1999. ES SIEGTE DIE VON LOIC PEYRON GESKIPPERTE *FUJICOLOR*.

den. Obwohl mit den normalen Nachrichten Sturmwarnungen ausgegeben wurden, befand sich der überwiegende Teil des Feldes schon auf offener See und musste sich mit dem aufkommenden Sturm auseinandersetzen. In der Zwischenzeit wurde auch über die Wetterdienste eine Sturmwarnung der Stärke 10 gesendet. Zehn Windstärken, das liest sich nach der Beaufort-Skala wie folgt:

Sehr hohe Wellen mit überschlagender Krone. Der entstehende Schaum fliegt in weißen Streifen in Windrichtung. Die gesamte Oberfläche der See ist weiß. Schwere und hämmernde Wellenbewegungen. Eingeschränkte Sicht.

Was diese offizielle Definition freilich nicht beschreibt, ist, wie die Yachten höher und höher geworfen werden, wie sich die Boote vor der Wellenwand auf die Seite legen – wenn alles gut geht. Mehr als einmal hängen sie ganz oben am Wellenkamm und fallen rückwärts ins tiefe Wellental. Die Beaufort-Skala macht auch keinerlei Aussage darüber, was mit einer Yacht passiert, über die sich am Fuße eines Wellenbergs die nächste donnernd über sie ergießt und sie herumwirft wie einen kleinen Korken. Kein Wort von der schier unvorstellbaren Wasserkraft mit der Widerstandsfähigkeit einer Mauer, die alles umreißt, was sich ihr in den Weg stellt.

Auch sehr erfahrene Teilnehmer des Rennens von 1979 äußerten sich, dass nicht die Windstärke ungewöhnlich war, sondern die Bedingungen auf See, die in der Tat gefährlicher waren als alles, was sie je erlebt hatten. Die Wellenberge wurden so massiv, dass ein Großteil des Feldes abdrehte. Die Wellen hatten, so Nick Ward von der Crew der *Grimalkin*, „die Größe von Reihenhäusern, nur drei mal so breit."

Binnen Stunden musste die Küstenwache von Land's End mit einer Katastrophe umgehen. Mayday-Notrufe drangen aus allen Kanälen von jedem Abschnitt der 180 Seemeilen langen Strecke zwischen Land's End und Fastnet Rock. Die Flugrettung in Kinloss und Culdrose war alarmiert, Helikopter und Aufklärungsflugzeuge waren startbereit sobald es hell wurde. Jedes Rettungsboot von der Südküste Irlands war unterwegs.

Von den 303 teilnehmenden Schiffen hatten sich 112 Yachten auf die Seite gelegt, 77 waren regelrecht gekentert, manche sogar um 360 Grad. In der Morgendämmerung wurden innerhalb weniger Stunden über 70 Segler aus der Luft gerettet. Später wurden 19 der 24 aufgegebenen Yachten geborgen, fünf waren gesunken.

Neben Sir Edward Heath, dem ehemaligen britischen Premierminister, waren weitere Prominente in die Tragödie verwickelt. Unter anderem auch der amerikanische Milliardär und Medienmogul Ted Turner. Der Gründer von Cable News Network (CNN) ging aus dem Drama mit seiner 18,5 Meter langen *Tenacious* sogar als Sieger hervor. „Natürlich hatten wir Angst", erinnert er sich, „jeder hatte Angst – es war die Hölle."

Oben rechts DIE YACHT *SISKA* BEIM REFFEN IN DER ANFANGSPHASE DES FASTNET RACE 1979. SIEGER WURDE ÜBRIGENS TED TURNER AUF DER *TENACIOUS*, DER EINZIGEN YACHT, DIE DAS RENNEN BEENDETE.

EINZELSCHICKSALE

Vierzehn Besatzungsmitglieder überlebten, weil sie ihre sinkenden Yachten verließen und in Rettungsinseln stiegen. Dennoch kamen auf einer Rettungsinsel sieben Menschen ums Leben. Tragisch in diesem Zusammenhang ist, dass ihre Yacht später treibend aufgefunden wurde.

Von einer anderen Crew kamen sechs Mitglieder ums Leben – dies obwohl sie Rettungswesten trugen und ihr Lifebelt eingepickt war. Zwei der Rettungswesten versagten, weitere zwei Segler wurden aus ihren Westen geschleudert und ein Mann ging über Bord, als die Reeling abriss, in die er eingepickt war.

Der damals 17-jährige Matthew Sheahan war Mitsegler an Bord der *Grimalkin*, als sein Vater David ertrank. Später erzählte er: „In dieser langen, schrecklichen Nacht war wohl jedes Mitglied regelmäßig hinter dem Boot hergezogen worden, nachdem es sich nach den zahllosen Kenterungen und Überschlägen wieder aufrichtete. Angesichts der Wellen und des vor Top und Takel herab surfenden Bootes, hinter dem man nur an der Rettungsweste hängend geschleift wird, weiß man nicht mehr, wo man ist – und es ist einem auch egal, so einfach ist das. Für Panik bleibt keine Zeit, auch nicht zum Schreien. Man ist völlig in der Gewalt der Elemente – und man weiß es. Nichts, was man in diesen Momenten sagt oder macht, spielt überhaupt eine Rolle."

Oben NOCH WARTET EIN BESATZUNGSMITGLIED DER BRITISCHEN YACHT *CAMARGUE* AUF RETTUNG AUS RAUER SEE WÄHREND DES KATASTROPHALEN RENNENS IM HISTORISCHEN JAHR 1979.

Oben NUR DANK DES SELBSTLOSEN EINSATZES U.A. DER ROYAL NAVY WURDEN 70 SEGLER ALS FOLGE DES STURMES IM SOMMER 1979 IN SICHERHEIT GEBRACHT.

Gegenüber MAXI-ONE-DESIGN-YACHTEN 1999: DIE VON GUNNAR KRANTZ GESKIPPERTE *HENRY LLOYD* (RECHTS), DAS ITALIENISCHE TEAM UNTER GUIDO MAISTO SOWIE DAS FRANZÖSISCHE TEAM VON JULES MAZAR (LINKS).

Ohnmächtig wurde David Sheahan weggewaschen, als die Crew nach einer besonders heftigen Kenterung versuchte, ihn aus der Reeling zu befreien, indem sie seine Rettungsweste zerschnitt, um ihn wieder an Bord zu ziehen. Das Besatzungsmitglied Gerry Winks wurde bei derselben Kenterung so schwer verletzt, dass er später starb.

Dabei hatte sich David Sheahan, der Eigner und Skipper der Yacht, sorgfältig vorbereitet – auch oder gerade wegen seiner mangelnden Erfahrung beim Offshore-Segeln. Obwohl die *Grimalkin* ungewöhnlich gut mit Sicherheitsausrüstung ausgestattet war, zählte sie zu den am härtesten getroffenen Opfern.

Das Fastnet Race war in der Admiral's Cup Serie stets das alles entscheidende Rennen (auch wenn es heute ausgegliedert ist). Nach wie vor gehört es zu den herausragenden Ereignissen im Renngeschehen, nicht zuletzt wegen der teilweise furchtbaren Wetterverhältnisse und der Tatsache, dass der Solent für seine Strömungen und Untiefen berühmt-berüchtigt ist. Und obwohl Regeln bezüglich der Ausrüstung und des Verlaufs eine Rolle spielen, ist der Geist dieser Seeregatta im Selbstvertrauen einer jeden Crew begründet. Dies macht die Attraktivität und die Befriedigung dieses Rennens aus. Schließlich ist das Fastnet Race – mehr als alle anderen Rennen – die Quintessenz einer Seeregatta.

SONY
339
SONY
323
Mini Disc
SONY
Sun

TOUR DE FRANCE À LA VOILE

Tour de France – mit diesem Begriff assoziiert man in der Regel Bilder von jenem legendären Radrennen als solche von einer Segelveranstaltung. Dennoch gibt es seit 1978 eine – wenn auch weniger bekannte – Regatta unter diesem Begriff, die die besten Segler der Welt anzieht. Dabei steht das Segelereignis in direkter Konkurrenz zum Radrennen, wobei beide Veranstaltungen dasselbe Ziel verfolgen: Frankreich unter sportlichem Aspekt zu umrunden, sei es zu Land oder zu Wasser.

Das ursprüngliche Konzept stammt von Bernard Decré, damals Manager im Verlagshaus Maritimes et d'Outre Mer. Sein Ziel war es, ein Rennen ins Leben zu rufen, bei dem der Spaß nicht zu kurz kommt und man dem sportlichen Anspruch gerecht wird, indem man abwechslungsreiche Kurse absteckt, auf denen die Segler ihre Fähigkeiten unter Beweis stellen können. Aller Kritik zum Trotz gelang es Decré, Sponsorengelder aus den verschiedenen Städten der Tour zusammen zu bekommen, sodass im ersten Jahr 20 Yachten ins Rennen geschickt werden konnten.

Beteiligt an dieser Regatta sind die drei französischen Küsten – die Kanalküste, die Küsten am Atlantik sowie am Mittelmeer. Ausgetragen wird die Tour de France alljährlich im Sommer über einen Zeitraum von etwa drei bis vier Wochen. Die teilnehmenden Yachten sind identisch klassifiziert, und die Regattaserie mit Luv- und Lee-Kursen beinhaltet sowohl Offshore Rennen als auch Wertungen unter Land. Durch diese Vielfalt gewann die Tour de France à la Voile international so sehr an Ansehen, dass der französische Seglerverband (FFV) sie im Jahr 1999 mit dem Titel French International Offshore Championship adelte.

Seit der ersten Tour de France à la Voile haben über 15.000 Segler an mindestens zwei Regattaabschnitten teilgenommen. Der Verlauf und auch die Zwischenstopps haben sich zwar in den Jahren marginal verändert, aber in der Regel startet die Regatta im Englischen Kanal und endet rund drei Wochen später im Mittelmeer. 1999 waren bei der Tour de France à la Voile 1150 Seemeilen (2130 Kilometer) über insgesamt elf Etappen zu absolvieren, die da heißen:

- von Scheveningen (Niederlande) nach Oostende (Belgien)
- von Oostende nach Dieppe (Englischer Kanal)
- von Dieppe nach Granville (Englischer Kanal)
- von Granville nach Saint Quay-Portrieux (Englischer Kanal)
- von Saint Quay-Portrieux nach Brest (Atlantik)
- von Brest nach Pornichet (Atlantik)
- von Pornichet nach La Rochelle (Atlantik)
- von La Rochelle nach St. Cyprien (via Landtransport)
- von Saint Cyprien nach La Grande Motte (Mittelmeer)
- von La Grande Motte nach Bandol (Mittelmeer)
- von Bandol nach Le Lavandou
- von Lavandou nach St. Raphaël

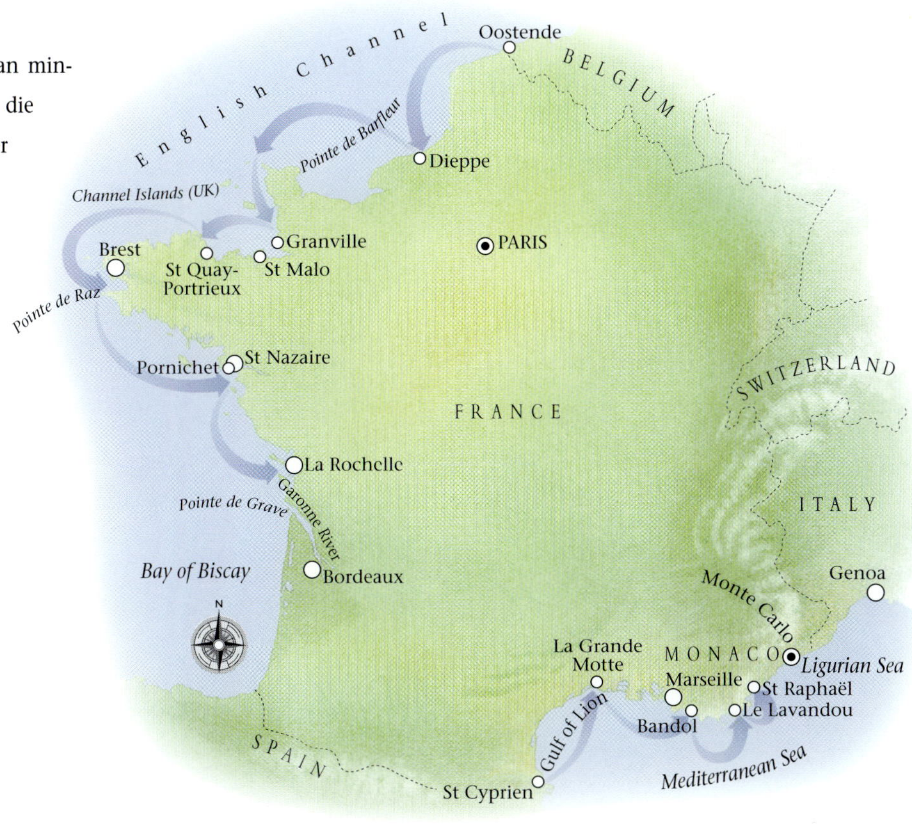

Gegenüber Regattateilnehmer der Tour de France à la Voile auf der Etappe von Scheveningen nach Oostende. Jede Crew versucht die vor ihr liegende Yacht einzuholen, um ihr den Wind aus dem Spinnaker zu nehmen und sie abzubremsen. Auch deshalb geht es bei den Raumschotskursen oft eng zu.

Oben Die Teilnehmeryachten im Hafen von Lorient während der Tour de France 1996. Rund um die Regatta findet für die Zuschauer ein Spektakel statt, unter anderem mit einer mobilen Zeltstadt, die allabendlich abgebaut wird.

Nur ein Jahr nach der Tourpremiere hatte Bernard Decré die Idee, mit einheitlichen First 30-Yachten eine One-Design-Rennflotte aufzubauen. Schließlich wurden die Boote an die Teilnehmer verchartert, sodass auch Regattaneulinge teilnehmen konnten.

Mit wachsendem Erfolg der Tour war man 1981 sogar in der Lage, 25 Jeanneau One-Design-Yachten zu erwerben. Inzwischen hat die Veranstaltung ein solches Ausmaß angenommen, dass allein ein Sieg fast wie ein Freifahrtschein in den professionellen Segel-Rennsport

Links DIE SÜDAFRIKANISCHE YACHT *FORD & MEINJTIES* VOR DER *ECOLE CENTRALE* (IM VORDERGRUND) HOCH AM WIND. AUF DER NORDSEE-ETAPPE VON SCHEVENINGEN NACH OOSTENDE BEI 30 KNOTEN WIND.

angesehen werden kann. So wurde dem Sieger der Veranstaltung der Titel „Skipper Elf Aquitaine“ verliehen und ihm in der folgenden Saison ermöglicht, ein Schiff des Sponsors zu segeln – ein für sie oder ihn großartiger Einstieg in eine mögliche Karriere als Profiskipper.

1989 übergab Bernard Decré die Veranstaltungsorganisation an den französischen Segelverband, nicht zuletzt, da die Tour in finanzielle Schwierigkeiten geraten war. Gemeinsam mit dem Offshore Yacht Club übernahm der Verband die Management-Verantwortung. Dies mündete 1999 in der Einführung des neuen Mumm 30 One-Design und brachte damit die Tour auf Kurs ins neue Jahrtausend. Dazu der neuseeländische Yachtkonstrukteur Bruce Farr: „Das Ziel dieses Entwurfs sollte eine One-Design-Kielyacht sein, die die modernsten Kriterien erfüllt. Sie soll schnell sein, beim Segeln Spaß machen, unkompliziert und wirtschaftlich vernünftig sein. Man könnte die Mumm 30 mit einem sauberen Blatt Papier vergleichen. Es gibt keine Kompromisse in der Leistung aufgrund von Rating-Regeln.“

Gegenüber oben DIE *CÔTES D'ARMOR*, EINE DER JEANNEAU ONE-DESIGN-YACHTEN, MIT DEN BEIDEN SKIPPERN JEAN-CHARLES SCALE UND ERIC BASSET IM JAHR 1998. DREI BAUGLEICHE SCHIFFE WURDEN AUFGRUND DER STARKEN WINDE ERHEBLICH BESCHÄDIGT.

Oben DIE FÜHRENDE *KATEIE* UNTER SKIPPER LUC DE WULF AUS BELGIEN. SO WIE DAS GELBE TRIKOT BEIM RADRENNEN IST HIER DER ROTE SPINNAKER DAS ÄUSSERLICHE ZEICHEN FÜR DEN FÜHRENDEN IN DER GESAMTWERTUNG.

Ganz oben DAS BELGISCHE TEAM GING 1999 MIT DER *KATEIE* ALS GESAMTSIEGER ÜBERS ZIEL. HIER UMRUNDEN SIE GERADE DAS ST. MATHIEU DEWULF LEUCHTFEUER BEI WESTERGAARD.

DAS REGATTA-BUDGET

Startgeld	9.200 DM
Charter einer Mumm 30	20.500 DM
(berechnete Kosten für fünf Wochen inklusiv eines Satzes Trainingssegel)	
Segel	16.800 DM
(Groß und drei Vorsegel)	
Yachttransport	3.300 DM
Ausrüstung	3.000 DM
LKW-Miete	5.600 DM
Wohnmobil-Miete	3.600 DM
Treibstoff	3.600 DM
Verpflegung	6.100 DM
Crew-Transporte	5.600 DM
Hotelkosten	2.000 DM
Werbemittel	3.000 DM
(Rumpf, Flaggen, Fahrzeuge)	
Unvorhergesehenes	3.000 DM
GESAMTBUDGET	85.300 DM

Trotz der Tatsache, dass die Tour de France eine hoch angesiedelte Wettfahrtserie ist, bei der auch die besten Whitbread-, Admiral's Cup- und America's Cup-Teams teilnehmen, bleibt sie eine Regatta, die allen Crews offen steht. Eine der Hauptattraktionen ist die Amateurwertung, die sowohl für nichtkommerzielle Teams als auch für Studenten eingeführt wurde, weshalb Wasser- und Segelsport sich wachsender Beliebtheit erfreuen. Präsident der sehr aktiven Klassenvereinigung ist Bruce Farr, der vom Erfolg der Klasse überzeugt ist. Er wird mit den Worten zitiert:

„Die Mumm 30 hat alle Regattateilnehmer wegen ihres Geschwindigkeitspotenzials unter allen Bedingungen überrascht. Wirklich herausfordernd wird es, wenn die Segler das Steuer übernehmen. Es handelt sich um ein ausgeglichenes Boot, dass sich sowohl am Wind als auch auf raumem Kurs gut kontrollieren lässt. Das Cockpit ist außerordentlich komfortabel und zweckmäßig, angefangen beim innovativen aufgeräumten Deck bis hin zu den innenverlaufenden Fallen. Alles an Bord ist einfach zu handhaben, funktionell und leichtgängig. Dieses Boot ist auch für weniger erfahrene Crews zu beherrschen, aber es belohnt auch Spitzensegler.“

Obwohl die Mumm 30 eigentlich so konstruiert ist, dass sie vor allem auf Vorwindkursen Bestleistungen bringt, ist jedes einzelne Detail darauf angelegt, den

Segelspaß zu maximieren. Nicht zuletzt deshalb ist das Gesamtgewicht der fünf bis sieben Mann starken Crew auf 525 Kilo beschränkt. In der Regel repräsentieren die teilnehmenden Boote sowohl Städte, Regionen und geopolitische Bezirke als natürlich auch Sponsoren in Form von Bootsnamen.

Charakteristisch für das Rennen ist die mobile „Offizielle Zeltstadt“, die sich aus drei getrennten Bereichen

Links NACH FÜNF ETAPPEN DER TOUR DE FRANCE QUERT DAS FELD DEN GOLF VON MORBIHAN IN DER SÜDLICHEN BRETAGNE WÄHREND DES ABSCHNITTS VON BREST NACH PORNICHET.

zusammensetzt. Diese Zeltstadt dominiert jeden Zwischenstopp und sorgt für eine karnevalsähnliche Atmosphäre. Um möglichen Zerstörungen vorzubeugen, wird die mobile Stadt jeweils in der Nacht auf- und abgebaut. Auf einer Fläche von 6000 Quadratmetern sind die Organisatoren, die Sponsoren sowie die Promotion-Teams untergebracht, und hier werden etwaige Empfänge veranstaltet. An diesem Ort treffen sich die Teilnehmer vor und nach jedem Rennen, sei es für einen Drink in aller Ruhe, aber auch für ausgelassene Partys. Selbstverständlich hat auch die Öffentlichkeit Zutritt zum Village und kann den Promotionveranstaltungen der unterschiedlichen Sponsoren beiwohnen. Bei jedem Stopp strömen über 50.000 Besucher ins Village.

Oben ABENDSTIMMUNG BEI DER TOUR DE FRANCE 1999. EINE ETAPPE KANN SICH BEI LEICHTEN WINDEN IN DEN ABEND HINEINZIEHEN UND DAS PROGRAMM UM BIS ZU ACHT STUNDEN VERLÄNGERN.

Links DIE TEILNEHMER NÄHERN SICH DER STARTLINIE, WOBEI ALLE 31 YACHTEN UM DIE BESTE POSITION KÄMPFEN UND SO – WIE 1999 – DEN ZUSCHAUERN EIN OPTISCHES SPEKTAKEL BIETEN.

SYDNEY-HOBART

Es war der Brite Captain John Illingworth, der 1945 das Sydney-Hobart Race ins Leben rief und damit Seeregatten in Australien verwurzelte. Dieses jährliche klassische Rennen wurde – und wird auch heute noch – vom Cruising Yacht Club of Australia veranstaltet, der sich ein Jahr zuvor gegründet hatte. Trotz des irreführenden Vereinsnamens entwickelte sich der Club sehr schnell zum führenden Repräsentanten in Sachen Seeregatten, einer Sportart, die zu jener Zeit in der restlichen Welt eher unüblich war. Dennoch fesselte das Sydney-Hobart Race alsbald die australische Öffentlichkeit. Und so dauerte es auch gar nicht lange, ehe sich die Regatta zu einem internationalen Yacht-Klassiker entwickelt hatte, der Teilnehmer aus aller Welt anzog.

Das Rennen über 630 Seemeilen beginnt im Hafen von Sydney, um sich an der Heads-Wendemarke entlang der australischen Ostküste in Richtung Süden zu orientieren. Bei idealen Bedingungen, d.h. bei nördlichen oder nordöstlichen Winden, segeln die Boote bis zur südlichen Küste von New South Wales hinein in die Bass Strait, die den Inselstaat Tasmanien vom australischen Festland trennt. In der Regel werden die Boote hier durch südliche oder südwestliche Winde aus der Bass Strait aufgehalten. Der Zieleinlauf befindet sich im Derwent River im Südosten Tasmaniens, genauer gesagt im Constitution Dock des historischen Battery Point der Hauptstadt Hobart.

Traditionsgemäß startet die Regatta jedes Jahr am 26. Dezember, dem zweiten Weihnachtstag. Der derzeit gültige Rekord wurde mit einem Tag, 19 Stunden, 48 Minuten und 2 Sekunden von der australisch-dänischen Yacht *Nokia* aufgestellt, die den Rekord der *Morning Glory* von 1996 um 18 Stunden unterbot.

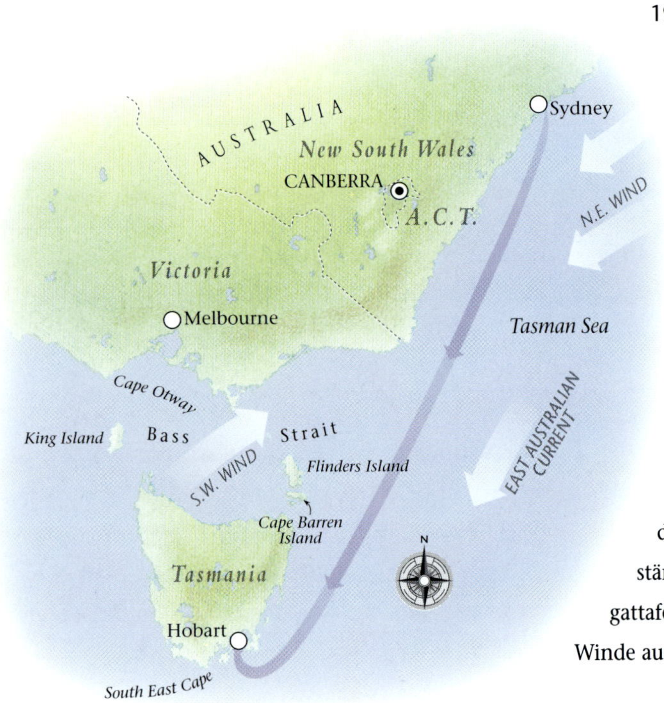

1998: EIN SCHWARZES JAHR FÜR SYDNEY

Obwohl die Regatta in der Regel nicht von persönlichen Tragödien überschattet wird, war das Jahr 1998 eine einzige Katastrophe. Sechs Segler kamen ums Leben und sieben Yachten wurden von ihren Crews aufgegeben, als am 27. und 28. Dezember ein heftiger Sturm auf das 115 Boote starke Feld traf. Von den sieben aufgegebenen Yachten gingen fünf verloren. Letztlich beendeten nur 44 Crews das 630 Meilen lange Rennen.

Als Folge der schrecklichen Ereignisse setzte der Cruising Yacht Club of Australia eine Untersuchungskommission ein, die in ihrem abschließenden Bericht bestätigte, dass ausschließlich die Schwere des Sturms im südöstlichen Bereich Australiens für die Katastrophe verantwortlich war. In dem Bericht erwähnt ist die vorläufige Sturmwarnung des Wetterdienstes für New South Wales, die vier Stunden vor Regattabeginn ausgegeben und eine Stunde nach dem Start auf Sturmwarnung aufgestockt wurde. Der Wind in Sturmstärke und die gewaltigen Seen, mit denen die Segler fertig werden mussten, waren Folge eines „komplexen Tiefdrucksystems, das sich rasch entwickelte und sich in der Bass Strait in der Nacht vom Samstag, dem 26. Dezember, und am Sonntag, dem 27. Dezember verstärkte". Es scheint, dass sich der Sturm etwa 18 bis 21 Stunden nach der ersten Warnung auf das Regattafeld auswirkte. So wurden südöstlich von Gabo Island vor der südöstlichen Festlandsküste Australiens Winde aus West und Südwest mit einer Stärke von 78 Knoten und zehn Meter hohe, brechende Seen gemeldet.

Oben DER FÜR AUSSENSTEHENDE ZUSCHAUER WOHL SPEKTAKULÄRSTE ANBLICK IST DAS UNTER SPINNAKER STARTENDE FELD, HIER BEIM SYDNEY-HOBART RACE DES JAHRES 1994.

Gegenüber DIE *NOKIA* DER VOLVO 60-KLASSE FÜHRT DAS FELD VOR DER TASMANISCHEN KÜSTE AN, UM 1999 DAS SYDNEY-HOBART-RENNEN IN REKORDZEIT ZU GEWINNEN.

DEN
2001
NOKIA
P&O Nedlloyd

Einige Regattateilnehmer berichteten von Donner und Blitzen sowie extrem schlechter Sicht. Aufzeichnungen von der *Young Endeavour*, dem Begleitschiff der Royal Australian Navy, sowie der in der Bass Strait stationierten Ölbohr-Plattform „Kingfish B" der Esso Australia Limited weisen durchschnittliche Windgeschwindigkeiten von 54 bis 56 Knoten auf, wobei die Sturmwarnung von 45 bis 55 Knoten ausging. Die Segler selbst jedoch sprachen von 55 bis 60 und in Spitzen von sogar 75 Knoten. Verglichen mit den Messungen des Wetterdienstes unterschieden sich auch die Angaben der Wellenhöhen. Während der Wetterdienst von vier bis sieben Metern ausging, lagen die Messungen der Segler bei fünf bis acht Metern und in Extremen sogar bis 15 Metern.

Oben DIE AMERIKANISCHE YACHT *SAYONARA* FÜHRT MIT IHRER AMERIKANISCHEN BESATZUNG DAS FELD IM HAFEN VON SYDNEY AN.

Fakt ist, dass dieser Sturm die größte Such- und Rettungsaktion in der Geschichte dieser klassischen Seeregatta auslöste. Insgesamt wurden 55 Segler gerettet, davon allein 50 aus der Luft. An dieser Operation waren die Flugbereitschaft der Polizei, die Australian Maritime Safety Authority (AMSA), die australische Royal Navy (RAN) und die königliche Luftwaffe (RAAF) beteiligt.

Auszüge aus einer offiziellen Pressemitteilung zeichnen ein Bild dieses erschütternden Szenarios:

„Eigner und Skipper Bruce Guy sowie Crewmitglied Phil Skeggs starben an Bord der Business Post Naiad, *nachdem ihre Farr 40 (Designer Bruce Farr aus Neuseeland) sich zweimal überschlagen hatte. Guy erlitt offensichtlich einen Herzinfarkt. Skeggs ertrank, weil er bei dem zweiten Überschlag der Yacht seinen Lifebelt nicht lösen konnte. Ohne Ergebnis blieb die Suche nach dem britischen Segler Glyn Charles, der in der Nacht zum Sonntag von seiner 43-Fuß-Yacht* Sword of Orion *gespült wurde. Charles repräsentierte England bei den olympischen Spielen in Atlanta 1996 in der Star-Boot-Klasse und war viermaliger Teilnehmer beim Admiral's Cup."*

Oben DIE AUSTRALISCHE YACHT *WILD THING* BEIM RENNEN DES JAHRES 1998. ALS SIEGER GING DIE *AFR MIDNIGHT RAMBLER* ÜBER DIE ZIELLINIE.

Oben DIE EHEMALIGE WHITBREAD-YACHT *THE CARD* UND HEUTIGE *NOKIA* IM KAMPF GEGEN WINDE MIT DER STÄRKE VON 70 KNOTEN.

Oben DIE ENTMASTETE YACHT *STAND ASIDE* IN SCHWERER SEE ETWA 50 SEEMEILEN VOR DER KÜSTE.

Vom Pech verfolgt war auch das Team der australischen Yacht *Winston Churchill*. Skipper Richard Winning stieg mit Paul Lumpton, Michael Rynon und Bruce Gould auf eine Rettungsinsel und der andere Teil der Mannschaft mit John „Steamer" Stanley, John Gibson, Jim Lawler, Mike Bannister und John Dean auf eine zweite. Letztere drei Crewmitglieder wurden aus der Insel geschleudert. Etwa 24 Stunden, nachdem sie ihren sinkenden Holzkutter aufgeben mussten, wurde die erste Insel 65 Meilen östlich von Gabo Island geortet und die Schiffbrüchigen in Sicherheit gebracht. Die zweite Insel wurde von dem Airforce-Aufklärer Orion am Abend entdeckt, worauf ein von der Fregatte *Newcastle* entsandter Hubschrauber zwei weitere Crewmitglieder der *Winston Churchill* aufnehmen konnte. Eine weitere erfolgreiche Rettung wurde in einer Pressemitteilung wie folgt beschrieben:

„Die Yacht Kungarra *aus Victoria wurde von gewaltigen Seen etwa 19 Seemeilen südlich von Gabo Island überrollt. Der Amerikaner John Campbell befand sich bereits 40 Minuten im Wasser. Er litt an Unterkühlungen, als er von Constable Barry Barclay, der in die etwa sechs Meter hohen Wellen gesprungen war, gerettet und schließlich in einer schwierigen Rettungsaktion an Bord gehievt wurde. Die Flugstaffel der Victoria Police bediente sich eines Infrarot-Nachtsicht-Geräts, um Campbell zu lokalisieren."*

Das erste Boot, das die Ziellinie querte, war die 28-Meter-Maxi-Yacht *Sayonara* mit einer amerikanischen Crew an Bord. Es war bereits der zweite Sieg für Larry Ellison, der bereits 1995 mit demselben Schiff – einem Bruce-Farr-Design – gewonnen hatte. Als der Knall aus einer amerikanischen Kanone beim Queren der Ziellinie erschallte, lag die *Sayonara* drei Stunden vor der australischen Maxi-Yacht *Brindabella*.

1999: EIN REKORD WIRD GEBROCHEN

In diesem Jahr drehte sich alles darum, welches von den Big Boats als Erstes über die Ziellinie gehen würde – die favorisierte Maxi-Yacht *Brindabella*, die Maxi *Wild Thing* oder der Volvo Round-the-World-Racer *Nokia*. Als Erste übernahm die *Wild Thing* mit Grant Wharington am Steuer die Führung aus dem Hafen von Sydney heraus. Zwei Stunden später hatten die *Brindabella* unter Skipper George Snow, die *Marchiness* und die *Nokia* aufgeschlossen. Starke Nordwinde erwiesen sich für das Re-

Ganz oben DIE VON RICHARD WINNING GESKIPPERTE *WINSTON CHURCHILL* SANK INNERHALB VON 20 MINUTEN. DREI MÄNNER ERTRANKEN.

Mitte oben DIE SIEGREICHE YACHT *SAYONARA* SEGELT NACH DEN EREIGNISSEN 1998 EINEM BEDRÜCKENDEN EMPFANG ENTGEGEN.

Oben BEIM MASSENSTART ZUM SYDNEY-HOBART RACE 1997. ZUNÄCHST STEUERT DAS FELD AUS DEM HAFEN IN RICHTUNG SYDNEY-HEADS.

gattafeld als Segen, war zu diesem Zeitpunkt doch bereits vorhersehbar, dass der Geschwindigkeitsrekord gebrochen werden würde. Schon bei den Flinder Islands vor der tasmanischen Küste hatte das Führungstrio einen großen Vorsprung. Während die *Nokia* vorweg segelte, folgte ihr die *Brindabella* im Kielwasser und weiter unter Land die *Wild Thing*.

Die beiden Skipper Michael Spies und Stefan Myralf steuerten die *Nokia* 18,5 Stunden schneller über die Ziellinie als der bis dahin gültige Rekord, den die *Morning Glory* aufgestellt hatte. Der Sieg blieb freilich nicht unkommentiert, denn sowohl die Crew der *Brindabella* als auch der *Wild Thing* protestierten aufgrund der Tatsache, dass man der *Nokia* gestattet hatte, mit Wasserballast an den Start zu gehen. Moniert wurde ferner, dass an Bord der *Nokia* mehr als die maximale Besatzung war. Diese Proteste wurden jedoch später von der internationalen Jury überstimmt.

Links BEIM RENNEN DES JAHRES 1998 BELEGTE DIE RENOMMIERTESTE AUSTRALISCHE YACHT, *BRINDABELLA*, DEN ZWEITEN PLATZ. 1991 UND 1997 KONNTE SIE BEIM SYDNEY-HOBART RACE JEWEILS GEWINNEN.

Oben DER VERLAUF DER KÜSTE RUND UM DEN HAFEN VON SYDNEY ERMÖGLICHT DEN ZUSCHAUERN, VON ZAHLREICHEN AUSBLICKSPUNKTEN AUS DAS RENNEN ZU VERFOLGEN.

Rima
HARKEN

NEWPORT-BERMUDA

DAS NEWPORT-BERMUDA RACE GEHÖRT ZU DEN PRESTIGEREICHSTEN REGATTEN der amerikanischen Ostküste für IMS (International Measurement System) vermessene Yachten. Gesponsort wird die Regatta zu gleichen Teilen durch den Cruising Club of America (CCA) und den Bermuda Yacht Club (RBYC). Die alle zwei Jahre (in geraden Jahren) stattfindende Veranstaltung zieht Crews und ihre Yachten aus aller Welt an.

Die 635 Seemeilen lange Strecke startet in Newport/Rhode Island in der Mündung der Narragansett Bay und endet in St. David's Head am nordöstlichen Ende der britischen Kolonie Bermuda im atlantischen Ozean. Auf ihrem Weg quert die Route den Golfstrom, jene unvorhersehbare, mäandernde atlantische Strömung, die vom Golf von Mexiko aus in Richtung Europa verläuft und die tropische von kalten Gewässern, die kontinentales von atlantischem Wetter und letztlich die seglerische Spreu vom Weizen trennt.

Den derzeitigen Rekord von knapp über 57 Stunden hält George Coumantaros auf der *Boomerang*, der 1996 einen Schnitt von elf Knoten erzielte. Im Vergleich dazu – die *Tenacious* unter dem Kommando von Ted Turner brauchte 1978 rund 105 Stunden.

Die Regattastrecke des Newport-Bermuda Race ist eine der interessantesten und auch herausforderndsten überhaupt, da je nach Wetterbedingungen sowohl Teilnehmer mit großen als auch mit kleinen Yachten gewinnen können. Einmal gestartet, lässt sich die Regatta in drei Abschnitte unterteilen, die jeweils eine eigene Strategie erfordern und auch jeweils unterschiedliche Probleme aufweisen können.

Zwischen Newport und dem Golfstrom: Zunächst müssen die Segler noch in kaltem Wasser und auch bei Nebel entscheiden, an welcher Stelle sie auf den Golfstrom treffen wollen. Den warmen Wirbeln nördlich des Stroms, die sich im Uhrzeigersinn bewegen, muss man sich dergestalt nähern, dass die Yacht auf der richtigen Seite manövriert, um von der rotierenden Strömungsbewegung zu profitieren. Die Geschwindigkeit dieser Wirbel, die einen Durchmesser von 60 bis 100 Meilen haben, kann drei Knoten erreichen. Heutzutage sind die Skipper dank der verfügbaren Satellitenfotos in der Lage, den Verlauf des Golfstroms und seiner Wirbel zu interpretieren.

Das Durchqueren des Golfstroms: Je nach Strömungsverlauf, für den es kein typisches Muster gibt, muss der Skipper den in der Regel nordöstlich verlaufenden Strom so schnell wie möglich queren. Der Strom fließt üblicherweise mit einer Stärke von vier Knoten. Aufgrund der starken Temperaturunterschiede zwischen Golfstrom und den kalten nördlichen Gewässern (der Golfstrom fließt in den atlantischen Ozean) kommt es nicht selten zu heftigen Windstößen. Die Teilnehmer treffen sowohl auf leichte Winde als auch auf kräftige, sich schnell bewegende Böen, die von Gewittern begleitet werden. Der Golfstrom ist eher träge, während sich Strömung und Wind gegenseitig beeinflussen. Es gibt viele verschiedene Theorien, wie man den Golfstrom am besten durchquert – so viele Theorien wie Teilnehmer im jeweiligen Jahr!

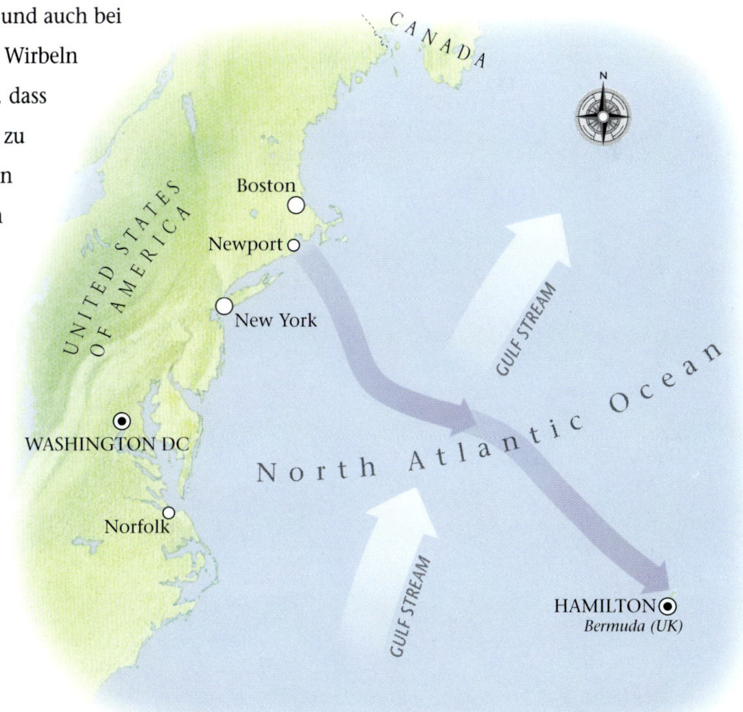

Gegenüber DIE MAXI-YACHT *RIMA* UNTER EIGNER ISAM KABBAMI UND EINER AMERIKANISCHEN CREW WURDE BEIM BERMUDA-NEWPORT RACE 1998 VIERTE IHRER KLASSE, WOBEI SIE 100 STUNDEN, 32 MINUTEN UND 42 SEKUNDEN BENÖTIGTE.

Oben EIN MITGLIED DER CREW AN BORD DER *RIMA* BEIM KAMPF MIT EINER RIESIGEN WINSCH, MIT DER DIE SEGEL GETRIMMT WERDEN.

Glückliches Ende: Die Strecke von 300 Meilen vom Süden des Golfstroms bis nach Bermuda verläuft in der Regel sehr angenehm. Die Teilnehmer segeln in warmen Gewässern, die Winde werden angenehmer und wehen normalerweise aus südwestlicher Richtung. Wetten werden darauf abgeschlossen, wer als Erster die Inseln erblickt – alles bereits ein Vorgeschmack auf das Ende der Regatta und die Partys, die die Teilnehmer erwarten.

Die Bermudas selbst werden im Norden und Nordosten von einem Riff geschützt, das man nicht unterschätzen darf. Vor allem in früheren Zeiten erwies sich die Ankunft nicht selten als dramatisch, weil die Crews ihre Position durch Koppeln, also durch Errechnen ihres Standorts durch den Kurs und die gesegelten Meilen, feststellten und tagelang nichts Anderes sahen als Meer und Himmel. Moderne Satelliten-Navigation hat indes die Aufgabe stark vereinfacht. Heute umsegeln die Crews das Riff einfach an der nordöstlichen Boje und den als „Kitchen

Links HOCH AM WIND BEI MODERATER WINDSTÄRKE. DIE CREW DER *ARIEL* BRINGT IHR GEWICHT BEIM NEWPORT-BERMUDA RACE 1998 ZUM EINSATZ.

Oben BUNT BEFLAGGT LIEGEN DIE YACHTEN IM HAFEN VON NEWPORT. DIE ALLE ZWEI JAHRE STATTFINDENDE REGATTA HAT FESTIVALCHARAKTER.

Gegenüber AUF DEM WEG ZUM SIEG IN DER MAXI-KLASSE 1998: DIE *ALEXIA* – HIER AUF EINEM SCHLAG UNTER SPINNAKER – BEENDETE DIE REGATTA IN 90 STUNDEN, 56 MINUTEN UND 16 SEKUNDEN.

GBR
7070
ALEXIA

U. S. COAST GUARD

Shoals“ und „the Spit“ bekannten Stellen auf ihrem Kurs nach St. David's Head im Nordosten der Bermuda-Insel St. George's.

DAS REKORDJAHR 1996

Das Newport-Bermuda Race ist nichts für Angsthasen und unerfahrene Segler. Hier werden Seemannschaft und Seegängigkeit der Yacht auf die Probe gestellt. Die Liste der früheren Gewinner liest sich wie das *Who is Who* des Regattasports und beweist, dass es auf erfahrene Segler und erstklassiges Material ankommt.

1996, am 40. Geburtstag der Veranstaltung, beendeten 145 Yachten mit 1200 Mann Besatzung das Rennen auf den Bermudas. Ein aufkommendes Tiefdrucksystem und eine darauf folgende Flaute teilte das Feld, das am 21. Juni gestartet war, in zwei Teile auf: Einerseits die größeren Yachten, die sich auf Rekordjagd befanden, andererseits der Rest des Feldes, der bei Windstille vor sich hin dümpelte, letztlich aber das Rennen beendete.

Der New Yorker Anlage-Broker George Coumantaros stellte mit seiner neuen 24-Meter-Yacht *Boomerang* mit 57 Stunden, 31 Minuten und 50 Sekunden einen neuen Rekord auf und schlug den 14 Jahre alten Rekord um fast fünf Stunden. Dieser Erfolg war Ergebnis folgender Strategien: Da er sich am Start mit der ungünstigen Seite des nordwärts drehenden Golfstromwirbels konfrontiert sah, ging er mit seiner nagelneuen IMS Maxi-Yacht zunächst auf westlichen Kurs, um dann südöstlich den Golfstrom mit einem besseren Winkel zu queren. Auf der loxodromischen Linie konnte er nun von der für ihn günstigen Seite des Kaltwasserwirbels profitieren (der sich südlich des Golfstroms befindet und sich gegen den Uhrzeigersinn dreht; Coumantaros holte demnach das Maximum aus dem südöstlich fließenden Arm des Stroms heraus). Hinzu kam der 20 Knoten starke, westliche Wind, sodass die Maxi einen Raumschots-Kurs von 250 Meilen vor sich hatte. Der Skipper, der sich nun der Winde sicher war, die ihn bis zu den Bermudas bringen würden, konnte nun die Gangart bestimmen. Die *Boomerang* setzte sich vor eine Wetterfront aus dem Norden, die über kleinere Yachten hinweg ging und wechselhafte Wetterverhältnisse hinter sich ließ – von Böen mit bis zu 40 Knoten bis zur absoluten Windstille. So manches Boot stand – mit den Bermudas in Sichtweite – ein Tag lang regungslos am Fleck.

Die *Boomerang* legte im Durchschnitt des Rennens elf Knoten zurück und erreichte Spitzenwerte von 18 Knoten. Nach dem Rennen hatten insgesamt vier Yachten den alten Rekord gebrochen, den die *Nirvana* mit 62 Stunden seit 1982 hielt.

Gegenüber BEEINDRUCKENDER START DER KLASSE-5-YACHTEN WÄHREND DES NEWPORT-BERMUDA RACE 1998. BEOBACHTET WIRD DAS FELD VON DER AMERIKANISCHEN KÜSTENWACHE, DIE DIE YACHTBEWEGUNGEN DURCH DIE NARRAGANSETT BAY AUFZEICHNET.

Oben links EIN ERSCHÖPFTES CREWMITGLIED BEIM SCHLÄFCHEN AUF DEN VERHÄLTNISMÄSSIG KOMFORTABLEN SEGELSÄCKEN. AUFMERKSAMKEIT IST IN DEN KOMMENDEN DREI TAGEN OBERSTES GEBOT, WILL MAN DEN GOLFSTROM ERFOLGREICH BEWÄLTIGEN.

Links BEI PERFEKT GESETZTEN SEGELN GAB ES ZWISCHEN DEN WETTBEWERBERN DES JAHRES 1998 HARTE FIGHTS. AUF STEUERBORD-KURS BEI LEICHTER LAGE UND HART AM WIND.

Oben rechts KLEINE PAUSE AN BORD DER *RIMA*, NACHDEM DIE AMERIKANISCHE MANNSCHAFT SICHERGESTELLT HAT, DASS IHRE MAXI-YACHT DAS FELD ANFÜHRT.

Oben DIE FARR 47-YACHT *BLUE YANKEE*, 1998 SIEGERIN IHRER KLASSE. ZWEI STEUERRÄDER ERMÖGLICHEN DEM STEUERMANN BESSERE SICHT UND DEN RICHTIGEN GEWICHTSEINSATZ.

CHICAGO-MACKINAC

„Ich widerrufe hiermit öffentlich alles und jedes, was ich je über Binnensegeln gesagt habe."
TED TURNER, AMERICA'S CUP-VETERAN

CHICAGO-MACKINAC (ausgesprochen wird „mackino") IST DIE ÄLTESTE Süßwasser-Regatta der Welt. Ihr offizieller Name lautet eigentlich „Chicago Yacht Club Race to Mackinac" und wurde im Jahr 1898 etabliert. Nur während der Weltkriege wurde die Regatta nicht ausgetragen, damit mögliche Teilnehmer ihrem Militärdienst nachkommen konnten. In über 100 Jahren ihrer Existenz entwickelte sie sich von einer Regatta für fünf Yachten zu einem Teilnehmerfeld von 300 Booten. Wegen der unvorhersagbaren Wetterverhältnisse, der wechselnden Regeln und neuer Technologien ist das Rennen eine beliebte Dauereinrichtung. Die Popularität der Regatta wurde durch das 1932 veröffentlichte Buch mit dem Titel *There will Always be a Mackinac* von Donald F. Prather sogar noch größer.

Von Chicago am Südende des Lake Michigan, mit 57.504 Quadratkilometern der drittgrößte der Großen Seen, verläuft die Regatta über die gesamte Länge des Sees. An der breitesten Stelle trennen die Küsten von Wisconsin und von Michigan rund 80 Seemeilen. An der tiefsten Stelle ist der See 269 Meter tief. Die Route verläuft zu Füßen des Sleaping Bear, einem großen Berg aus weißem Sand, der wie ein Vorsprung über die Manitou-Inseln wacht, durch die Manitou-Inseln hindurch, vorbei am Pyramid Point, an Grand Traverse Light, South und North Fox Island, Grays Reef, Beaver Island, Skilligalee, durch das tückische Riff von Waugoshance und schließlich vorbei am White Shoal Light. Letzteres befindet sich 25 Seemeilen vor der imaginären Ziellinie, die zwischen dem Leuchtfeuer von Round Island und der Wetterwarte von Mackinac Island verläuft. Diese Insel im nördlichen Teil des Lake Michigan in der Strait of Mackinac (einem Kanal zwischen den oberen und unteren Halbinseln des Staates Michigan) ist bewaldet und etwa fünf Kilometer lang.

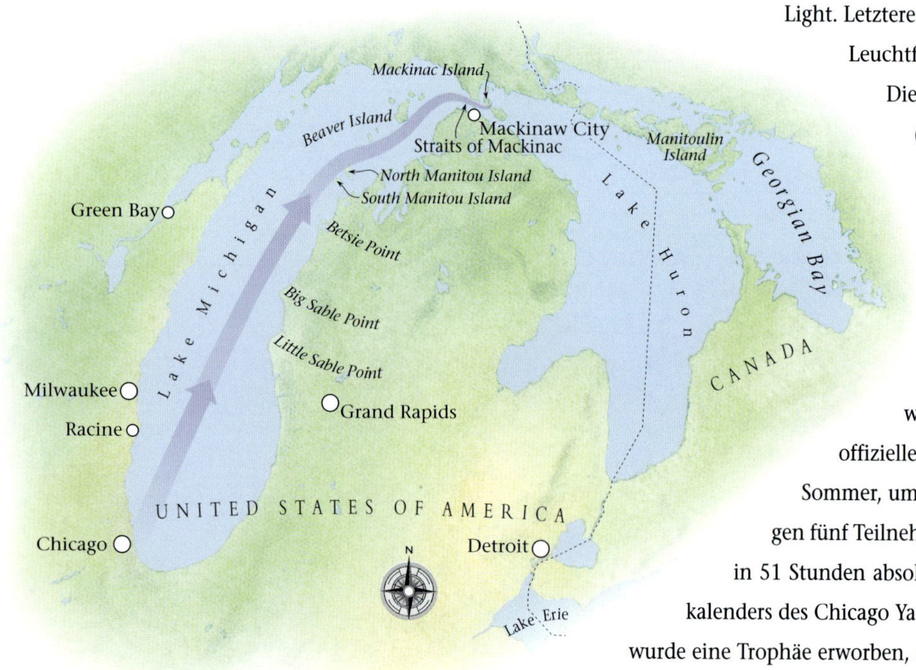

Ursprünglich wurde die Regatta von Yachteignern ersonnen, die ihre Sommer auf dem Lake Michigan verbrachten und nach Mackinac Island segelten, wo die meisten ein Sommerhaus besaßen. Wahrscheinlich begann alles damit, dass man sich gegenseitig vorprahlte, wie schnell man die Passage des Sees geschafft hatte, was möglicherweise wieder zu gegenseitigen Herausforderungen führte. Doch erst 1897 wurde ein offizielles Rennen vorgeschlagen. Angesetzt wurde es für den darauf folgenden Sommer, um dann den Schnellsten zu ermitteln. Beim ersten Rennen im Jahr 1898 gingen fünf Teilnehmer an den Start. Es siegte die *Vanenna*, die die 333 Seemeilen lange Passage in 51 Stunden absolvierte. Ab 1904 wurde die Regatta zum offiziellen Bestandteil des Regattakalenders des Chicago Yacht Clubs, der dann auch offizielle Rennanweisungen ausgab. Im Jahr 1906 wurde eine Trophäe erworben, die dem Gesamtsieger verliehen wurde.

Oben START ZUM CHICAGO-MACKINAC RACE 1996. DIE VERSCHIEDENEN KLASSEN STARTEN IN 30-MINÜTIGEM ABSTAND, WOBEI DIE REGATTA SICH ÜBER DIE GESAMTE LÄNGE DES LAKE MICHIGAN, EINEM DER FÜNF GROSSEN AMERIKANISCHEN SEEN, ERSTRECKT UND 333 SEEMEILEN ZURÜCKGELEGT WERDEN.
Gegenüber BLICK VON DER MACKINAC BRIDGE AUF DIE CREW DER AMERIKANISCHEN YACHT *SORCERER*, DIE WÄHREND DER REGATTA VON 1995 GERADE DEN SPINNAKER BIRGT UND EIN LEICHTERES SEGEL SETZT.

SORCERER
CHICAGO

Die offizielle Startlinie verläuft 1,5 Meilen östlich von Monroe Harbour in Chicago und dem Leuchtfeuer auf Round Island. Mackinac Island wurde zum Ziel erklärt. Die erste Frau, die im Jahr 1905 im Chicago-Mackinac Race an den Start ging, hieß Evelyn Wright, die in einem zeitgenössischen Bericht wie folgt beschrieben wurde: „Eine hübsche, zierliche Frau, deren sanftes braunes Haar sich in den feuchten Seebrisen lockt und deren braune Augen sehnsüchtig blicken."

Heute hat sich „The Mac" zu einer Regatta mit 300 Yachten in 13 Klassen und rund 3000 Seglern gemausert. Der Start findet im Halbstundentakt statt, wobei die langsamsten Boote zuerst starten.

Das Wettfahrtkomitee ist davon überzeugt, dass ein großer Teil des Erfolgs der Regatta darauf zurückzuführen ist, dass nur erstklassige Teams an den Start gehen und höchstens 300 Yachten teilnehmen dürfen. Konsequenterweise werden zunächst nur Einladungen an jene verschickt, die bereits an vorangegangenen Rennen partizipiert haben. Die übrigen Startberechtigungen werden auf schriftliche Anfrage vergeben, wobei die Teilnehmer nachweisen müssen, dass sie mit ihrer Yacht entweder bereits an einer „Mac" mitgesegelt sind oder über eine Crew verfügen, die Mac-Erfahrung besitzt. Diese strengen Kriterien haben dazu geführt, dass der harte Kern der Mac-Segler alte Hasen sind – die „Regulars", die alljährlich teilnehmen, sowie die „Goats", die an den letzten 25 Regatten teilgenommen haben. Stets geht es um Kameradschaft, eine gesunde Rivalität und letztlich um alte Traditionen.

Oben DAS REGATTAFELD BEIM START 1996. ANGESICHTS DER ENGE MUSS SICH DER SKIPPER AUF DEN MANN AM BUG VERLASSEN, UM TAKTISCHE ENTSCHEIDUNGEN ZU TREFFEN.

Links DIE YACHTEN IM MONROE HARBOUR IM HAFEN VON CHICAGO. GEGRÜNDET WURDE DER CLUB 1869 VON ACHT SEGLERN, DIE EIN ALTES HOLZBOOT UND EINEN 5,5 METER LANGEN KATAMARAN IHR EIGEN NANNTEN.

Auf der Insel Mackinac ist das Pferd König. Motorfahrzeuge sind, von Rettungsdiensten einmal abgesehen, nicht gestattet. Daher erklärt sich auch der alte Segler-Spruch, der die Regattaanweisungen aufs Korn nimmt: „Segeln Sie bis ganz oben an den See, fahren Sie dann nach rechts und solange weiter, bis Ihnen Dünger in die Nase steigt."

In der Tat hat man in dem Städtchen das Gefühl, man begebe sich zurück in die Vergangenheit. Es gibt so viele Lädchen wie Pferde, und im Sommer wird die Insel von Touristen übervölkert. Der kleine, tiefe und sichelförmige Hafen wird von schneeweißen Häuschen und Hotels gesäumt, und der Mackinac Island Yacht Club befindet sich jenseits der Molen auf der anderen Straßenseite.

EIN RENNEN MIT WINDIGER VERGANGENHEIT

1911 ging als „Jahr des Sturms" in die Geschichte ein, wobei Windstärken von einer „8-Meilen-Brise bis zu

Oben DIE VON RICHARD DE VOS GESTEUERTE *WINDQUEST* UNTER DER MACKINAC BRIDGE KURZ VOR DEM ZIEL. DIE *WINDQUEST* GING 1994 AUCH ALS SIEGERIN HERVOR.

Oben links SCHLECHTE SICHT UND WENIG WIND WÄHREND DES RENNENS 1997, EINEM JAHR, IN DEM DIESE WETTERVERHÄLTNISSE HÄUFIGER VORKAMEN.

Oben GROSSSEGEL UND SPINNAKER SIND GESETZT. 1997 GAB ES SO WENIG WIND, DASS DAS REGATTAFELD AUCH AM ZWEITEN TAG NICHT IM ZIEL ANGELANGT WAR.

Now the giant racer fought and pitched
and slammed into the run!
Her loyal crew sat dry-eyed, tense, full
knowing her race was done!
For three men now at her tiller-bar scarce
held her on the sea.
On the starboard bow loom'd Fisher's Reef,
and a murderous surf alea!
And now wild surge becomes a dirge,
chanting a last refrain,
As the gaunt white throat of the faithful
boat is turned to sea again.
To sea she strained! Here safety lay, away
from the treacherous shore.
For surging wave but formed her grave,
'twas land killed Vencedor!

Aus „The Wreck of the Vencedor“
von Maurice Beam

einem 80-Meilen-Hurrikan" registriert wurden. An Bord der *Polaris* war George Ade von der Chicago Tribune, der über das legendäre Rennen folgendes berichtete:

„Die *Polaris* richtete sich wieder auf, lag auf der Seite und schüttelte sich wie verrückt, während wir mit aufgerissenen Augen und etwas verängstigt an Deck saßen. Dann kam der Regen wie ein riesiges Wasserfass. Wir versuchten Schutz zu suchen, um dann wieder an Deck zu gehen. Der Wind jaulte, kreischte und brüllte. Er kämpfte mit der *Polaris* und versuchte, sie in Stücke zu reißen. Unterdessen tauchten wir in riesige Wellen, deren Kronen weißen Schaum trugen, dann wieder mit einem Platschen in ein tiefes Loch. Und jedes mal schüttelten wir uns, als wir triefend auftauchten. Als es dämmerte und die Furie gebändigt war, hingen wir alle an der Reeling und hatten das wahnhafte Gefühl, wir hätten soeben ein Unterwasser-Wildpferd geritten."

Es war in eben dieser Regatta, dass der Schoner *Amorita* des Eigners und Skippers D. L. Baum mit 31 Stunden, 14 Minuten und 30 Sekunden einen neuen Rekord aufstellte. Und dies trotz der Tatsache, dass die Crew auf den letzten 30 Meilen vier Stunden vergab, weil sie den gebrochenen Bugspriet reparierte. Erstaunlicherweise blieb dieser Rekord bis 1987 ungebrochen.

Im selben Rennen lief übrigens die Yacht *Vencedor* auf die Felsen vor Fisherman Island auf (dazu auch das Gedicht links unten). Die Crew wurde gerettet, doch das Boot war verloren.

Als „Year of the Big Blow“ wurde das Chicago-Mackinac Race des Jahres 1937 bezeichnet. Nur acht der 42 Teilnehmer beendeten die Regatta. Der Wind erreichte Geschwindigkeiten von 60 Meilen, und die Wellen türmten sich zu sechs bis neun Metern auf, was sonst nur auf den kanadischen Großen Seen vorkommt.

1968 wurde die „Island Goats Sailing Society“ für jene Segler gegründet, die bei mindestens 25 Mac-Races an den Start gegangen. Die Mitgliedschaft gilt als eine Ehre, wobei der Name des Vereins von Percy Wilson im Chicago Yacht Club Magazine im Mai 1968 trefflich erklärt wurde: „Nun, viele Inseln werden von Ziegen bewohnt. Und jene, die sich für die Mitgliedschaft qualifizieren, haben ein Alter erreicht, in dem der Begriff Ziege (Goat) auch passen mag. Aber niemand würde abstreiten, dass die meisten Segler nach drei oder vier Tagen an Bord eines Mackinac-Racers im Juli zumindest so riechen.“

Legendär ist das Zitat nach der Regatta von 1970: „Auf dem Weg nach Mackinac geschah etwas Eigenartiges – 88 Yachten kamen nicht an. Was Wunder, bei einem Dutzend gebrochener Masten, einem ganzen Sortiment von zerstörtem Equipment, etlichen verletzten Besatzungsmitgliedern und einigen Seekranken.“

Der 1911 von der *Amorita* aufgestellte Geschwindigkeitsrekord hielt bis 1987, als er von Skipper Dick Jennings um sechs Stunden auf der *Pied Piper*, einer 21 Meter langen Santa Cruz 70, eingestellt wurde. Zwei Jahre später siegte dieselbe Yacht mit der langsamsten Zeit, die je fürs Rennen gebraucht wurde – ganzen 61 Stunden. Auch 1999 stand Jennings übrigens auf dem Siegerpodest in Mackinac.

Gegenüber links EIN RENNEN ZWISCHEN FLAUTE UND STURM SORGTE IM JAHR 1911 DAFÜR, DASS DAS RENNEN FÜR DIE *VENCEDOR* TRAURIG ENDETE.

Oben DIE *LEADING EDGE* PASSIERT DAS MIT INTERNATIONALEN FLAGGEN GESCHMÜCKTE SCHIFF DER MACKINAC-KÜSTENWACHE WÄHREND DES RENNENS 1998.

Links ZU FÜSSEN DER GLASPALÄSTE UND WOLKENKRATZER VON CHICAGO VERSUCHEN DIE YACHTEN, DIE BESTE STARTPOSITION ZU ERGATTERN.

COASTAL CLASSIC

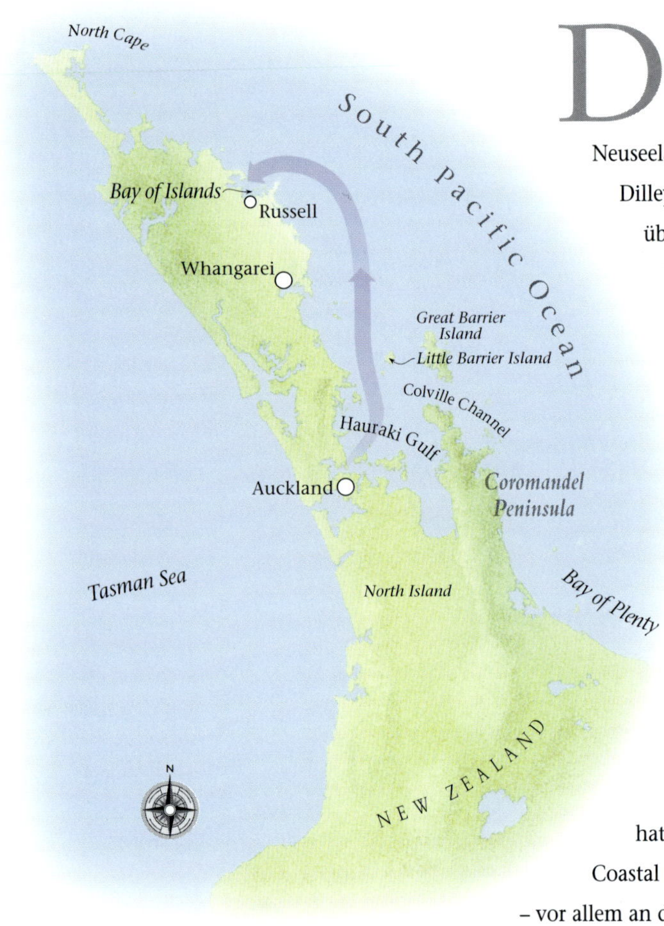

Die Coastal Classic ist die führende Yachtregatta in Neuseeland. Sie startet in der Devonport Wharf im nördlichen Bereich des Waitemata Harbour in Auckland und führt nordwärts zur Russell Wharf in der Bay of Islands. Traditionell fällt der Startschuss am letzten Oktober-Wochenende, wenn die Neuseeländer am Montag danach ihren Tag der Arbeit feiern. Beim Coastal Classic Race – einst von Roger Dilley ins Leben gerufen und einem Motorbootrennen von 1921 nachempfunden – wird die gesegelte Zeit über einen präzisen Parcours (von Auckland nach Russell) gemessen. Erstmals organisiert wurde die Regatta vom Vorsitzenden des neuseeländischen Multihull-Yachtclubs, Duncan Stuart, mit Unterstützung des Yachtclubs Devonport. Zwölf Yachten gingen an den Start, und Stuarts Trimaran *Krisis* stellte mit 18 Stunden gleich den ersten Rekord auf, der vier Jahre lang halten sollte. Inzwischen ist das Coastal Classic Race eine Großveranstaltung, bei der Fahrtensegler (eine Klasse), Kielyachten (fünf Klassen) sowie Mehrrumpf-Yachten (zwei Klassen) an den Start gehen – insgesamt sind es rund 200 Teilnehmer jährlich.

Mit 125,5 Seemeilen kann man die Regatta nicht wirklich als Offshore-Race bezeichnen, aber es ermöglicht zumindest kleineren Yachten und Mehrrumpfbooten, im Rahmen der Sicherheitsbestimmungen teilzunehmen. So haben Skipper und Crews solcher Yachten die Möglichkeit, an diesem großartigen Abenteuer teilzunehmen ohne die sonst für Offshore-Regatten üblichen Investitionen tätigen zu müssen. Das bedeutet freilich nicht, dass die strengen neuseeländischen Vorschriften nicht eingehalten werden müssen, wobei jede teilnehmende Yacht vor dem Start einen Sicherheits-Check nachweisen muss.

Das sogenannte Labour-Wochenende ist traditionell der Übergang vom Frühling zum Sommer und hat in der Regel das völlige Aus für alle Strände und Ferienorte zur Folge. Viele Segler betrachten das Coastal Race als Start in die Saison und als Möglichkeit, den Winterschlaf zu beenden. Dennoch ist das Wetter – vor allem an der Nordküste – stark von der Tag- und Nachtgleiche beeinflusst, was bedeutet, dass sich Nordost- oder Südwestwinde mit bis zu 40 Knoten Geschwindigkeit abwechseln und zudem recht unvorhersehbar einfallen. Natürlich hoffen die Segler auf einen Südwestwind mit 20 bis 25 Knoten, um bei ruhigem Wasser unter Spinnaker die Küste entlang zu segeln.

DIE HÄRTEN DES RENNENS

Üblicherweise beginnt die Regatta stets am Freitag des erwähnten Wochenendes mit einem spektakulären Massenstart im Waitemata Harbour von Auckland. In den vergangenen Jahren waren es immer um die 200 Yachten, die sich gleichzeitig aufregende Startgefechte und -manöver liefern. Selbst dann, wenn die Startlinie den gesamten Hafen quert.

Danach nimmt das Regattafeld Kurs auf die Nordküste, die für ihre Schönheit und das geschützte Segeln innerhalb des Golfs von Hauraki berühmt ist. Vorbei geht es an den Golf-Inseln Tiritiri-Matangi und Kawau, schließlich um Cape Rodney herum, hinein in den Hauraki Golf mit den Barrier Islands und der Cormandel Halbinsel und damit auch hinein

Links DER GÜLTIGE REKORD: MIT EINER ZEIT VON SIEBEN STUNDEN, 20 MINUTEN UND 51 SEKUNDEN, AUFGESTELLT IM JAHR 1996, IST DER VON RON GIVEN GEZEICHNETE KATAMARAN *SPLIT ENZ* AUCH IM JAHR 2000 NOCH REKORDHALTER. CO-EIGNER SIND ÜBRIGENS JASON SAGER, RUDI DEKKER UND JOHN HUGHES.

Gegenüber DIE YACHT *KICK* UNTER EIGNER UND SKIPPER IAN HARVEY BELEGTE IN DER ZWEITEN STARTKLASSE DES COASTAL CLASSIC RACE VON 1998 PLATZ ZWEI – MIT 8,5 STUNDEN RÜCKSTAND AUF DEN SIEGER.

8349
KICK

in den Südpazifik. Spätestens jetzt muss auch eine taktische Entscheidung fallen – entweder mitten durch das Inselgewirr oder außen herum, was den direkten Kurs um etwa 30 Meilen in Richtung Norden ausdehnt. Zwischen den Inseln verhindern tiefe Gewässer mit Riffen, Felsen und anderen Hindernissen, dass man direkten Kurs nehmen kann. Unvermeidbar ist hier der Pazifik-Schwell, der auf die 100 bis 150 Meter hohen Felsen trifft und so manchen Schlag zum Höllenritt werden lässt.

Der Kurs außen herum ist zwar geringfügig länger als der westlicher verlaufende Kurs durch die Inseln, aber dennoch die bevorzugte Route. Vor allem dann, wenn die Winde aus Nordost oder Südwest wehen. Die Yachten, die die Abkürzung wählen, nehmen von Cape Rodney für etwa 20 Meilen Kurs Nord-Nordwest in Richtung Hen-Island, um dann wieder nördlich zu gehen und so Tutukaka Head an der Küste auszuweichen. Dies ist der letzte geschützte Ort, ehe die Yachten in die Bay of Islands einlaufen.

Die Küste nördlich von Tutukaka ist mit Riffen, Felsen, Hindernissen und kleinen Inseln förmlich übersät. Tatsächlich ist dies kein Ort für schwache Nerven, vor allem dann nicht, wenn in Küstennähe nachts auf Ideallinie, die der Kompass vorgibt, gesegelt werden soll. Crews, die sich dagegen für die Route nördlich um Cape Rodney entschieden haben, um dann auf die sogenannten Hen-and-Chickens-Kurs zu nehmen, befinden sich etwa 20 Meilen auf offener See ohne Land in Sicht. Hier können sie frei und ohne Hindernisse segeln, wenn man mal von den Poor Knights Islands einmal absieht.

Unter idealen Bedingungen bedeutet dies einen atemberaubenden Ritt unter Spinnaker und mit gesetztem Stagsegel über den fünf bis sechs Meter hohen Pazifik-Schwell – und das raumschots über 120 Meilen von Auckland bis nach Cape Brett, der südlichen Zufahrt zur Bay of Islands.

Unten DIE VON IAN VICKERS ENTWORFENE UND GESTEUERTE YACHT *ACES HIGH* GING IN DER KATEGORIE ZWEI DES COASTAL RACE 1999 MIT KNAPP 14 STUNDEN SOWOHL IN GESEGELTER ALS AUCH NACH KORRIGIERTER ZEIT ALS SIEGERIN INS ZIEL.

Rechts DIE FLOTTE BEIM START DES COASTAL CLASSIC 1999. IM BILDVORDERGRUND DIE *FUTURE PERFECT* (LINKS), DIE *KIWI* (RECHTS) UND DIE *SURE THING* (TEILWEISE VERDECKT). DIE *FUTURE PERFECT* HOLTE DEN SIEG.

Unmittelbar östlich des Kaps befindet sich Piercy Island, wobei die Öffnung zwischen Kap und Insel als natürliche Abkürzung für Regattateilnehmer aus dem Süden gilt. Dennoch – diese Öffnung ist von allen neuseeländischen Seglern aus gutem Grund gefürchtet, da sich die Bay of Islands bei ablaufendem Wasser über diesen 200 Meter breiten Kanal zwischen riesigen Felsen in atemberaubender Geschwindigkeit entleert. Hinzu kommen der Pazifikschwell oder – bei Sturmtiefs aus Nordost – gewaltige Seen, die sich gegen die ablaufende Tide und die senkrechten Felswände aufbauen. Zehn bis zwölf Meter hohe, brechende Wellen sind daher am Cape Brett keine Seltenheit. Monströse Wellen, die über 40 bis 50 Meter hoch an die Felsen schlagen, sind schon gesehen worden.

So mancher Segler war schon mehr als eingeschüchtert, der in den frühen Morgenstunden „The Brett" umrundete, um im Zieleinlauf in die Bay of Island einzulaufen. Innerhalb dieses Kanals gleichen die Bedingungen durchaus einer Waschmaschine – und in der Vergangenheit wurden sogar 15 bis 18 Meter lange Yachten in den völlig entfesselten Seen herumgewirbelt wie Korken.

Von Cape Brett aus ist es nur noch ein kurzes Stück durch die Bay of Islands zum Ziel Russell. Auf diesen 25 Seemeilen müssen die Yachten nicht selten kreuzen, wobei sich auf vielen der kleinen Inseln, Felsen und Hindernisse keine Leuchtfeuer befinden und in diesen Morgenstunden nicht selten der Wind einschläft.

DENKWÜRDIGE RENNJAHRE

Das Coastal Classic Race von 1982 gehört nicht zuletzt wegen des inoffiziellen Vergleichs zwischen Multihull und Kielyacht zu den Höhepunkten. Doch auch danach erlebte das jährliche Rennen einige Überraschungen. Der erste Rekord von 18 Stunden wurde durch den Neuseeländer Duncan Stuart und seinen Trimaran *Krisis* aufgestellt. Die erste Kielyacht und dritte über alles war die *Hawkeye* mit 2 Stunden 25 Minuten Rückstand (gesegelte Zeit). Auch 1985 gingen zwei Yachten auf ein direktes Duell gegeneinander ein, wobei sich das Augenmerk auf die unterschiedliche Größe richtete. Recht schnell wurde David Barker auf seinem selbst entworfenen 17-Meter-Katamaran *Sundreamer* von dem nur zwölf Meter langen Katamaran *Split Enz* überholt. Der breite Katamaran mit den schlanken Rümpfen stellte

Oben START DER COASTAL CLASSIC 1996. DIE YACHT *PRIMO* GEWANN SOWOHL NACH GESEGELTER ALS AUCH NACH KORRIGIERTER ZEIT IN DER KATEGORIE 1 UND STELLTE DABEI EINEN REKORD AUF.

Oben START UNTER SPINNAKER IM JAHR 1998: DIE FÜHRENDE YOUNG-88-YACHT *BLONDIE* DES EIGNERS TREVOR CANUTE, WURDE VON DESSEN SOHN CRAIG GESTEUERT.

Oben TEILNEHMER DES COASTAL CLASSIC RACE AUF RAUMSCHOTSKURS DURCH DEN RANGITOTO-KANAL. IM HINTERGRUND DIE VORORTE VON AUCKLAND.

mit seiner Crew Rudi Dekker, Jason Sager und Neil Strong mit 17 Stunden, sechs Minuten und 48 Sekunden einen neuen Rekord auf. Die *Sundreamer* lief als fünfte Yacht übers Ziel.

Mit idealen Wetterbedingungen ging die Coastal Classic 1988 in die Geschichte ein, als die High-Tech-Mehrrumpfyacht *Afterburner*, die bereits im Vorjahr einen Rekord aufgestellt hatte, diesen um weitere drei Stunden, 19 Minuten und fünf Sekunden verbesserte. Südwestliche Winde von 20 bis 25 Knoten zwischen Whangerei Head und Cape Brett sorgten dafür, dass die *Afterburner* Spitzengeschwindigkeiten von 25 Knoten und im Renndurchschnitt 20,5 Knoten erreichte. Die meisten Yachten brauchten in der Regel nicht einmal ein Vorsegel. Zwischen Cape Rodney und Sail Rock wurde die Crew der *Afterburner* dennoch gefordert, als sie wegen abflauender Winde innerhalb von eineinhalb Stunden 13 Segelwechsel durchführen musste. Dennoch stellten sie mit neun Stunden, 20 Minuten und 50 Sekunden einen neuen Regattarekord auf.

Oben DER START ZUR COASTAL CLASSIC 1999. IM VORDERGRUND ZU SEHEN SIND DIE YACHTEN *LOVEA'LUCK* (SKIPPER PETER LORY), DIE *GEORGIA* (SKIPPER JAMES FARMER) UND DIE *HYDROFLOW* (RON BRITTAIN).

Gegenüber oben DER VON DEM NEUSEELÄNDER RON GIVEN ENTWORFENE KATAMARAN *SPLIT ENZ* HÄLT SEIT 1996 DEN AKTUELLEN REKORD. BEREITS 1985 UND 1993 STELLTE DER KAT NEUE BESTLEISTUNGEN AUF.

Gegenüber Mitte 15 METER LANG, NEUN METER BREIT – DER KATAMARAN *AFTERBURNER* WURDE VON MALCOLM TENNANT ENTWORFEN. EIGNER UND SKIPPER IST ALASTAIR RUSSELL.

Im Gegensatz dazu steht das Rennen von 1989. Konstant stürmische Windbedingungen von 25 bis 30 Knoten zwangen 91 von 155 Teilnehmern zur Aufgabe. In diesem Jahr beendete die *Afterburner* mit einer ganz anderen Zeit die Regatta – 21 Stunden, 39 Minuten und 51 Sekunden. Beim selben Rennen überschlug sich der Katamaran *Chesapeake* mit den Eignern Robert und Alison Gunn an Bord. Da sie von dem Windstoß, der auch noch einen Richtungswechsel von 90 Grad vollzog, völlig überrascht wurden, konnten sie das Groß nicht fieren und kenterten, während Alison sich unter Deck befand. Immerhin befreite sie sich innerhalb von 20 Minuten, und eine Kielyacht nahm die Crew auf.

Das Jahr 1996 erlebte die schnellsten Zeiten der Coastal Classic überhaupt. Mit 250 Yachten war es auch das bis dahin größte Teilnehmerfeld. Starke Ostwinde hatten viele Ausfälle zur Folge – die meisten wegen Seekrankheit. Für die rund 200 übrig gebliebenen Yachten, die heil in Russell ankamen, war es der Ritt ihres Lebens. Nachdem in sämtlichen Kategorien die Rekorde gepurzelt waren, stellten der Katamaran *Split Enz* bzw. die Yacht *Primo* die auch heute noch gültigen Rekorde auf.

Was 1997 als Leichtwindregatta startete, endete in einem Sturm von 30 und mehr Knoten. Elf Ausfälle wurden registriert, davon zwei Mastbrüche, ein Wassereinbruch und eine Kenterung. Von solchen Ereignissen einmal abgesehen, hält die Coastal Classic zudem einen Sicherheitsrekord – niemand kam bei dem Rennen je ums Leben.

Rechts DIE CREW DER *Afterburner* NACH EINER KENTERUNG 1997. DER MAST WURDE ENTFERNT UND SEITLICH HERAUSGEZOGEN, DAMIT DER KATAMARAN NACH AUCKLAND GESCHLEPPT WERDEN KONNTE, WO ER AUFGERICHTET WURDE.

KH-81
KH-818

SAN FERNANDO

Die Seglervereinigung von Hongkong, jener seit der Übergabe durch die Engländer 1997 unter chinesischer Sonderverwaltung stehenden Stadt, ist Erbe und Überbleibsel des kolonialen und kapitalistischen Hongkong. Nach wie vor genießen die Segler erstklassigen Regattasport und Fahrtentörns in der landschaftlichen Schönheit des von vielen Inseln geprägten ehemaligen kolonialen Reviers. Tatsächlich haben sich die Segelmöglichkeiten noch erweitert, seitdem Regatten entlang der chinesischen Küste bis hin zur 400 Seemeilen südwestlich gelegenen Insel Hainan stattfinden. Derartige Veranstaltungen genießen sogar die Unterstützung des chinesischen Segler-Verbandes, der damit das Verhältnis zwischen Hongkong und dem aufblühenden Sport entlang der chinesischen Küsten verbessern will.

Allem voran steht der Royal Hong Kong Yacht Club (RHKYC), um den sich sämtliche Regattaaktivitäten in Hongkong drehen und der für die Organisation des Fernando Race verantwortlich zeichnet. Ursprünglich war die Regatta, die zu den asiatischen Offshore-Höhepunkten zählt, im Hafen San Fernando auf der philippinischen Insel Luzon beheimatet.

Die alljährlich über Ostern stattfindende Veranstaltung (März/April) zählt zu den wichtigsten Offshore-Rennen der Region und wird vom britischen Royal Ocean Racing Club (RORC) sanktioniert und unterstützt. Keine andere Institution spiegelt jene kolonialen Tage mit den RORC-Segel- und Ruderregatten besser wider als der RHKYC. Letzterer befindet sich auf einer ehemaligen Insel – und obwohl die Adresse Kellett Island nach wie vor benutzt wird, sind die umgebenden Gewässer längst Landgewinnungsmaßnahmen zum Opfer gefallen. Die in ihre Heimatländer zurückkehrenden Ausländer werden nach und nach durch einflussreiche Chinesen ersetzt, von denen etliche sogar im internationalen Regattageschehen eine herausragende Stellung eingenommen haben. Immer noch unterhält der Club rund 240 Angestellte, um die Wünsche seiner rund 4000 Mitglieder zu erfüllen.

Das erste San Fernando Race fand 1975 statt. Damals gingen in San Fernando sechs Yachten an den Start, die über Hongkong zurück zu den Philippinen segelten. Doch seit dem ersten Rennen fällt der Startschuss zu der populären und alle zwei Jahre stattfindenden Veranstaltung in Hongkong. Die Teilnehmer queren die südchinesische See und segeln südöstlich nach Luzon, was einer Strecke von 500 Seemeilen entspricht. Da sich unterwegs keine Zwischenstopps befinden, entfernen sich die Regattateilnehmer weiter von der Küste als beim Sydney-Hobart Race. Obwohl die Regatta sich überwiegend an Segler aus Hongkong wendet, zieht sie mittlerweile auch Teilnehmer aus Japan, den Philippinen, Singapur, Australien, England und den USA an. Die wohl berühmteste britische Yacht, die an den Start ging, war die *Rothmans* unter Steuermann Lawrie Smith. Die *Rothmans* stellte sogleich auch einen Rekord auf, der seit 1987 nicht eingestellt wurde: Zwei Tage, zwei Stunden und zwei Minuten. Nur schade, dass diese Leistung durch die Tatsache getrübt wurde, dass die Yacht *Bimblegumbie* einen Handicap-Sieg errang. 1999 verfehlte Frank Pong aus Hongkong mit seiner neuen 24-Meter-Yacht *Jelik* einen neuen Rekord, als in Sichtweite von San Fernando der Wind einschlief.

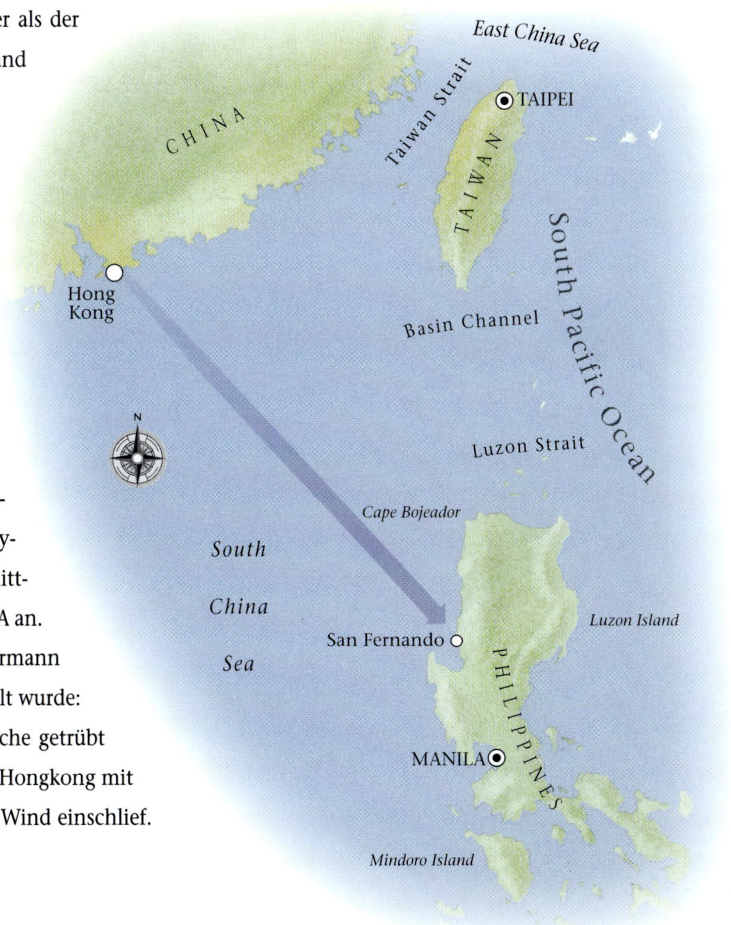

Gegenüber DIE YACHT *BIMBLEGUMBIE* DES AUSTRALIERS KEITH JACOBS, EIN ED-DUBOIS-DESIGN, BEIM START ZUM SAN FERNANDO RACE 1989.

Oben NACH IHRER ANKUNFT IN SAN FERNANDO LIEGEN DIE YACHTEN IN DER SÜDCHINESISCHEN SEE VOR ANKER. DIE EINHEIMISCHEN FAHREN MIT IHREN FARBENFROHEN BANCAS GERNE HINAUS, UM DEN CREWS IHR INSELBIER ANZUBIETEN.

Links DER MAXI-RACER *ROTHMANS* (IM VORDERGRUND LINKS) UNTER DEM AMERIKANISCHEN SKIPPER LAWRIE SMITH ÜBERRAGT DEN REST DES FELDES IM RENNEN VON 1987. DER DAMALS ERZIELTE REKORD IST NOCH IMMER GÜLTIG.

Im März/April befindet sich Hongkong normalerweise unter Monsuneinfluss. Schon während der ersten Tage werden die Teilnehmer mit frischen Winden und einer bewegten See konfrontiert. Die widrigen Bedingungen des südchinesischen Meers nehmen umso mehr ab, je weiter sich die Yachten der philippinischen Küste und Nord-Luzon nähern. Die Schlechtwetter-Bekleidung weicht T-Shirts und Sonnenschutzmitteln. Es folgen lange Spinnakerschläge bei lauwarmer Brise und angesichts des sternenübersäten Himmels ist das Steuern des Bootes eine besondere Erfahrung – kurz: Segeln wie Champagner.

San Fernando, in der Ligayen-Golfküste in der Provinz La Union gelegen, befindet sich 225 Kilometer nördlich von Manila. Im Gegensatz zu der aus allen Nähten platzenden Hauptstadt im Südwesten Luzons, unterscheidet sich San Fernando in jeder Hinsicht. Die Ziellinie befindet sich am Südende eines Riffs, das der Urlaubsregion Bauang vorgelagert ist. Beherrscht wird es von der Yacht, die das Feld aus Hongkong anführt. Die schließlich innerhalb des Riffs vor Anker liegenden Yachten ziehen die lokalen Bancas magisch an, die die durstigen Segler mit lokalem Bier versorgen. Bancas sind übrigens die philippinische Lösung für den Küstentransport, ein niedriger Sperrholzrumpf mit Bambusauslegern an jeder Seite – und das Ganze natürlich grell und farbenfroh bemalt. Angetrieben werden sie von luftgekühlten Briggs & Stratton-Motoren, mit denen die Boote gut 20 Knoten erreichen. Schließlich gibt es willige Abnehmer für dieses sehr gute und preiswerte Bier.

Nach dem Rennen ist Feiern angesagt. Die meisten Skipper bestehen während des Rennens auf eine „trockene" Crew und beschränken den Alkoholkonsum auf die Zeit nach dem Zieleinlauf. Die rustikalen Ferienanlagen mit Palmenstrand sorgen für eine natürliche Party-Umgebung. Höhepunkt ist in der Regel das Cabana Bash, bei dem sich Gesang, Tanz und Geschichten, die während des Rennens erlitten wurden, vermengen. Wie stark auch die Rivalität während des Wettkampfs war, es ist ungeschriebenes Gesetz, dass diese Stories in der Main Bar des Royal Hong Kong Yacht Clubs niemals wiederholt werden!

Ein einzigartiger Aspekt der Regatta sowie der anschließenden Party ist die finanzielle Unterstützung für ein Waisenheim in San Fernando, das von der Großzügigkeit der Teilnehmer sehr stark profitiert.

So hatte der Vorsitzende der Wettfahrtkommission, Vic Locke, das Gefühl, dass man sich für die jahrelange Gastfreundschaft in San Fernando revanchieren müsse. Er wird mit den Worten zitiert: „Viele Menschen sehen im Segelsport nur die eigennützigen Seiten. Ich glaube jedoch, dass Wohltätigkeit und Unterstützung das wahre Gesicht – und das Herz – der Segler und Seglerinnen zeigen, die an dieser Regatta teilnehmen." Allein 1995 wurden von den 140 Seglern 140.000 Hongkong-Dollar gesammelt, die für den Bau eines neuen Schlafsaals verwendet wurden.

Wenige Tage nach Ende des Rennens nehmen die meisten Yachten wieder Kurs auf Hongkong, während einige das Glück haben, in der Region bleiben zu können – in einer Gegend, in der guter Rum etwa einen US-Dollar kostet und in der einen die Fischer mit ihren frischen Fängen versorgen. Für Segler auf der Suche nach Entspannung sind die Kalksteininseln des Liguyen-Golfs – besser bekannt als Hundred Islands – ein Abenteuer, das sich zu erkunden lohnt ebenso wie die wenig besuchte Insel Mindanao (dies trotz politischer Unruhen). Nicht zu vergessen ist das Städtchen El Nido auf der Insel Palawan im Osten der Philippinen – eine außergewöhnliche Schönheit, nicht zuletzt wegen der steilen und hohen Klippen, die von türkisfarbenem Wasser umgeben sind.

Rechts DIE OYSTER-YACHT *L'AVENTURA* WÄHREND DES SAN FERNANDO-RACE 1989 – SEITE AN SEITE MIT DER AUSTRALISCHEN YACHT *SWEET CAROLINE* DES IN HONGKONG LEBENDEN VERLEGERS STEVE ELLIS.

Gegenüber DIE *WINDSEEKER* AUF VORTEILHAFTEM STEUERBORD-KURS WÄHREND DES SAN FERNANDO RACE 1989. DANK DES ENTHUSIASTISCHEN EIGNERS JOHN BLAY IST SIE EINE VIELGESEGELTE YACHT.

1198
99
KH
1195
Windseeker
RHKYC

OCEAN

CLASSICS

ROUTE DU RHUM

Die Route du Rhum (abgeleitet vom Erbe der Rum-Herstellung in den französischen West Indies) ist eine 3700 Meilen lange Einhandregatta von Saint Malo, jenem Handelshafen in der Nord-Bretagne, nach Pointe-à-Pitre auf Guadeloupe. Vom Start zum Ziel benötigen die Teilnehmer etwa zehn bis 15 Tage. Ins Leben gerufen wurde die erstmals 1978 ausgetragene Regatta, die seitdem alle vier Jahre stattfindet, von dem Franzosen Michel Etevenon. Etevenons eigentliche Idee war es, eine völlig offene Regatta, an der alle Yachten teilnehmen können, zu veranstalten. Dennoch hat sich im Laufe der Jahre aus ihr eine Regatta für Mehrrumpf-Yachten entwickelt. Mit der Route du Rhum begann letztlich auch die Ära des Schau-Segelns und daraus resultierend die Entwicklung neuer Bootstypen.

Wenn jeweils im November die Yachten an den Regattastart gehen, wird der Nordatlantik von Tiefdruckgebieten (Westerlies) beherrscht, die sich über den USA formieren und sich in Richtung Europa bewegen. Daher ist vor allem im ersten Teil des Rennens schlechtes Wetter immer sehr wahrscheinlich. In dieser Zeit sind auch die Passatwinde gen Süden aus nordöstlichen Richtungen sehr ausgeprägt, weshalb die Yachten sich in schnellen Etappen in Richtung Ziel bewegen. Das Dilemma der Segler besteht darin, zu entscheiden, ob sie die Tiefdruckgebiete zunächst nördlich passieren, um dann auf die Passatwinde zu stoßen, oder ob sie eine südliche Route vorziehen, freilich auch mit dem Ziel, so schnell wie möglich die Winde in Richtung Süden zu nutzen. Diese Ideallinie muss jeder Skipper für sich selbst herausfinden, sei es mit Hilfe der Meteorologen, die mit dem Team sprechen bzw. dem Skipper, oder mit Hilfe des Bord-PC, der mit Wetterdaten und Simulationsprogrammen in der Lage ist, eine Vorhersage für fünf Tage zu machen und so eine Wahl zu ermöglichen.

DAS HISTORISCHE FINISH VON 1978

Beim Zieleinlauf der ersten Route du Rhum in Pointe-à-Pitre lagen zwischen der siegreichen Yacht und der zweitplatzierten nur 98 Sekunden – fast unvorstellbar, nach 23 Tagen auf See. Von den 38 Teilnehmern kamen zwölf nicht ins Ziel.

Die Wetterbedingungen waren vom Start weg sehr schwierig, sodass selbst Favoriten in den ersten Tagen aufgeben mussten. Wieder andere, wie zum Beispiel Philippe Poupon auf der *Pen Duick III* (die ehemalige Yacht von Eric Tabarly/Frankreich), mussten auf den Azoren vor der portugiesischen Küste die Segel streichen. Während der Führende der Regatta, Olivier de Kersausson auf der *Kriter IV*, weiter im Süden auf günstige Bedingungen hoffte, übernahm Michel Malinovsky auf der *Kriter V* die Führung. Da die Yachten zu diesem Zeitpunkt noch nicht mit einem Satelliten-Navigationssystem ausgestattet waren, konnte man allenfalls raten, wer gewinnen würde. Als Malinovsky sich der Küste Guadeloupes näherte, standen alle Wetten für ihn.

Vorhergehende Seiten DIE YACHT *PYEWACKET II* VON ROY DISNEY IM JAHR 1999; IM SELBEN JAHR GEWANN DISNEY MIT DIESEM BOOT DAS TRANSPAC RACE.

Oben SKIPPER MIKE BIRCH, SIEGER BEI DER ROUTE DU RHUM 1978, AUF SEINER YACHT *OLYMPUS* KURZ VOR DER ZIELLINIE. ER SCHLUG DEN KANADIER MICHEL MALINOVSKY MIT 98 SEKUNDEN. 1982 WURDE BIRCH DRITTER, UND JEWEILS VIERTER 1986 UND 1990.

Gegenüber DIE YACHT *CACOLAC D'AQUITAINE* MIT YVES PARLIER WÄHREND DER ROUTE DU RHUM 1994. CLAUDE BISTOQUET, DER ZU BEGINN DES RENNENS AUF SEINER *TWINSEA DÉFI GUADELOUPE* NOCH PLATZ DREI BELEGT HATTE, KENTERTE ZWEI TAGE VOR SCHLUSS, WORAUF PARLIER AUF PLATZ DREI RÜCKTE.

CACOL
d'Aquitai
LA ROUTE DU CACAO
ARCACHON
CACOLAC
d'Aquitaine

Links FRANCIS JOYON BEENDETE DIE ROUTE DU RHUM 1990 AUF DER *BANQUE POPULAIRE* ALS ZEHNTER. 1997 UND 1998 DURCHGEFÜHRTE VERÄNDERUNGEN AM RIGG SOLLTEN MIT HILFE EINES DREHENDEN MASTES DIE SEGELFLÄCHE VERGRÖßERN.

Doch war es der Kanadier Mike Birch, der sich seit mehreren Tagen nicht mehr gemeldet hatte und das Feld überraschend von hinten aufrollte (zwei Jahre zuvor belegte er bei der Ostar, einer Einhand-Transatlantik-Regatta, mit seinem Trimaran *Third Turtle* Platz drei hinter Eric Tabarly und Alain Colas). Indem er das Geschwindigkeitspotenzial seines kleinen gelben Mehrrumpfbootes voll auschöpfte, überholte Birch den Konkurrenten Malinovsky wenige Meilen vor der Ziellinie und gewann mit einem Vorsprung von nur 98 Sekunden (nach 23 Tagen). Solch ein knappes Finish hatte es in der Geschichte der Offshore-Regatten noch nie gegeben.

Alain Colas war mit seinem alten Trimaran *Manureva*, mit dem er sechs Jahre zuvor das Ostar-Race gewonnen hatte, an den Start zur Route du Rhum gegangen. Die Verbindung zu Colas, dem ewigen Herausforderer von Tabarly, endete am 17. November um 5.00 Uhr, wo er sich offensichtlich im Zentrum eines gewaltigen Tiefdrucksystems befand. Saint-Lys Radio sendete seinen letzten verzweifelten Ruf in die Heimat. Er beschrieb seine Situation als apokalyptisch: „Ich befinde mich im Auge eines Wirbelsturms, es ist kein Himmel mehr da, kein Himmel mehr da!“ Tragisch, denn die anschließende Suche der Marine blieb ohne Ergebnis.

Oben LAURENT BOURGNON AUF DER *PRIMAGAZ* VOR SAINT MALO WÄHREND DER ROUTE DU RHUM 1994, DIE ER SCHLIESSLICH GEWANN – EBENSO WIE DAS FASTNET-RENNEN 1997.

SCHLECHTES WETTER ALS RUF

Bei der 96er Ausgabe der Route du Rhum dezimierte wie immer das schlechte Wetter die Flotte. Nur 15 der 33 gestarteten Boote kamen übers Ziel. Viele Favoriten mussten aufgeben, darunter Eric Tabarly, der sogar den ersten SOS-Ruf seiner Karriere aufgeben musste, als einer der Rümpfe seines Trimarans *Côte d'Orbrach*. Loic Peyron (Bruder von Bruno) startete gar ein zweites Mal mit dreitägiger Verspätung, nachdem sein Katamaran – der 15 Meter lange Ex-Kat von Mike Birch – Mastbruch erlitt. Nach einer erstklassigen Aufholjagd belegte er dennoch in Pointe-à-Pitre Platz fünf.

Schließlich siegte Philippe Poupon auf dem Trimaran *Fleury Michon* mit einem Vorsprung von zwei Tagen vor Bruno Peyron. Letzterer erkannte schließlich sogar die Leistung seines Gegners mit den Worten an „er wusste immer, wann er angreifen musste, selbst bei 50 Knoten Wind."

Der mit einem 26 Meter langen Katamaran gestartete Loic Caradec kehrte von der Route du Rhum nicht zurück. Sein letzter Funkkontakt datiert auf den 14. November: „Ich werde in alle Richtungen geschleudert. Beinahe hat sich das Boot ohne Segel in einer 52 Knoten-Bö überschlagen. Es setzte seine Fahrt auf einem Rumpf fort. Ich musste schnell ans Ruder, um es wieder aufzurichten. Trotzdem ertönt immer wieder Kenteralarm."

Das später aufgenommene Argos-Signal bewies, dass es ein Problem gab. Die französische Seglerin Florence Arthaud entdeckte am folgenden Tag den kieloben treibenden Kat. Zwei Tage später suchten Taucher in den Rümpfen nach Caradec, fanden aber keine Spur. Das Boot war vollständig intakt, vom abgerissenen Mast abgesehen.

Auch vier Jahre später wurde die Route du Rhum ihrem Ruf als Schlechtwetter-Regatta gerecht. Gestartet waren die Teilnehmer bei Westwind, sodass sie in den ersten Tagen noch Meilen abspulen konnten. Doch drei große Tiefdruckgebiete erwarteten sie in der Nähe der Azoren, sodass erneut viele der Favoriten auf dem portugiesischen Archipel aufgeben oder zumindest einen Zwischenstopp einlegen mussten, um die Schäden zu reparieren.

Am dritten Tag hatte Florence Arthaud die Führung übernommen, doch wurde sie zu Beginn der zweiten Woche von Mike Birch und Philippe Poupon eingeholt, die eine nördlichere Route gewählt hatten. Dabei segelte Arhaud wegen eines elektrischen Defekts ohne Navigationssystem.

Weniger als 48 Stunden vor der Ziellinie war das Rennen noch offen und musste sich zwischen Laurent Bourgnon, Mike Birch, Philippe Poupon und Florence

Oben links DER ROUTE DU RHUM-TEILNEHMER JEAN MAUREL WURDE NUR ZWEI TAGE NACH DEM START AUFGEHALTEN, DA SEINE *HARRIS WILSON* BESCHÄDIGT WAR. SCHLIESSLICH WURDE ER DENNOCH ACHTER.

Oben DER FRANZÖSISCHE SEGLER PHILIPPE POUPON BELEGTE MIT DER *FLEURY MICHON* 1982 DEN NEUNTEN, 1986 DEN ERSTEN UND 1990 DEN ZWEITEN PLATZ.

Oben rechts DER SCHWEIZER THOMAS COVILLE ERREICHTE BEIM RENNEN 1998 MIT DER *AQUITAINE INNOVATIONS* ALS ERSTER SEGLER MIT EINEM EINRUMPFBOOT POINTE-À-PITRE IN DEN WEST-INDIES.

Arthaud entscheiden. Es siegte schließlich der Trimaran *Pierre 1er* mit Florence Arthaud am Ruder in einem Wimpernschlag-Finale mit einem Vorsprung von wenigen Minuten.

In der Kategorie Einrumpf-Yacht siegte der Schweizer Thomas Colville bei der Route du Rhum 1998. Obwohl er für die Regatta-Vorbereitung nur einen Monat Zeit hatte, hielt er mit seiner 18 Meter langen *Aquitaine Innovations* und dessen Dreh-Rigg gut mit, dies obwohl das Großsegel nicht das allerneueste war. Die ersten zwei Drittel der Regatta verliefen auf traditioneller Route, ehe er Kurs Süd einschlug. Insgesamt benötigte Coville 18 Tage, sieben Stunden, 53 Minuten und 32 Sekunden, um die 3530 Seemeilen lange Strecke mit einer Durchschnittsgeschwindigkeit von 8,02 Knoten zurückzulegen. Laurent Bignon gewann zum wiederholten Male in der Kategorie Multihull mit seiner *Primagaz* in zwölf Tagen, acht Stunden und 45 Minuten.

Oben links EIN BILD VON DER *FUJICOLOR 1*, AUFGENOMMEN VON DER *PRIMAGAZ* VON LAURENT BOURGNON WÄHREND DER ROUTE DU RHUM 1994. SPÄTER VERLOR DIE *FUJICOLOR* IHREN MAST UND MUSSTE AUFGEBEN.

Mitte links EIN RUHIGER MOMENT WÄHREND DER ROUTE DU RHUM 1998 AN BORD DES SIEGERS LAURENT BOURGNON. DEN ZWEITEN PLATZ BELEGTE PAUL VATINE, GEFOLGT VON YVES PARLIER.

Links AN BORD DER *PRIMAGAZ*: BLICK VOM COCKPIT DES MULTIHULLS IN RICHTUNG NIEDERGANG, WO DIE SICH DER NAVIGATIONSTISCH BEFINDET.

Oben FLORENCE ARTHAUD AN BORD IHRES TRIMARANS *PIERRE 1ER*, DER DIE ZUSCHAUER BEGEISTERTE, ALS ER BEI DER ROUTE DU RHUM 1998 ALS ERSTE DIE ZIELLINIE QUERTE – NUR MINUTEN VOR DEM ZWEITPLATZIERTEN.

LAURENT BOURGNON

Es war 1994, als bei der alle vier Jahre stattfindenden Einhand-Regatta Route du Rhum wieder ein neuer Rekord aufgestellt wurde. Drei Stunden unter der bisherigen Zeit, dies obwohl das halbe Regattafeld abbrechen musste. Laurent Bourgnon aus Carnac benötigte auf seinem Multihull *Primagaz* für die 2900 Seemeilen lange Strecke 14 Tage, sechs Stunden, 28 Minuten und 29 Sekunden.

Schon zu Beginn seiner Karriere hatte er, wie er es beschreibt „eine extreme Reise unternommen", als er mit einem Hobie Cat von Frankreich nach Guadeloupe in der Karibik segelte. Auf dieser Reise stieß er an die Grenzen der Erschöpfung, und seitdem hat er viele Jahre mit den besten Ärzten der Welt im Bereich Schlaftherapie zusammengearbeitet. Bourgnon ist vom Mehrphasen-Schlaf überzeugt, bei dem man in kurzen Abständen schnell in einen Tiefschlaf fallen kann. Er hat sich mit Hilfe von Hypnose und Meditation diese Methode angeeignet. So konnte er während der Route du Rhum 1990 zehn Tage am Stück wach bleiben, allerdings unter Einsatz von Ephidrinen, einem Stimulans, das von Bomberpiloten benutzt wird. „Erfahrung hat mir gezeigt, dass Müdigkeit im Kopf stattfindet und Selbstkontrolle das Schlüsselelement ist."

Von seinem Sponsor *Primagaz* erhält Bourgnon ein Budget von einer bis 1,5 Millionen Dollar, was verglichen mit anderen gering ist, aber zu seinem einfachen Vorbereitungsstil passt. Laurent Bourgnon: „Wenn ich nachts träume, dann nicht, dass ich Erster werde oder eine Platzierung unter den ersten Drei erreiche. Ich träume davon, dass ich mein Boot gut vorbereite, dass ich meine Energie dafür einsetze, das bestmögliche Ergebnis zu erzielen. Die Gedanken vom Gewinnen oder Verlieren, sie sind wichtiger als der Beweis, dass man besser ist als ein anderer Skipper."

Oben LAURENT BOURGNON AUF DER *PRIMAGAZ* VOR DER *FUJICOLOR* WÄHREND DER ROUTE DU RHUM 1994. DER IN DER NORMANDIE FÜHRENDE PAUL VATINE WURDE VON BOURGNON MIT EINEM VORSPRUNG VON DREI STUNDEN GESCHLAGEN, ALS LETZTERER DIE SÜDROUTE EINSCHLUG.

FRA 111
FRA 111
111
111
POSTAPHOTO

MINI-TRANSAT

Die Mini-Transat ist eine Einhand-Regatta über den Nordatlantik, die alle zwei Jahre stattfindet und an der – trotz der harten Wetterbedingungen – sehr kleine (6,5 Meter/21 Fuß), wenn auch schnelle Yachten teilnehmen. Erdacht wurde die Mini-Transat 1977 von dem Briten Bob Salmon, der damit eine bezahlbare Atlantik-Regatta ins Leben rufen wollte. Zu jener Zeit dominierten Regatten wie das OSTAR (Observer Single Handed Transatlantic Race) mit gleichermaßen größeren Yachten und entsprechenden Budgets.

Gestartet wird das Rennen in Concarneau im südwestlichen Teil der Bretagne und führt weiter über die Kanaren vor der afrikanischen Küste als erstes Etappenziel. Danach geht es im zweiten Teil der Regatta zur französischen Karibikinsel Guadeloupe. Insgesamt erstreckt sich das Rennen über 4800 Seemeilen, wobei das Feld während der ersten Etappe den Unwägbarkeiten des Wetters in der Biskaya ausgesetzt ist. Danach steuern die Teilnehmer mit dem Passat im Rücken über den Nordatlantik. Hier haben Routenplanung und Wettervorhersage entscheidenden Anteil am Erfolg des Unternehmens.

Das 55 Teilnehmer starke Feld des Premierenjahres 1977 setzte sich aus Seglern aus sechs Ländern zusammen. Trotz der Rennidee, dass der finanzielle Einsatz sich in Grenzen halten sollte, war die hohe Beteiligung beachtenswert, konnten doch die kleinen Yachten sowie das Jahresbudget durchaus 100.000 Dollar überschreiten. Die Ähnlichkeit zwischen den 21 Fuß langen Mini-Transat-Yachten (unter den Seglern auch Minis genannt) und den großen Open 60-Yachten für die Vendée Globe sowie die BOC war unverkennbar.

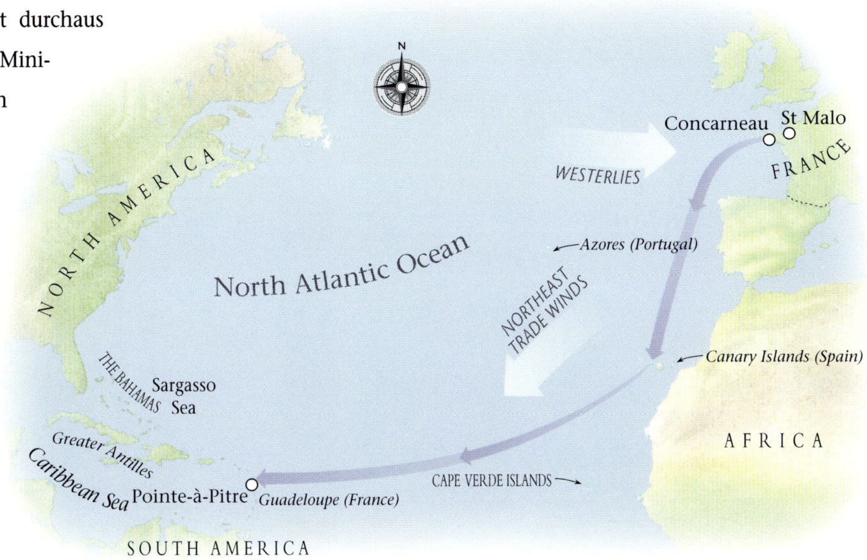

EIN RENNEN, DAS SICH ÜBER DIE BOOTSKLASSE DEFINIERT

Die sogenannte Open 6,5-Class, durch die sämtliche Rennbedingungen reglementiert sind, ist besser als Low-Limits-Klasse bekannt. Sie besagt, dass die Designer nur zwei Beschränkungen unterliegen – die Länge über alles und das verwendete Material. Insgesamt repräsentiert diese Mini-Klasse einen enormen Fundus für neue Ideen, seien es neuartige Spinnaker, in Längsrichtung verstellbare Kiele oder Kimmschwerter. Stets gab es revolutionäre Neuentwicklungen, wie zum Beispiel Doppelruder, Wasserballast, die jeweils in dieser Klasse erstmals eingeführt wurden. Als Folge der stetigen Verbesserungen und der Tatsache, dass es keine beschränkenden Regeln gab, können die 21-Fuß-Minis sich durchaus mit den Schiffen der BOC oder der Vendée Globe messen.

Die derzeitige Produktion beschränkt sich auf zwei One-Design-Klassen: die Pogo sowie die inzwischen überholte Cocoa. Beide haben sie die Länge über alles (21 Fuß), den Tiefgang (6,5 Fuß) sowie die Mastlänge von 36 Fuß gemein.

Die modernere Pogo besteht aus Polyester, wobei das Deck in Polyester-Balsa-Sandwich-Bauweise gefertigt ist. Die Ruderblätter bestehen ebenfalls aus Polyester, Glasfaser und Schaumstoff. Als Ballast dient ein Bleikiel. Wegen der gerin-

Gegenüber DIE YACHT *POSTAPHOTO* BEI DER MINI-TRANSAT 1995: AM STEUER DER FRANZOSE NICOLAS RAYNAUD, DER DEN SIEBTEN PLATZ BELEGTE. ES SIEGTE SEIN LANDSMANN YVAN BOURGNON AUF *OMAPI-SAINT BREVIN*.

Oben SKIPPER LIONEL LEMONCHOIS AUF DER *MÉCENAT CHIRURGIE CARDIAQUE* WÄHREND DES STARTS 1999 IN CONCARNEAU – MIT DICHTGEHOLTEN SEGELN HOCH AM WIND. LEMONCHOIS WURDE AM ENDE 24.

gen Bauvorschriften für die 6,5-Fuß-Minis kann vor allem mit dem Rigg und dem Schnitt der Segel Boden gutgemacht werden. Die Kosten freilich bleiben unter Kontrolle, da Kevlar/Spectra-Segel sowie Riggs aus Karbon nicht gestattet sind.

Entscheidend bei der Mini-Transat ist die Tatsache, dass eigentlich nur gering modifizierte Serienschiffe an den Start gehen. Als im Jahr 1997 die ersten beiden Pogos ins Rennen gingen, waren sie nach fast 4000 Meilen kaum acht Minuten voneinander entfernt. Außerdem belegten beide Platzierungen unter den ersten zehn. Ein Bausatz kostet rund 40.000 Mark, das segelbereite Boot knapp 70.000 Mark und ein professioneller Prototyp kaum mehr als 200.000 Mark.

Die Mini-Transat ist ein wesentlicher Bestandteil eines seglerischen Lebenslaufes, wenn man sich für eine Teilnahme an der Vendée Globe empfehlen will. Ein entscheidender Faktor für den Geist der Mini-Transat – jedenfalls im Sinne Bob Salmons – ist, dafür zu sorgen, dass es eine offene Klasse bleibt, um die wirklich besten Segler zu begeistern. Viele der Schiffe, die bei der Premiere 1977 an den Start gingen, waren Serienschiffe oder aber – wie im Falle der Siegeryacht *Serpentaire* – Eigenbauten. Das Fehlen geeigneter Yachten brachte einige Segler dazu, bei ihren Schiffen kurzerhand den Bug zu verkürzen, um den Längenvorschriften zu genügen.

Der Sieger der folgenden Mini-Transat im Jahr 1979 war Norton Smith mit seiner *American Express*, die eigens für diese Klassenanforderungen gebaut wurde. Auf jeder Seite des Rumpfes hatte sie 280 Liter Wasserballast, was letztlich für den technischen Wettlauf sorgte, der seitdem typisch für die Veranstaltung ist. Schon ab dem Jahr 1981 sah man den charakteristischen kantigen Rumpf, der inzwischen auch bei den BOC- und den Vendée Globe-Yachten gang und gäbe ist.

Heutzutage ist die Mini-Transat für Sponsoren und Profi-Skipper eine hochattraktive Veranstaltung, bei der bestausgestattete Yachten mit entsprechend hohen Etats an den Start gehen. Das Rennen selbst ist perfekt organisiert und beinhaltet eine straffe Vorqualifikation,

Oben THOMAS COVILLE BEI DER MINI-TRANSAT 1997 AUF DER *ZÜRICH INSURANCE.* BEI SEINEM KURS HOCH AM WIND VERLOR ER WERTVOLLE ZEIT, BEIM ANSCHLIEßENDEN SPINNAKERKURS GING DER SPI VERLOREN.

Oben rechts SPARTANISCHE EINRICHTUNG UND HIGH-TECH-AUSRÜSTUNG ZEIGEN DIE PRIORITÄTEN IN DER *CAPHORE WAREHOUSE* VON MARK TURNER, DER 1997 FÜNFTER WURDE.

Oben DIE YACHT *MÉCENAT CHIRURGIE CARDIAQUE* BEIM POWER-REACH MIT GEREFFTEM GROSS UND ASYMMETRISCHEM SPINNAKER AM BUGSPRIET.

bei der einhand 500 Seemeilen absolviert werden müssen. Die Veranstaltung genießt eine europaweite Medienpräsenz und eine erstklassige Sponsoren-Plattform durch Tageszeitungen, Zeitschriften, Radio- und Fernsehprogramme.

Trotz des professionellen Anspruchs der Mini-Transat steht die Regatta dennoch Amateurseglern offen: Da gibt es jene, die ihr erstes Offshore-Race bestreiten, jene, die nur ankommen und schließlich jene, die nur gewinnen wollen – mit den besten Booten und hochkarätigen Sponsoren sowie einer mindestens sechsmonatigen Vorbereitung. Es ist eine faszinierende Mischung, wobei gerade die gemeinsame Erfahrung dafür sorgt, dass die Barrieren und möglichen Rivalitäten zwischen den Skippern auf ein Minimum reduziert werden.

Die physischen Anforderungen des Rennens sind jedoch gewaltig. Aussetzer wegen der permanenten Anforderung sind unvermeidlich. Obwohl der Adrena-

Rechts DER START ZUR MINI-TRANSAT 1997: DER SIEGER SEBASTIEN MAGNEN ABSOLVIERTE DAS RENNEN AUF DER *KAREN LIQUID* IN 24 TAGEN, 15 STUNDEN, ELF MINUTEN UND 16 SEKUNDEN.

Oben SEBASTIEN MAGNEN (HIER AUF DER *KAREN LIQUID*) VERBESSERTE 1999 SEINE '97ER ZEIT, INDEM ER AUF DER *VOILE MAGAZINE JEANNEAU* DAS ZIEL IN KNAPP UNTER 24,5 TAGEN ERREICHTE – TROTZ EINES BESCHÄDIGTEN RIGGS.

linspiegel stets dafür sorgt, dass der Siegeswillen hochgehalten wird und die Boote am Limit fahren, bleiben Momente, in denen die Skipper neue Prioritäten setzen müssen, nicht aus. Schlaf spielt dabei eine große Rolle. Ein ermüdeter Geist und ein erschöpfter Körper sind letztlich für Fehlentscheidungen verantwortlich. Ein womöglich wegen Erschöpfung aufgeschobenes Manöver kann letztlich eine Kettenreaktion auslösen. Entscheidend ist, dass ein Mittelweg gefunden wird. Wenn sich indes zuviele Probleme anhäufen oder Müdigkeit aufbaut, dann führt dies nicht selten zu Bruch und zu Zeitverlusten. Wie der 97-er Favorit Thomas Coville aus der Schweiz, der auf seiner *Zürich Insurance* den Spinnaker überstrapazierte, ihn verlor und letztendlich den Gesamtsieg verspielte.

Thomas Coville lernte auch die gefährlichen Seiten kennen, die Schlaf bedeuten kann. So gehen Segler normalerweise davon aus, dass ein Frachter, den man am Horizont erblickt, etwa 14 Minuten bis zur eigenen Position benötigt. Umgekehrt bestimmt dieser Abstand den Schlafrhythmus und die maximale Schlafdauer. Bei dem Versuch, sich mehr Schlaf zu erschummeln, wachte Coville in einem großen Schatten auf, während sein Spinnaker entlang der Bordwand eines Frachters schliff. Eine Not-Halse rettete sein Boot – und vermutlich auch sein Leben, wenn auch nicht seinen Spinnaker.

Am schwierigsten auf einer Mini-Transat-Yacht sind zweifelsohne die Kurswechsel, da die Boote so leicht sind, dass es auf die Verlagerung des Gewichts ankommt. Halse oder Wende können bis zu 20 Minuten dauern, wenn all die 20-Liter-Wasserkanister von einer Seite des Boots auf die andere verlagert werden müssen,

Oben ELLEN MACARTHUR AUF DER *FINANCIAL DYNAMICA* BEIM MINI-TRANSAT 1997. BEI 51 TEILNEHMERN BELEGTE SIE DEN 15. PLATZ. EIN JAHR SPÄTER ERHIELT MACARTHUR DEN TITEL ALS „SEGLERIN DES JAHRES".

was angesichts der schaukelnden Yacht eine gewaltige Kraftanstrengung bedeutet. Auf der Habenseite indes sind Autopiloten neuester Bauart, die es sogar ermöglichen, dass das Schiff unter vollen Segeln und sogar mit Spinnakern sich selbst steuert, während sie die Wellen absurfen. Auf einigen Schlägen wurden bereits Durchschnittsgeschwindigkeiten von zwölf Knoten über 24 Stunden erreicht, was angesichts von 21-Fuß-Yachten eine beachtliche Leistung ist. Den Rekord hält hier Fred Seeten.

1997 waren die Teilnehmer erstmals mit GPS-Navigationssystemen ausgerüstet. Zuvor wurde noch per Sextant navigiert (einige Segler wussten nicht einmal, wie dieser zu bedienen ist). Die Schiffe waren mit Kunststoff-Sextanten ausgestattet, die jedoch unpräzise funktionierten. Bei einem Teilnehmer ging 1997 das GPS zu Bruch. Zwar gelang es ihm, an Land zu kommen, wenn auch aufs falsche. Nach einem kurzen Zwischenstopp in Barbados im Osten der Karibik, schaffte er noch innerhalb des Zeitlimits den Weg nach Martinique.

Als kritischer Moment des Rennens gilt auch die Geschichte von Eric Logais, der sich unter Deck zum Schlafen befand, als er mitten auf dem Atlantik aufwachte und sein Boot sich auf die Seite legte. Es überschlug sich, bis es letztlich kieloben liegen blieb und Logais feststellte, dass der Kiel abgebrochen war. Logais rettete sich über das Notluk, doch tauchte er immer wieder in die gekenterte Yacht, um einen Notruf absetzen zu können. Durch pures Glück wurde er wenige Stunden später von einem Kreuzfahrt-Schiff aufgenommen.

Der größte Unterschied zwischen der Mini-Transat und der Vendée Globe besteht – natürlich neben den Booten selbst – in der Kommunikation über VHF. Den Luxus einer Inmarsat C oder Satelliten-Kommunikation gibt es nicht – nur schlichten Funkkontakt. Dies hat sehr viele Tage der Stille zur Folge, vor allem auf dem 2700 Seemeilen langen zweiten Teilstück, wenn sich das Feld auf der Suche nach günstigen Winden schnell zerstreut. Einer der Hauptaspekte der Mini-Transat ist zweifelsohne die Einsamkeit. So hatten einige Teilnehmer im Jahr 1997 auf diesem zweiten Abschnitt für die Dauer von 20 Tagen (von insgesamt 23) keine Verbindung zur Außenwelt, allenfalls vom Empfang eines französischen Radiosenders abgesehen, der über die drei führenden Yachten berichtete.

Nicht zu wissen, welche Position man im Feld einnimmt, wirkt sich auf das Selbstvertrauen verheerend aus... Taktische Entscheidungen werden noch schwieriger. Natürlich ist es psychischer Zweikampf mit der Einsamkeit, wenn man sich auf spiegelglatter See und mit schlapp schlagenden Segeln mit der Tatsache auseinandersetzen muss, dass man 24 Stunden lang auf der Stelle steht, man aber noch 200 Seemeilen vor sich hat. All dies ist jedoch nur ein kleiner Vorgeschmack dessen, womit ein Segler es auf seiner Solo-Reise aufnehmen muss.

Oben rechts START ZUR ERSTEN ETAPPE DES RENNENS 1997 IM FRANZÖSISCHEN CONCARNEAU. DIE ERSTE ETAPPE ENDET AUF LANZAROTE AUF DEN KANAREN.

OSAKA CUP

Osaka ist ein Hafen in der gleichnamigen Bucht, genauer gesagt ein Meeresarm des Pazifiks am Südende der japanischen Insel Honshu. Die erste maritime Veranstaltung, die je in dieser Stadt und auch in Asien überhaupt ausgetragen wurde, war die World Sail 1983. Zehn Großsegler aus sieben Ländern paradierten zunächst in der Osaka Bay, um dann – als einer von vielen Programmpunkten – im Hafen der Bevölkerung die Möglichkeit zu geben, die Schiffe kennen zu lernen. Nach diesem Festival suchte man gemeinsam mit dem Nippon Ocean Racing Club nach einer Möglichkeit, ein regelmäßiges Segelevent zu veranstalten.

Die erste internationale Regatta wurde dann auch 1987 ausgetragen, wobei Zwei-Mann-Crews von Melbourne nach Osaka segelten. Die später als Osaka Cup bekannte Regatta sollte an den 120. Jahrestag der Öffnung des japanischen Hafens für ausländische Schiffe erinnern. Die Stadt Osaka setzte „zur Steigerung des maritimen Interesses" das Rennen fortan alle vier Jahre an. Gestartet wird in Melbourne an der Port Philipp Bay, der Hauptstadt des Staates Victoria im Südosten Australiens. Die Regatta-Regularien schreiben für jede teilnehmende Yacht Zwei-Mann-Crews vor, nicht zuletzt wegen der Dauer der zu leistenden Anstrengungen und der taktischen wie physischen Herausforderung. Hinzu kommt natürlich die permanente Auseinandersetzung mit dem Teamkollegen, die in der Regel zwischen 30 und 50 Tagen dauert und bei der es kein Ausweichen gibt. Zu den selbst gesteckten Zielen des Osaka Cups gehört der technische Fortschritt, weshalb die Yachten perfekt auf Zwei-Mann-Crews und den langen und anspruchsvollen Törn ausgerichtet sind. Ein Törn, dessen psychische Anforderungen als noch härter gelten als die einer Einhand-Regatta, da man davon ausgeht, dass zwei Crewmitglieder einander mehr anspornen als ein Einzelner es vermag.

1993 ließ die Stadt Osaka – ausgelöst durch den alle vier Jahre stattfindenden Osaka Cup – den Dreimaster *Akogare* bauen, um der Bevölkerung mit Hilfe eines Großseglers den Segelsport näher zu bringen. Seitdem haben über 6000 Menschen an einem der Trainingsprogramme teilgenommen, wobei es auch um Themen wie Menschenführung, Teamarbeit und Mannschaftsgeist geht, die natürlichen Nebenprodukte des Lebens an Bord eines Großseglers.

Bei der Sail Osaka 1997, dem ersten asiatischen Tall Ship Race überhaupt, das in Kooperation mit der britischen Sail Training Association ausgerichtet wurde, erinnerten die Stadtväter an den 100. Geburtstag des neuen Hafens von Osaka. Der Startschuss fiel in Hongkong an der chinesischen Küste und die Route führte nordwärts über Japan mit einem ersten Zwischenstopp in Okinawa, der größten der Ryuku-Koralleninseln am südlichsten Zipfel Japans. Zweites Etappenziel war Kagoshima auf Kyushu, ebenfalls im Süden, und die Regatta endete schließlich in Osaka auf Honshu. Von den 48 Teilnehmern aus 17 Ländern waren 15 Großsegler. Die insgesamt 3400 Segler und Matrosen wurden in Osaka von über 1,8 Millionen Zuschauern begeistert empfangen. Die Sail Osaka '97 war das bis dahin größte maritime Ereignis Asiens.

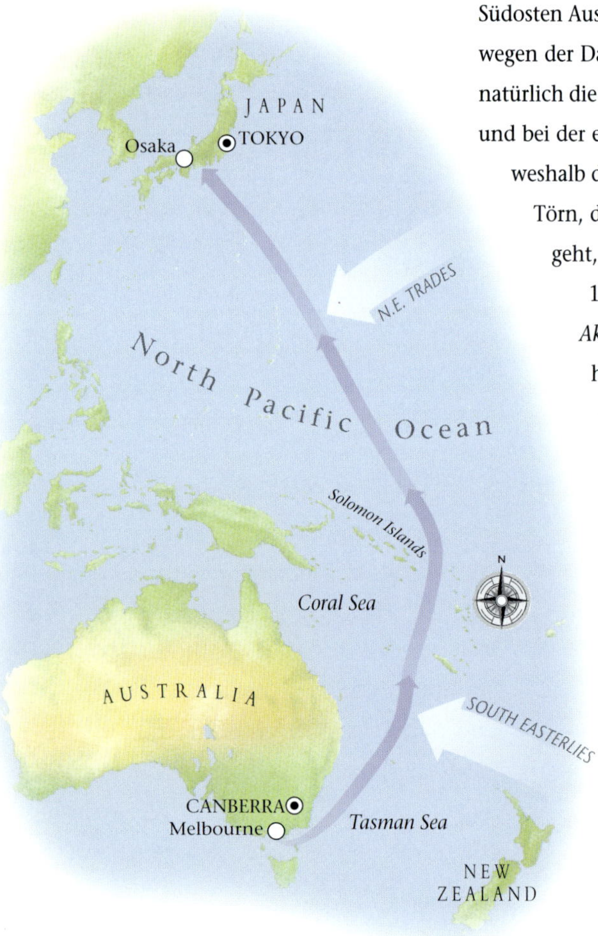

Oben DIE YACHT *SAYERNARA* DER ROYAL SYDNEY YACHT SQUADRONS SIEGTE IM JAHR 1998 IN 30 TAGEN, DREI STUNDEN, 39 MINUTEN UND 22 SEKUNDEN.

Gegenüber DER START ZUM OSAKA CUP 1998. DIE NACHFOLGENDEN YACHTEN NEHMEN DER *SAYERNARA* DEN WIND AUS DEN SEGELN, SODASS DER AUSTRALIER ROB DRURY UND DER NEUSEELÄNDER JON SAYER ALLE HÄNDE VOLL ZU TUN HABEN, DASS IHR SPINNAKER NICHT EINFÄLLT.

R 1200
OSAKA CUP 1999
16
Coca-Cola
YAMAHA

Oben UNTER DEM WACHSAMEN AUGE DER ZUSCHAUER, SEGELT EIN OSAKA-CUP-TEILNEHMER UNTER VOLLEN SEGELN HOCH AM WIND, ALLERDINGS BEI ALLZU LEICHTEN WINDBEDINGUNGEN.

FÜR DEN KULTURELLEN AUSTAUSCH

Es liegt in der Natur des Melbourne-Osaka Race, dass es den allseits verbreiteten Sportsgeist der Segler herausgefordert hat – als erstes Nonstop-Zwei-Mann-Rennen, das den Pazifik der Länge nach durchquert, nämlich von der südlichen in die nördliche Hemisphäre. Dabei müssen die Boote 5500 Seemeilen zurücklegen, wobei die Jahreszeiten in umgekehrter Reihenfolge ablaufen: Herbst in Melbourne, Sommer am Äquator und Frühling in Osaka.

Zur Steigerung der Attraktivität hat die Regatta zwei Etappen, auch wenn die erste nur sehr kurz und für die Zuschauer gedacht ist. Gestartet wird an der Station Pier in Port Melbourne, dann geht es auf die andere Seite der Philipp Bay nach Portsea Pier auf der kleinen Halbinsel an der Öffnung der Bucht. Hier findet eine große Siegerehrung statt, bei der auch das Publikum und die Medien sehr präsent sind.

Am nächsten Tag legen die Yachten zu ihrem Nonstop-Trip nach Osaka ab. Diese Strecke birgt zahlreiche Schwierigkeiten, unter anderem die aufgewühlte Tasmanische See (zwischen Australien und Neuseeland), die Mai-Stürme in den pazifischen Gewässern Japans, die Hitze in den äquatorialen Kalmengürteln sowie zahllose scharfe Riffe.

Beim Osaka Cup geht es nicht nur um Geschwindigkeit. Das verbindende Element zwischen der japani-

Links TROTZ EINIGER SCHÄDEN ERREICHTEN TONY WARREN UND ALISTAIR GREENWOOD 1999 MIT IHREM RELATIV ALTEN BOOT, DER *OUTRAGEOUS III*, EINEN BEACHTENSWERTEN DRITTEN PLATZ.

Rechts PETER DE LANGE UND LAURIE FORD IM GROßEN COCKPIT DES OSAKA-CUP-TEILNEHMERS SPIRIT OF DOWNUNDER, DIE 1999 IN DER RENN-DIVISION SIEGTE.

schen und australischen Stadt wird durch kulturelle Veranstaltungen etwa zwei Wochen vor dem eigentlichen Rennen noch unterstützt. So finden in Melbourne traditionelle japanische Feiern statt, gibt es Vorführungen des Noh- und des Kyogen-Theaters, japanische Trommel- und Harfenkonzerte. Entsprechend erweisen sich die Australier auch als gute Gastgeber bei ihrer Bush Night in Osaka mit einer Schafscher-Demonstration, um nur einen der Programmpunkte zu nennen.

Große Bedeutung kommt der Tatsache zu, dass die Beziehung zwischen den beiden Partnerhäfen gestärkt wird, was auch die Medien unterstützen. Wenn das Regattafeld sich Osaka nähert, startet die Willkommens-Zeremonie für die erste einlaufende Yacht, gefolgt von einem Willkommensfestival für alle folgenden Teilnehmer mit einer Benefiz-Regatta, einem Grillfest und einer gewaltigen Siegerehrung sowie Empfängen für die Medien und allen an der Regatta beteiligten Personen.

Üblich ist bei derartigen Regatten ein Handicap-System, um so verschiedenen Yacht-Typen die Teilnahme zu ermöglichen (lesen Sie dazu Seite 12). Berücksichtigt werden Faktoren wie Länge, Verdrängung und Segelfläche. Beim Osaka Cup indes hat man diese Regeln im Hinblick darauf vereinfacht, dass die breite Zuschauermasse die Regeln auch verstehen kann.

Oben ROBIN HEWITT UND SIMON DRYDEN AUF DER AUSTRALISCHEN YACHT *YOKO*, DIE 1999 IN DER CRUISING DIVISION MIT 33,5 TAGEN DEN SIEG ERRANG.

Eines der speziellen Renn-Charakteristika ist die Formierung einer sogenannten Cruising Division, was auch langsameren Yachten die Teilnahme ermöglicht (größere Verdrängung und mehr Segelfläche im Vergleich zur Renn-Division). Dies hat zur Folge, dass ganz unterschiedliche Crews und Yachten aufeinander treffen – einerseits Hightech-Racer, die auf Siege getrimmt sind, andererseits Fahrtenyachten, die für lange Reisen auf den Weltmeeren gebaut wurden. Die Längen der Yachten reichen von 33 bis 52 Fuß, weshalb die Racing und die Cruising Division jeweils noch einmal in drei Klassen unterteilt werden, die von ihrer Bootsgröße abhängig sind. 33 bis 39 Fuß, 39 bis 46 Fuß sowie 46 bis 52 Fuß.

Die Sicherheitskriterien sind streng. So darf niemand unter 18 Jahren teilnehmen, und die Yachten unterliegen einer strengen Sicherheitskontrolle. Nachgewiesen werden müssen für die Yacht ferner 200 Seemeilen auf offener See. Die Teilnehmer müssen sogar einen Nonstop-Törn von 500 Seemeilen glaubhaft machen.

Bei den wenigen Gelegenheiten des Melbourne-Osaka Race ging bereits zwei Mal die Yacht *Nakiri Daio* als Siegerin über die Ziellinie (1987 und 1991), wenn auch jeweils mit einem anderen Steuermann. Einen turbulenten Verlauf nahm das Osaka Race 1999. Die neuseeländische Yacht *Green Hornet* sank nach einem Sturm mit 40 bis 50 Knoten Wind östlich von Sydney. Nur zwölf der 20 gestarteten Boote beendeten das Rennen. Der derzeitige Rekord wurde 1995 von Grant Wharington und Scott Gilbert auf *Wild Thing* mit 26 Tagen, 20 Stunden, 47 Minuten und sechs Sekunden aufgestellt.

Unten DIE AUSTRALISCHE YACHT *SAYERNARA*, EINE 42 FUSS SLOOP, WURDE VON JON SAVER ENTWORFEN UND 1999 VON IHM SELBST UND ROB DRURY ALS SIEGERIN INS ZIEL GEBRACHT.

Für Langstrecken-Kommunikation nutzen die Yachten einen drahtlosen Sender auf Kurzwellen-Frequenz. Diese Methode nutzt die Fähigkeit der Wellen, an der Ionen-Schicht in der Atmosphäre abzuprallen. Dennoch ist der Übertragungserfolg von der Uhrzeit und der Frequenz abhängig.

Satelliten-Übertragung hat die moderne Kommunikation revolutioniert. Die Satelliten umkreisen die Erde aufgrund der Wechselwirkung zwischen der Erdanziehung und der sich um die eigene Achse drehenden Erde. Ein stationärer Satellit – er heißt nur so, weil er die Erde auf Äquatorhöhe in derselben Geschwindigkeit umrundet wie sich die Erde selbst dreht – rotiert in einer Höhe 22.370 Meilen (36.000 Kilometer) und damit in einem Kreis, dessen Durchmesser drei mal so groß ist wie jener der Erde. Da stationäre Satelliten im Vergleich zur Erde stets auf derselben Stelle stehen, können Signale permanent übertragen werden. Wegen der extrem großen Entfernung jedoch ist ein starker Sender erforderlich. Außerdem dauert die Übertragung bis zum Empfänger, sodass in einem Gespräch Pausen auftreten. Nicht zuletzt deshalb gibt es mehr und mehr Satelliten, die auf 800 bis 1100 Kilometer Höhe kreisen.

Wettfahrtleitungen machen sich das Argos-Satellitensystem zunutze, um das Regattafeld zu beobachten und die Positionen zu lokalisieren. Ein Argos-Sender ist auf jeder Yacht installiert, der die jeweilige Position in einem festgelegten Rhythmus automatisch via Satellit überträgt. Nachdem der Satellit das Signal des Senders empfangen hat, speichert er die Informationen solange, bis er sich über seiner Bodenstation befindet, die dann die Daten übernimmt und daraus die Position jeder einzelnen Yacht errechnet.

Grundsätzlich verlassen sich alle Segler auf EPIRB (Emergency Position Indicating Radio Beacon) für den absoluten Notfall, wenn es für andere Möglichkeiten der Kontaktaufnahme zu spät ist. EPIRB überträgt mit dem Einschalten ein codiertes Signal zu einem Satelliten, mit dem sich die jeweilige Yacht identifizieren lässt. Dieses Signal wird schließlich an die Bodenstation weitergegeben. Die Position des Senders (und damit der Unfallort) wird mit Hilfe des Doppler-Effekts des empfangenen Signals errechnet. (Der Doppler-Effekt ist eine Frequenzverschiebung zwischen Quelle und Empfänger durch die Bewegung einer der beiden).

Der technische Fortschritt ermöglicht letztlich wie beim Telefon die Zweiwege-Übertragung über Satellit. Seit 1982 ist das Satelliten-Kommunikationssystem Inmarsat auf seegängigen Schiffen in Betrieb. Kommunikation ist weltweit über feste Satelliten möglich, wobei in A, B, C und M unterschieden wird, um die Übertragungsgeschwindigkeit zu differenzieren. Die Inmarsat Marine Mini M Terminals sind mit einer kleinen Antenne ausgerüstet, die den Kontakt zum Satelliten aufrecht erhält. Untergebracht ist die Antenne in einer 27 Zentimeter runden Halbkugel. Das gesamte System wiegt einschließlich des Telefons und der Energieversorgung 2,6 Kilo und ist damit erheblich leichter als übliche Sender. Benutzt wird das Terminal wie ein ganz normales Telefon, bei dem Gespräche in und aus aller Welt geführt und empfangen werden können.

Datenübertragungen sind auch über Computer und mit handelsüblicher Kommunikationssoftware möglich. Mit 2400 KB pro Sekunde ist die Übertragung zwar nicht besonders schnell, aber es ist während eines Rennens immerhin möglich, E-mails oder digitale Bilder zu versenden.

Mit Iridium ist indes ein vielversprechendes Kommunikationssystem aufgrund finanzieller Schwierigkeiten der Betreibergesellschaft ausgeschieden. Vorgesehen waren insgesamt 77 tiefliegende Satelliten, die im Nord-Süd-Orbit in einer Höhe von 780 Kilometer die Erde umrundeten. Wegen der geringen Höhe der Satelliten ist die Distanz zwischen Bodenstation und Satellit geringer, was auch kleinere Geräte zur Folge hatte. Größe und Gewicht dieser Einheiten überschritten kaum die älterer Mobiltelefone. Iridium stand außerdem für Informationsübertragung zwischen den Satelliten. Wenn einer von ihnen ein Signal empfangen hatte, dann wurde diese Information an den nächsten Satelliten übertragen und schließlich zur Bodenstation (dieses System hätte eine Reduzierung der Bodenstationen zur Folge gehabt).

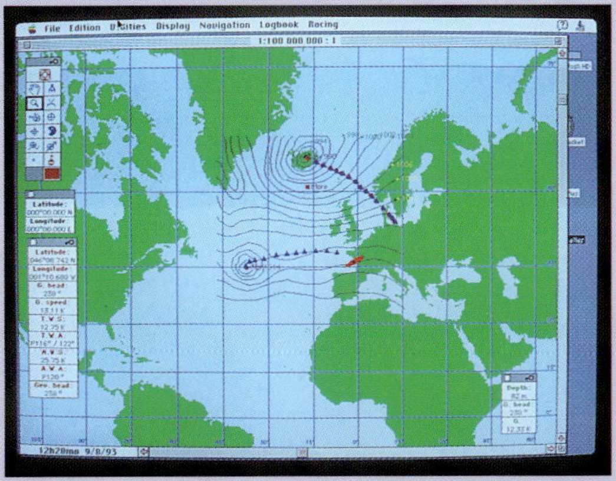

Von oben nach unten NOTRUFSENDER EPIRB; ELEKTRONISCHES NAVIGATIONSSYSTEM; UNTER DECK INSTALLIERTE SATELLITENKOMMUNIKATION UND SENDER.

TRANSPACIFIC

Die Idee, eine Regatta von San Francisco in Kalifornien an der amerikanischen Westküste zur hawaiianischen Hauptstadt Honolulu auf der Insel Oahu zu veranstalten, ist den Seglern H. H. Sinclair und Clarence W. Macfarlane zu verdanken, dem Vorsitzenden des Yacht Clubs Honolulu. Als der Vorschlag aufkam, wurde er zunächst sehr kritisch aufgenommen, da das Rennen selbst einfach zu lang sei und die Rückreise zu schwierig. Da sich Macfarlane und Sinclair nicht leicht demoralisieren ließen und unter anderem von lokalen Größen wie Commodore T. W. Hobron vom Hawaii Yacht Club Unterstützung erhielten, nahm die Idee von einem Transpacific-Rennen Gestalt an.

Schon im Jahr 1906 setzten lokale Geschäftsleute einen 500 Dollar teuren Pokal aus, der dem Gewinner des Transpacific Race gehören sollte. Der für Hochseesegeln berühmte hawaiianische König Kalakaua wurde zum Vorsitzenden des Wettfahrt-Komitees ernannt. Erstmals angesetzt wurde das Rennen für den 5. Mai 1906. Gestartet werden sollte um 15.00 Uhr von der Megg's Wharf, doch die Segler mochten sich nicht so recht zur Teilnahme entscheiden. Schließlich war es Macfarlane selbst, der der Zurückhaltung bei den Meldungen ein Ende bereitete, indem er am 6. April 1906 auf seiner Yacht *Lurline* Segel setzte und in Richtung San Francisco aufbrach. Etwa 30 kalifornische Segler hatten ihm versprochen, mit ihm zurück nach Hawaii um die Wette zu segeln, wenn er in der Lage wäre, vor dem für den folgenden Monat festgesetzten Start San Francisco zu erreichen. 28 Tage später lief ein erschöpfter Clarence Macfarlane in den Hafen ein. Durch sein Fernglas hatte er zwar die Docks gesichtet, aber von Willkommensbooten keine Spur. Er empfand dies zwar als merkwürdig, begnügte sich aber mit dem Gedanken, dass er wohl eher angekommen war als ihn die Segler aus San Francisco erwartet hatten. Die überglückliche Crew verstaute die Segel, um dann unter Deck ein Frühstück einzunehmen und darauf zu warten, dass endlich ein Empfang stattfinden würde.

Schließlich tauchte ein düster dreinblickender Hafenarzt aus San Francisco auf, der – gemäß der Zollbestimmungen – Macfarlane und seine Crew untersuchen sollte. Macfarlane beschwerte sich bei dem Arzt, dass man nicht wie üblich von den Segelenthusiasten empfangen worden sei und bat, ob er und seine Crew wenigstens ins Occidental Hotel gebracht werden könnten. Worauf der Doktor antwortete: „Und Ihnen ist beim Einlaufen nichts Merkwürdiges aufgefallen?"

„Ja", antwortete Macfarlane, in der Tat machte der Hafen bei ihrer Ankunft einen verlassenen Eindruck, aber er habe sich nichts weiter dabei gedacht. Der Arzt bat Macfarlane an Deck und zeigte auf die Küste, wo keinerlei Gebäude zu sehen waren. Rauchschwaden überzogen die gesamte Stadt. Riesige Menschenschlangen reihten sich vor einer Zeltunterkunft auf. Kurz – die Yacht war nur wenige Stunden nach dem verheerenden Erdbeben im Jahr 1906 in San Francisco angekommen. Die grauenhaften Beben und Feuersbrünste hatten die Stadt dem Erdboden gleich gemacht. „Um hier Ihr Hotel zu finden", meinte der Arzt zu Macfarlane, „müssen Sie ganz schön lange suchen."

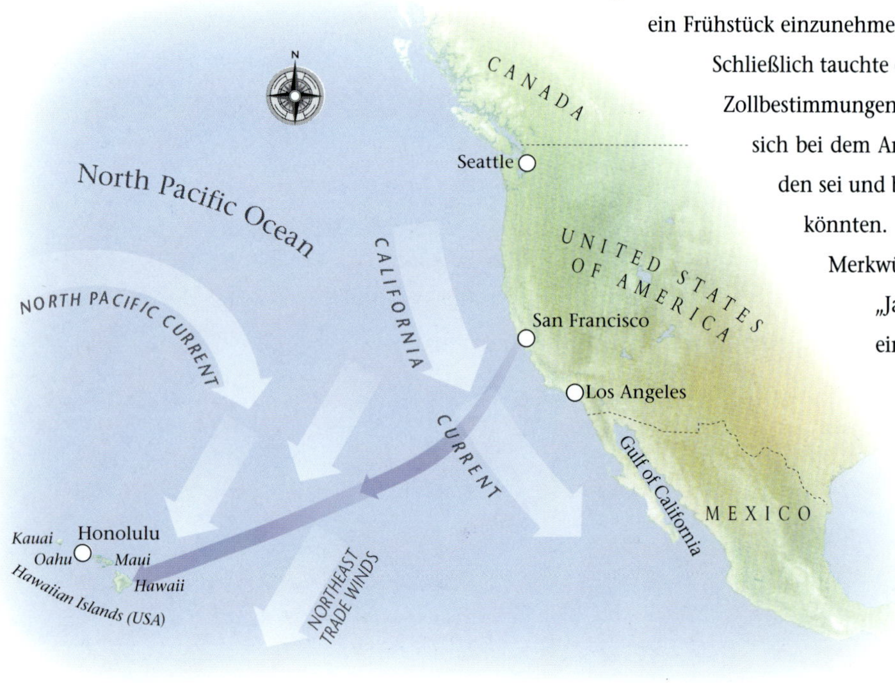

Oben DER VORSCHIFFMANN PASCAL DROUIN BEI REPARATUREN AN DEN SPINNAKERSCHOTEN DER *COMMODORE EXPLORER*. MIT AN BORD BEI DER TRANSPAC 1997 WAREN DIE SIEGER DER JULES VERNE TROPHY BRUNO PEYRON AUS FRANKREICH UND CAM LEWIS AUS AMERIKA. NAVIGATOR WAR SKIP NOVAK, DER DIE *COMMODORE EXPLORER* BEIM WHITBREAD RACE IN DER KLASSE DER MEHRRUMPF-YACHTEN ZUM SIEG FÜHRTE.

Gegenüber DIE YACHT *EXPLORER* VON BRUNO PEYRON LIEF 1987 IM FRANZÖSISCHEN ST. NAZAIRE VOM STAPEL.

Da Macfarlane offensichtlich nicht den Ernst der Lage erkannte, fügte er noch freundlich hinzu: „Was für einen Trip haben Sie denn gemacht?"

„Einen Höllentrip", meinte er gequält. Da er zu diesem Zeitpunkt noch keine Vorstellung vom Ausmaß der Katastrophe hatte, stellte er die Gegenfrage: „Und was für ein Feuer hatten Sie?"

„Ein Höllenfeuer", so die prompte Antwort.

Während man San Francisco wieder aufbaute, setzte man einen neuen Termin für das Transpacific Race an: Am 11. Juni 1906 in San Pedro südlich von Los Angeles.

Obwohl in den Anfangsjahren nur drei oder vier Boote am Transpacific Race teilnahmen, stiegen die Teilnehmerzahlen kontinuierlich an. 1967 waren es 71 Yachten und 1979 sogar 80 Yachten. Inzwischen haben sich die Zahlen auf 40 Boote eingependelt. Von den zwei Weltkriegen einmal abgesehen, lockt das alle zwei Jahre stattfindende Rennen Segler aus aller Welt an. Der Abenteuergeist sowie die unübertreffliche hawaiianische Gastfreundschaft sorgen – aloha sei dank – für einen herzlichen Empfang nach zwei Wochen auf See und letztlich dafür, dass die Transpac eine der beliebtesten Langstrecken-Regatten überhaupt ist.

Angelegt ist die Transpac als Verfolgungsrennen, das heißt, kleineren Yachten wird so viel Vorsprung eingeräumt, dass alle etwa im gleichen Zeitraum ins Ziel laufen. Die kleinsten Yachten starten daher bis zu einer

Oben DIE YACHT *EVOLUTION*, EINE SANTA CRUZ 70, BEI DER TRANSPAC 1995. EIGNER BRACK DUKER WEISS UM DAS ENORME GESCHWINDIGKEITSPOTENZIAL AUF RAUMEN KURSEN UND MIT HOCH ANGESCHLAGENEM SPI.

Woche vor den High-Tech-Racern. Obwohl es sich überwiegend um ein Downwind-Rennen handelt – es sind 2225 Meilen mit langen Surfphasen auf dem pazifischen Schwell –, segeln die Yachten in den ersten Tagen hoch am Wind bzw. auf raumen Kursen (60 bis 90 Grad abfallend), bis sie auf die Passatwinde treffen.

EINE NEUE BOOTSKLASSE FÜR DIE TRANSPAC

Die Transpacific Yacht Club Perpetual Trophy, bei einigen auch als das „Scheunentor" bekannt, gilt als der prestigereichste Preis, den es an der amerikanischen Westküste im Bereich Seeregatten gibt. Diesen Preis erhält jene konventionelle Yacht, die es in gesegelter Zeit am schnellsten von Los Angeles nach Honolulu schafft. Mit der Folge, dass eigens für Downwind-Kurse konstruierte Yachten an den Start gehen. Die sogenannte Sled-Class ist nach dem kalifornischen Yacht-Designer Bill Lee benannt. Ähnlich wie Schlitten sind Sled-Klasse-Yachten speziell darauf ausgerichtet, mit über 20 Knoten riesige Wellenberge abzureiten. Zwar hat Bill Lee verschiedene Yachten in den verschiedensten Größen konstruiert, aber alle sind leicht, schlank und optimal auf die charakteristischen Aufgaben dieses Rennens eingestellt. Die wohl bekannteste Sled-Klasse-Yacht ist wahrscheinlich seine eigene, die 67-Fuß-Yacht *Merlin*, die bei der Transpac 1977 einen Rekord von acht Tagen, elf Stunden, einer Minute und 45 Sekunden aufstellte (inzwischen gebrochen).

Im Laufe der Jahre begannen die Sled-Klasse-Yachten auch gegeneinander anzutreten. Größere Masten, längere Spinnakerbäume und damit auch größere Spinnaker, mehr Segelfläche – das alles, um im Duell um Sieg und Ehre vorne zu sein. Verständlich, dass die Offiziellen der Transpac über diese Entwicklung beunruhigt waren, stellten sie sich doch die Frage, wohin dieser Wettlauf führen würde. Um dem Ganzen Grenzen zu setzen, verfügte der Transpacific Yacht Club (TPYC) für 1983 ein maximales Rating von 70,0, ein Wert nach den Regeln der International Offshore Rule (IOR). Diese Entscheidung wiederum hatte die Geburt einer neuen Sled-Klasse zur Folge – die ULDB 70 (70 Fuß Ultra Light Displacement Boats).

In den folgenden zehn Jahren wurden rund 30 dieser Yachten gebaut, die das meiste aus den Rating-Vorgaben herausholten. Stets legte man größten Wert auf die Raumschots-Fähigkeiten, die beim Transpac Race eine entscheidende Rolle spielen. Vor allem ihr Beschleunigungspotenzial war gewaltig. Bei Winden von 20 bis 30 Knoten glitten die Yachten mit über 20 Knoten über die Wellen und blieben dennoch beherrschbar. Das Ende für das Rating von 70,0 nach IOR kam 1994 mit Einführung neuer Maxi-Yachten nach den IMS-Regeln (International Measurement System). Um diesen neuen Booten das Transpacific Yacht Race schmackhaft zu machen, entschied der Vorstand des TPYC, für 1995 die Beschränkungen aufzuheben. Damit war klar, dass eine ULDB 70 auf keinen Fall als Erste auf dem Hawaii-Archipel ankommen würde.

Natürlich waren die meisten ULDB-70-Eigner von den neuen Regeln entsetzt, doch zwei Amerikaner

IMS MAXI GEGEN TURBOSLED

Wenn man eine Turbosled-Yacht mit einer nach IMS vermessenen Maxi-Yacht wie die *Morning Glory* vergleicht, dann ist auf den ersten Blick erkennbar, dass die IMS-Yacht größer, schwerer und kräftiger ist. Eine IMS-Maxi ist rund 24 Meter lang und damit rund drei Meter länger als jede Sled-Variante. Außerdem verdrängt sie mit 24,5 Tonnen rund doppelt soviel wie eine Sled. Und schließlich verfügen IMS-Maxis nicht nur über 50 Prozent mehr Segelfläche, sondern auch über einen 13 Fuß tiefen Kiel und damit drei Fuß mehr als eine Sled. Obwohl beide Yachten im Rating durchaus ähnlich sind, haben die Maxis an den Tonnen Vorteile bei der Wendigkeit.

DAS TRANSPAC RENNEN VON 1997 BRACHTE DIE NEUE ULTRA LIGHT DISPLACEMENT TRUBOSLEDS HERVOR, DIE AUF RAUMSCHOTS-KURSE SPEZIALISIERT SIND. MAXI YACHTEN WIE DIE *STEINLAGER* (OBEN) GLEICHEN IHR HÖHERES GEWICHT DURCH EIN GRÖSSERES SEGEL UND EINE LÄNGERE WASSERLINIE AUS.

sahen in ihnen auch eine verbesserte Chance, die Trophäe zu gewinnen. Zum einen war es Dr. Hal Ward, der zu diesem Zeitpunkt gerade eine neue ULDB 70 bauen ließ. Noch bevor der Rumpf aus der Schale genommen wurde, bat Ward seinen Designer, die Pläne zu überarbeiten. Dabei sollte er ganz bewusst die für die ULDB 70 geltenden Beschränkungen ignorieren und stattdessen die neue Yacht *Cheval* an das neue Transpac-Rating anpassen. Zum Anderen war es der Amerikaner Roy Disney, der für seine Santa Cruz 70-Yacht *Pyewacket* nicht nur einen neuen Carbon-Mast fertigen ließ, sondern auch einen tiefergehenden Kiel.

Sowohl Ward als auch Disney hatten ihre Sleds sozusagen „turbogeladen", womit der Begriff Turbosled geboren war. Der TPYC war wegen der Einführung der Rating-Bestimmungen im Jahr 1983 nicht nur dafür verantwortlich, dass die Sled-Klasse überhaupt existierte, er sorgte letztlich ein zweites Mal für eine neue Klasse, indem die Beschränkungen wieder aufgehoben wurden.

Auch die Turbosleds sind leichte Boote mit sehr großer Segelfläche, die ihre Stärken bei raumen Kursen zeigen. Die Rümpfe aller Turbosleds entstehen in einer der beiden existierenden Formen, übrigens dieselben, die man zuvor für den Bau der ULDB 70-Yachten einsetzte. Doch hier enden auch schon die Gemeinsamkeiten. Die Turbosleds verfügen über ein Carbon-Rigg im Vergleich zu den etwas kürzeren Aluminium-Riggs der Sleds. Beide Klassen haben fast gleich große Vorsegel, doch das Gros der Turbosleds ist typischerweise 3,5 Quadratmeter größer. Hinzu kommen überdimensionale Spinnakerbäume und bis ins Masttopp reichende Spinnaker, die damit fast 50 Prozent größer sind als die der Vorgänger-Sleds. Entsprechend höher ist auch das Gewicht und der Tiefgang der Kiele. Mit 0,5 Meter mehr gewinnen die Sleds auch an aufrichtendem Moment.

EIN 20 JAHRE ALTER REKORD

Während des Transpacific Race 1995 lief es für die amerikanische Yacht *Cheval 95* besonders gut, und folgendes Zitat wird dem Crewmitglied John Kolius zugeschrieben:

„Wir befinden uns an Bord der Cheval, *surfen mit den Passatwinden im Rücken entlang der hawaiianischen Insel Molokai entlang und nähern uns dem Ziel des Transpac Race. Es beginnt zu dämmern – unser letzter Tag auf See. Alle zwölf Crewmitglieder sind völlig aus dem Häuschen, denn wir steuern einem Hattrick entgegen: Als Erste im Ziel, als Erste der Klasse, als Erste des Feldes. Das Leben ist schön!"*

Das Ziel war nur noch 35 Meilen entfernt, als ein Block an den Backstagen während einer Halse bei 25 Knoten Wind explodierte und der Mast seitlich wegbrach. Doch die Crew vertraute auf ihre Erfahrung und reagierte äußerst professionell. Unterdessen näherten sie sich einem Riff vor der Insel Molokai und die Rettungsinseln wurden an Deck gehievt. Danach wurde das Rigg gekappt und ein Notrigg errichtet. Dazu wurde ein Spinnakerbaum an den Maststumpf angebracht und die Segel seitwärts gehisst. Zwar machte das Boot nicht länger 17 Knoten Fahrt, so doch immerhin acht Knoten im Schitt und auf der Welle bis zu 11,6 Knoten. Die *Cheval 95* siegte mit einem Vorsprung von nur 20 Minuten, aber einem Rückstand von 13,5 Stunden auf den Rekord, den Bill Lee mit seiner *Merlin* 1977 aufgestellt hatte.

Nur 1997 herrschten Bedingungen, die den 20 Jahre alten Rekord der *Merlin* in Gefahr bringen konnten. Die 56-Fuß-Yacht *Medicine Man* aus dem kalifornischen Long Beach verbesserte unter Bob Lane den Rekord zumindest nach berechneter Zeit auf acht Tage, sechs Stunden und 31 Minuten. Demnach erreichte er eine Durchschnittsgeschwindigkeit von 11,2 Knoten. In der Sled-Klasse war es die Turbosled *Pyewacket II* von Roy Disney, die als erste Monohull-Yacht das Rennen in weniger als acht Tagen beendete, nämlich in sieben Tagen, 15 Stunden, 24 Minuten und 15 Sekunden. Im gleichen Jahr fiel auch der Multihull-Rekord. Bruno Peyron aus La Baule verbesserte mit seinem 26-Meter-Kat die alte Bestmarke um 30 Stunden auf fünf Tage, neun Stunden, 18 Minuten und 26 Sekunden.

Im Jahr 1999 ging nur ein einziger Multihull an den Start – die *Double Bullet II* von Bob Hanel. Nur zwölf Stunden später überschlug sich der Katamaran bei 30 Knoten Wind. Die Crew setzte einen EPIRB-Notruf ab und suchte Schutz im Inneren des gekenterten Kats. Binnen Stunden wurde der Katamaran lokalisiert und die Besatzung aus der Luft gerettet. Tage später wurde auch das Boot in den Hafen geschleppt.

Mit der *Pyewacket III* griff Roy Disney 1999 ins Geschehen ein, um weitere vier Stunden unter seinem Rekord von 1997 zu bleiben und eine neue Bestmarke für die Zukunft aufzustellen.

Oben BEI DER TRANSPAC 1995 GING LARRY ELLISON MIT SEINER NEUEN FARR 70 *SAYONARA* AN DEN START, BEI DER DER SPINNAKER BIS ZUM HÖCHSTEN PUNKT DES MASTES HOCHGEZOGEN WERDEN KONNTE.

Gegenüber TROTZ MASTBRUCH LIEF DIE TURBOSLED *CHEVAL 95* UNTER DR. HAL WARD VOR DER *SAYONARA* UND DER *WINDQUEST* ZUM GEWINN DER BARN DOOR TROPHY EIN.

6269
CHEVAL

POR
500

CAPE TO RIO

Cape to Rio ist die längste internationale Segelregatta der südlichen Hemisphäre und findet alle drei bis vier Jahre statt. Initiiert hat sie Admiral H. H. Bierman, Vorstandsvorsitzender des South African Ocean Racing Trust, anlässlich eines Abendessens zu Ehren des südafrikanischen Seglers Bruce Dalling, der bei dem Ostar Einhand-Transatlantik-Rennen so hervorragend abgeschnitten hatte. An diesem Abend verkündete Bierman, dass es ein Rennen von Kapstadt nach Rio de Janeiro geben werde.

Die direkte Route von Kapstadt am südwestlichsten Ende Südafrikas führt direkt über den Atlantik ins nordwestlich gelegene Rio de Janeiro an der Ostküste Südamerikas. Der Atlantik ist zwar das zweitgrößte Meer der Erde, aber da er im Vergleich zum Indischen und Pazifischen Ozean leichter zu überqueren ist, gilt er bei Seglern gemeinhin als „Teich". Der Mangel an Inseln in dieser tiefen See hat zur Folge, dass zwischen dem afrikanischen und dem amerikanischen Kontinent ein gleichmäßiger, leicht rollender ozeanischer Schwell vorherrscht. Jedoch müssen die Yachten auf dieser Route durch ein Flautengebiet hindurch – in der Regel eine Hochdruckzone –, das den Kurs in Richtung Norden umspannt und dem es auszuweichen gilt. Dies wiederum hat zur Folge, dass sowohl der exakte Routenverlauf als auch die Länge des Rennens von der Position des atlantischen Hochdruckgebiets zur jeweiligen Jahreszeit abhängt.

Neben den seglerischen Fähigkeiten von Yachten und ihren Mannschaften zeichnet sich der Sieger dadurch aus, wie gut er die ihm zur Verfügung stehenden Wetterdaten interpretieren kann. Kein Wunder, dass das Cape to Rio Race 1996 geradezu eine Invasion von „Taktikern" aus aller Welt erlebte: Der Australier Andrew Cape auf der *Warrior*, der Niederländer Marcel van Triest auf der *Corum* (dank seiner navigatorischen Fähigkeiten ging der Sieg der *Broomstick* 1993 auf sein Konto), der Neuseeländer Mike Quilter auf der *Morning Glory* sowie der Südafrikaner Dr. Lynneth Beckly auf der *Wizard*. Das Spiel besteht jedenfalls darin, wie mutig die Taktiker bei dem Versuch sind, dem atlantischen Flautengebiet ein paar Ecken abzuschneiden, um die zu segelnde Distanz zu verkürzen. Das Risiko ist freilich, in der Flaute stecken zu bleiben, während die anderen nordwärts und davon segeln.

Obwohl es sich beim Cape to Rio Race wahrlich nicht um einen Katzensprung handelt, weist die Startliste eine ganze Reihe von Fahrtenschiffen auf, die die Gelegenheit wahrnehmen, sich bei einem lange geplanten Törn um die Welt auf der ersten Etappe begleiten zu lassen. Ein weiterer Teil des Regattafeldes nimmt teil, um Spaß zu haben und eine persönliche Herausforderung zu bestehen.

Für Außenstehende liegt der Reiz – wie eigentlich immer – in dem Teil des Feldes, in dem große Yachten mit großen Sponsorengeldern im Rücken nach Sieg und neuen Rekorden streben.

Gegenüber EIN ZWEITER, EINSAMER START ZUM CAPE TO RIO RACE 2000 DER EIGENTLICH FAVORISIERTEN YACHT *PORTUGAL-BRAZIL*, AUF DER NUR FÜNF STUNDEN NACH DEM OFFIZIELLEN START DER BAUM BRACH. DIE YACHT MUSSTE NACH KAPSTADT ZURÜCKKEHREN, UM DIE REPARATUREN AM CARBON-RIGG DURCHFÜHREN ZU LASSEN UND MIT 26 STUNDEN VERSPÄTUNG ERNEUT ZU STARTEN.

Oben DIE 76-FUSS-YACHT *AEGIS* INSURANCE DES AUSTRALISCHEN SKIPPERS ROB MEEK WAR DAS GRÖßTE SCHIFF IM CAPE-TO-RIO-FELD 1993.

FLAUTENSCHIEBEN 1971

Das erste Cape to Rio Race 1971 war in jeder Hinsicht eine Überraschung, sowohl, was die Teilnehmerzahlen anging als auch die außergewöhnliche Begeisterung der Zuschauer. Die eigentlich erwarteten zehn bis 15 Teilnehmer addierten sich auf 58. Und als das Rennen am 16. Januar 1971 um 14.30 Uhr gestartet wurde, mobilisierte dieses Sportereignis so viele Menschen wie nie zuvor (mehr sogar als bei einem Rugby-, Fußball- oder Cricketspiel, den sportlichen Leidenschaften der Südafrikaner).

Legendär ist der „Southeaster" mit 50 bis 60 Knoten, der die Teilnehmer auf den Weg brachte und der ernsthafte Schäden auf der von John Goodwin aus Südafrika gesteuerten *Albatross II* verursachte. Kurz außerhalb der Table Bay suchte und fand die Crew Schutz im kleinen Hafen von Robben Island, wo sie ihren gekrümmten Mast reparierten, um dann wieder loszusegeln. Trotz der verlorenen Zeit und trotz des merkwürdig geformten Mastes siegte die Yacht nach berechneter Zeit. Weniger Glück hatte die Crew der 33-Fuß-Yacht *Pioneer*, die elf Tage nach dem Start um Mitternacht mit einem Wal kollidierte und sehr schnell sank. 16 Stunden verbrachte die Crew in einer winzigen Rettungsinsel, bevor ihr das Schicksal die Rettung in Form eines Schiffes auf dieser völlig unüblichen Route sandte. Dessen Mann-

Oben DER AMERIKANER HUEY LONG AUF SEINEM MAXI-RACER *ONDINE* JAGT NOCH IN DER TABLE BAY DIE FRANZÖSISCHE SEGLERLEGENDE ERIC TABARLY AUF *PEN DUICK*. SIEGER DES CAPE TO RIO 1976 WURDE HUEY LONG.

Links DIE VON JOHN GOODWIN AUS SÜDAFRIKA GESKIPPERTE *ALBATROSS II* GEWANN DIE RENNPREMIERE 1971, OBWOHL SIE IN DER TABLE BAY WEGEN SCHÄDEN AM RIGG AUFGEHALTEN WURDE.

schaft hatte die Rauchsignale entdeckt und nahm die Crew an Bord.

Das Schlimmste, das einer Crew beim Rio Race passieren kann, ist, in die Flautenzonen hinein zu geraten, wie es zum Beispiel 1971 die *Cariad* erleben musste. Die Passage des Südatlantiks bei extrem leichten Winden war so monoton, dass einige Skipper gar glaubten, sich besser für das folgende Rennen einschreiben zu müssen. Dazu John Ayles von der *Cariad*: „In 33 Tagen lasen unsere 15 Crewmitglieder über 400 Bücher – jeder im Schnitt pro Tag eines. Sie tranken rund 3000 Tassen Tee, Kakao und Kaffee." Selbst die Tümmler, die auf der Bugwelle reiten wollten, gaben entnervt auf.

Das 39 Yachten starke Feld, das 1973 in Kapstadt aufbrach, war offensichtlich auf leichte Rückenwinde eingestellt. Nach dem Rennen von 1971, bei dem vor allem die schwereren Yachten nur vor sich hin trieben und sich bis nach Rio quälten, waren nur wenige Crews bereit, das Rennen zu wiederholen. Geschichten von Crews machten die Runde, dass die Winde so leicht waren, dass man ganze acht Tage in Sichtweite der Insel Trinidad zubrachte.

Vor diesem Hintergrund brach die leichte Flotte auf, wobei durchaus ernst zu nehmende Teilnehmer dabei waren. Als Favorit galt der Amerikaner Huey Long mit seiner 54 Tonnen schweren und 73 Fuß langen *Ondine*, zweifellos eine der drei besten Yachten der Welt. Doch ging die Crew das Risiko der direkten und damit kürzesten Route ein. Nachdem sie den Lauf des atlantischen Hochs falsch interpretiert hatten, zahlte sich dieses Manöver nicht aus. Was aber angesichts des Gegners, des 73-jährigen Holländers Kees Bruynzeel, keine Schande war. Drei Herzanfälle hatte er bereits erlitten, weshalb er eine spezialisierte Krankenschwester sowie zwei Helfer mitnahm. Mit seiner Yacht *Stormy* siegte er sowohl nach gesegelter als auch nach berechneter Zeit – ein Erfolg, den kein Boot beim Cape to Rio Race bis jetzt wiederholte.

ZEIT FÜR NEUE REKORDE

In Anbetracht der politischen Isolierung Südafrikas lagen zwischen 1976 und 1993 ganze 16 Jahre zwischen zwei Rennen. Die Favoriten für das Rio Race des Jahres 1993 waren überwiegend südafrikanische Größen des Segelsports, die für ihre Fähigkeiten an den Wendetonnen berühmt waren. Nun stellten sich ihnen mit diesem Rennen neue Herausforderungen. Kein Wunder, dass sich an der Startlinie Sponsorenfinanzierte Hightech-Yachten aufreihten, die vermuten ließen, dass der Wettbewerb eine andere Qualität erreichen würde. Als die 92 Yachten an den Start gingen, war klar, dass dieses Rennen den '76-er Rekord von Huey Long – es waren 17 Tage und fünf Stunden – einstellen würde. Angesichts zweier Jahrzehnte technologischer Weiterentwicklung und verbessertem Design lautete die Frage lediglich, welches der Boote das Rennen machen würde. Bei frischem Südost-Wind stach das Feld in See und überall öffneten sich die Spinnaker. Favoritin für die Regatta war die *Broomstick* unter dem Kapstädter Hanno Teuteberg, der auch prompt 329 Seemeilen in den ersten 24 Stunden zurücklegte, gefolgt von 312 Meilen durch den Erzrivalen auf der *Parker Pen*.

Der gesamte Druck lastete auf den Crews der *Broomstick*, der *Parker Pen* und der *Nansea Challenger*, zwischen denen kaum mehr als 20 Meilen lagen. Schließlich verbuchte die *Broomstick* den Doppelerfolg – den Sieg sowie mit 15 Tagen und drei Stunden einen neuen Rekord. Mit an Bord war der niederländische Taktiker Marcel van Triest, der es schaffte, die Broomstick durch die

Oben BEI STÜRMISCHEN SÜDOSTWINDEN GING DAS 83 YACHTEN STARKE FELD 1993 INS 3500 MEILEN LANGE RENNEN NACH RIO. DIE *PARKER PEN* RUNDETE ALS ERSTE YACHT DIE ERSTE TONNE.

gewaltigen atlantischen Flauten zu führen. Den Sieg nach berechneter Zeit schnappte ihnen zunächst mit 56 Minuten der Südafrikaner Padda Kuttel auf der *Nansea Challenger* weg, der dann noch seinen Platz der *Morning Glory* unter Hasso Plattner räumen musste.

Drei Jahre später, 1996, lasteten alle Hoffnungen auf der brandneuen Yacht *Warrior* unter dem Kapstädter Rick Nankin sowie auf der *Wizard* in der 60-Fuß-Kategorie unter dem Südafrikaner Jan Reuvers. Das Augenmerk der Presse indes richtete sich auf die glamourösen Maxi-Yachten, so der deutschen Yacht *Morning Glory* und der schwedischen *Nicorette*. Ein versetzter Start für die kleinsten acht der 56 Starter sollte den Abstand zwischen Sieger und den letzten Booten reduzieren und letztlich die Attraktivität für alle steigern. Und während sich alle auf die Hauptdarsteller konzentrierten, holte sich die *Renfreight*, eine Charger 33, unter Norge Kennedy den Sieg nach berechneter Zeit mit 22 Tagen und zehn Stunden. Die *Fancourt Morning Glory* unter Hasso Plattner ging als Siegerin mit neuem Rekord ins Ziel: 14 Tage, 14 Stunden und 52 Minuten.

Ganz oben DIE *WARRIOR* GING ALS ERSTE SÜDAFRIKANISCHE YACHT 1996 IN RIO ÜBER DIE ZIELLINIE. SIE BELEGTE HINTER DER DEUTSCHEN *MORNING GLORY* UND DER SCHWEDISCHEN *NICORETTE* PLATZ DREI.

Oben DIE *PARKER PEN* UND DIE *BROOMSTICK* IM DUELL 1993. WÄHREND DIE *PARKER PEN* SPÄTER EINEN NORDWESTLICHEN KURS EINSCHLUG, GING DIE *BROOMSTICK* WESTWÄRTS, WAS SICH ALS VORTEIL HERAUSSTELLTE.

Gegenüber oben DIE *WARRIOR* (IM VORDERGRUND) UNTER RICK NANKIN WURDE 1996 NACH BERECHNETER ZEIT ZWEITE. SIEGERIN WURDE MIT EINEM TAG VORSPRUNG DIE YACHT *RENFREIGHT*.

Ein Durchbruch von nur kurzer Dauer: Im Jahr 2000 stellte die Maxi *Zephyrus IV* einen neuen Rekord nach gesegelter und berechneter Zeit auf, brauchte demnach nur zwölf Tage, 16 Stunden, 49 Minuten und 41 Sekunden.

Rechts BEIM START ZUM RENNEN IM JAHR 2000 GING DER CO-AUTOR DIESES BUCHS, ANTHONY STEWARD, MIT EINEM SÜDAFRIKANISCHEN NACHWUCHSTEAM AN DEN START UND SIEGTE SOGAR AUF DER YACHT *THE BETTER CONNECTION*.

AUCKLAND-FIDSCHI

früher Auckland-Suva

Ausrichter des ersten Auckland-Fidschi Yacht Race 1956 war der Royal Akarana Yacht Club. Ein geschichtsträchtiger Club, der im November 1895 auf der Devonport Wharf im neuseeländischen Auckland gegründet wurde. Sein damaliger Name lautete North Shore Yacht Club und sein Domizil befand sich in der nördlichen Mündung des Waitemata Harbour. Im Jahr 1922 wurde der Club in Akarana Yacht Club umbenannt und bezog zugleich neue Räume auf der Südseite von Waitemata. König Georg VI. übernahm 1936 die Schirmherrschaft von Akarana, worauf sich der Club stolz Royal Akarana Yacht Club nennen durfte. Es dauerte viele erstklassige Segel-Saisons, ehe man 1953 die bescheidenen Räumlichkeiten an der Mechanics Bay räumte und das aktuelle Clubhaus an der Okahu Bay bezog.

Schon der erste Trans-Tasman-Cup wurde 1931 vom Yacht Club Akarana organisiert. In Zusammenarbeit mit einigen australischen Schwesterclubs folgten weitere zwölf Trans Tasman Races. Fast nebenbei organisierte der Club den Vorgänger des aktuellen Rennens, das Auckland-Suva Race. Nicht selten reihten sich über 70 Boote an der Startlinie. Dies hatte zur Folge, dass der in Neuseeland als Blauwasser-Club bekannte Royal Akaran Yacht Club auch heute noch die Gastgeberrolle dieser klassischen Regatta übernimmt – des Auckland-Fidschi Race.

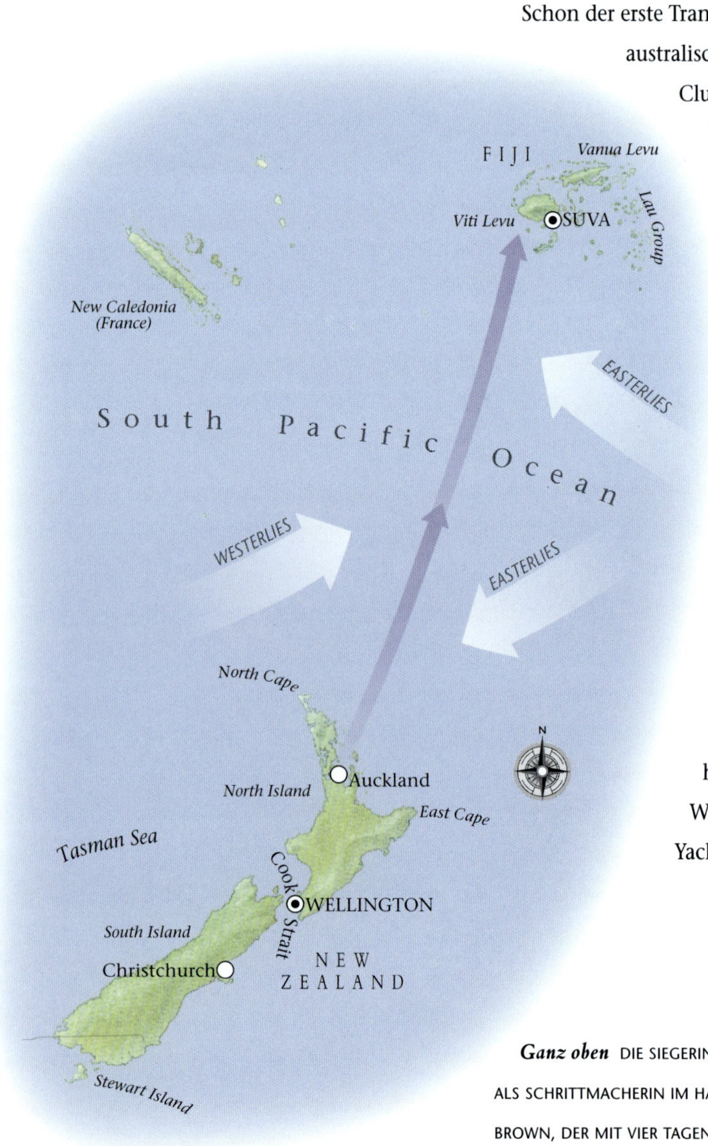

DIE GEBURT DES AUCKLAND-FIDSCHI KLASSIKERS

Das erste offizielle Auckland-Fidschi Yacht Race fand am 12. Mai 1956 statt (die Vorgängerin dieser Regatta hieß Auckland-Suva). Nach Begleichung eines Startgeldes von fünf Guineas gingen insgesamt 13 Yachten an den Start. Das größte Boot war ganze 36 Fuß lang. Nach den offiziellen Wettfahrtbestimmungen lag das einzige Ziel darin, von der Orakei Wharf in der neuseeländischen Okahu Bay nach Suva zu segeln. Die Hauptstadt und der größte Hafen auf den Fidschis befindet sich an der Südostküste von Viti Levu im südwestlichen Pazifik. Ein Zeitlimit gab es nicht.

Der herrschende Nordweststurm jedoch zwang einige der Favoriten zur Aufgabe. So etwa die 29-Fuß-Yacht *Kehua* unter Skipper Tony Clements aus Whangerei. Auf dem anschließenden Rückweg verließ Clements sich auf Koppel-Navigation, bei der er aus Kurs, zurückgelegter Entfernung und Geschwindigkeit seine Position errechnete. Weil er sich jedoch verkalkuliert hatte, verfehlte er sein eigentliches Ziel. Schließlich erlitt die *Kehua* viel weiter südlich in Whakatane in der Bay of Plenty Schiffbruch. Mehr Glück hatte die von Ron Smith geskipperte Yacht *Amoa* aus Christchurch, die nach einem Mastbruch mit Notrigg sicher zurückkehrte.

Ganz oben DIE SIEGERIN DES RENNENS VON 1995, DIE YACHT *ANTEUS*, ERWIES SICH AUCH 1997 BEIM RENNEN VON AUCKLAND NACH DENARAU ALS SCHRITTMACHERIN IM HAFEN VON WAITEMATA. EIGNER UND SKIPPER DER VON LAURIE DAVIDSON GEZEICHNETEN *ANTEUS* IST CHARLES ST. CLAIR BROWN, DER MIT VIER TAGEN, ACHT STUNDEN, 53 MINUTEN UND 14 SEKUNDEN AUCH EINEN NEUEN REKORD NACH GESEGELTER ZEIT AUFSTELLTE.
Gegenüber DIE *COPPELIA* VON ROBERT CROFT SIEGTE 1999 NACH BERECHNETER ZEIT UND GING ALS ERSTE YACHT IHRER KLASSE INS ZIEL.

Bei der Yacht *Wanderer* mit Skipper Tom Buchanan am Steuer vermutete man, dass sie das langsamste Boot des Feldes sei. Tatsächlich jedoch hatte die Crew alle Segel bis auf eine Fock geborgen und so bei 50 Knoten Wind die 25 Fuß hohen Wellen abgeritten. Nach dem Sturm ging sie bei starken Westwinden vor Suva auf Fidschi am 24. Mai als Siegerin mit einer Zeit von elf Tagen, zwölf Stunden, 33 Minuten über die Ziellinie.

Es dauerte zehn Jahre, ehe das nächste Rennen nach Fidschi ausgetragen wurde. 1966 gingen 31 Yachten an den Start, aber schon zu Beginn des Rennens steuerte das Feld in eine Schlechtwetterfront mit Windgeschwindigkeiten um 80 Meilen. Nur 24 Yachten kamen ins Ziel. Einige mussten gar zurückgeschleppt werden. Die ganze Palette war vertreten – vom Mastbruch bis zum Untergang (die *Tatariki* sank beim Schleppen). Immerhin, die Yacht *Roulette* verbesserte die reine Rennzeit von 1956 um ganze zwei auf neun Tage, zwölf Stunden und 50 Minuten.

Noch einmal gesteigert wurde die Leistung im Jahr 1969, als 27 Yachten von Auckland nach Fidschi segelten und Skipper Lawrence Nathan mit seiner Crew auf der *Kahurangi* die Bestmarke auf sieben Tage, 14 Stunden und 51 Minuten hoch setzte.

Zu Höchstform lief die Regatta 1973 auf, als insgesamt 70 Boote bei zumeist gutem Wetter auf die Reise gingen. 1977 waren es sogar 107 Yachten. Nach gesegelter Zeit verbesserte die Siegerin von 1973, die Yacht *Ta'Aroa* unter Skipper Doug Bremner, den Rekord noch um weitere zwei Tage.

Die übergroße Teilnehmerzahl im Jahr 1979 zwang die Verantwortlichen, das Ziel zwischen Suva und Lautoka (auch auf Viti Levu auf Fidschi) aufzuteilen. Die Siegeryacht von 1977, die *Anticipation*, ging auch 1979 in Suva als Erste übers Ziel. Allerdings verhinderten widrige Winde neue Rekordmarken. Nach berechneter Zeit – sowohl nach IOR- als auch nach PHRF-Rating – gewann die Yacht *Kishmul* aus Whangerei mit Richard Tapper und Lester Smith am Steuer. Siegerin auf der Alternativ-Route wurde die von C. Rapley gesteuerte Yacht *Quasar* aus Whangerei.

Bei den schlechten Bedingungen kehrten viele Teilnehmer nach Neuseeland zurück, zumal erhebliche Beschädigungen zu verzeichnen waren. Die Yacht

Links ERSTMALS NAHM DIE RENN-VETERANIN *TA'AROA* 1969 AM AUCKLAND-FIDSCHI-RENNEN TEIL. MIT FÜNF TAGEN, ZWÖLF STUNDEN, 52 MINUTEN GING SIE 1973 ALS SIEGERIN ÜBER DIE ZIELLINIE.

Ponsonby Express unter Skipper Noel Angus verschwand samt Crew spurlos, während die Yacht Snow White sank, nachdem sie mit einem Wal kollidiert war. Immerhin konnte eine andere Yacht die Crew aufnehmen.

1983 gingen wesentlich weniger Yachten an den Start, was wohl auch an den hohen Versicherungsprämien für die Bootseigner lag. Dies hatte zur Folge, dass Suva seine Rolle als alleiniger Zielhafen wieder einnahm. Die Yacht *Urban Cowboy* siegte in sieben Tagen, 18 Stunden und 21 Minuten.

Wie schon häufiger beim Auckland-Suva Race erwies sich auch 1983 der Rücktörn als besonders beschwerlich. Zwei Yachten steuerten direkt in die Katastrophe. Die *Southern Raider* mit John Stevenson als Skipper musste aufgegeben werden, und ein Besatzungsmitglied starb bei der Bergung. Die Yacht *Lionheart* lief beim Versuch, in den Hafen von Whangaroa einzulaufen, auf einen Felsen auf, wobei sieben Besatzungsmitglieder durch Unterkühlung bzw. Ertrinken ums Leben kamen. Die übrigen Yachten realisierten, dass es angesichts der herrschenden Bedingungen klüger war, auf See zu bleiben und einen südlicheren Hafen in Neuseeland anzusteuern.

1985 und 1989 wurden die Bestzeiten jeweils unterboten. Die Urban Cowboy schaffte den Törn in fünf Tagen, acht Stunden und 53 Minuten. Und schon ein Jahr später gelang der *Future Shock* nach berechneter Zeit mit vier Tagen, 14 Stunden und 42 Minuten ein neuer Rekord. In diesem Jahr entschied die Wettfahrtleitung, die Regatta mit dem Auckland-Fukuoka Race zu kombinieren (Fukuoka ist ein Hafen auf Kyushu im Südwesten Japans). Von den 46 Startern steuerten die meisten lediglich Suva an und nur ein kleiner Teil setzte die Regatta nach Japan fort.

Auch das Rennen von 1993 endete in Fukuoka. Doch waren die 40 Teilnehmer infolge eines Hochdruckgebiets zwischen Neuseeland und Fidschi extrem ruhigen Wetterbedingungen ausgesetzt. Wegen der schlechten Etmale waren einige Teilnehmer gezwungen, Lebensmittel und Wasser in den letzten Renntagen zu rationieren. Die Teilnahme der brandneuen W60-Yachten (lesen Sie dazu Seite 108) des Neuseeländers Chris Dickson sollte die Attraktivität des Rennens steigern und diente letztlich zu Testzwecken.

Trotz einer recht kleinen Teilnehmerzahl von nur 13 Yachten, genoss das Rennen 1995 von Auckland nach Suva besondere Aufmerksamkeit (Es gewann übrigens die *Anteus* mit einer Zeit von vier Tagen, 19 Stunden und 31 Minuten). Zur gleichen Zeit trat das neuseeländische Team unter Führung von Russell Coutts als Herausforderer beim America's Cup in San Diego an. Den Regattateilnehmern blieb nur wenig Zeit zur Erholung, schließlich wurde der Sieg des Team *New Zealand* gegen den Titelverteidiger Dennis Connor auf Fidschi Television übertragen.

Oben DER RAYC SETZTE EIN PREISGELD VON 10.000 NZ$ FÜR JENE YACHT AUS, DIE ALS ERSTE DEN VON ST. CLAIR BROWN AUFGESTELLTEN REKORD VON UNTER VIER TAGEN WEITER UNTERBOT (IM BILD DIE *ANTEUS*).

AUCKLAND-DENARAU OCEAN CLASSIC

Angesichts der rückläufigen Teilnehmerzahlen beim Suva-Race entschied das Wettfahrtkomitee der Auckland-Suva Ocean Classic, dass das Inselresort Denarau an der Westküste Fidschis als attraktives Ziel in Frage käme. Die Eigentümer des Resorts, die Firma Tabua Investments, hatten viel Geld in die Entwicklung der Insel und der dazugehörigen Infrastruktur, einschließlich einer neuen Marina und eines Yachtclubs, investiert. Kurz – das Resort empfahl sich als Segel-Destination.

Am 20. Juni 1997 gingen in Auckland 17 Yachten zu einem spannenden Rennen nach Denarau an den Start. Die Schnellsten erreichten Höchstgeschwindigkeiten von über 20 Knoten. Nur schade, dass zwei Leichtwindtage in der Mitte des Rennens die Möglichkeit eines neuen Rekords nach Fidschi zunichte machten. Für die Strecke nach Denarau stellte die Yacht *Hydroflow* mit fünf Tagen, zwölf Stunden, fünf Minuten und 22 Sekunden die Messlatte auf.

Klein war auch das Regattafeld beim zweiten Event 1998. Auf der von Charles St. Clair Brown gesteuerten *Anteus* wurden Höchstgeschwindigkeiten von 23 Knoten – beim Abreiten einer Welle – gemessen. Insgesamt drei Spinnaker wurden im Laufe des Rennens verheizt – kein Wunder, angesichts der 45 Knoten Wind. Mit einer derartigen Widerstandskraft ausgestattet, schaffte die Yacht in 24 Stunden 350 Meilen. Dies reichte am Schluss mit vier Tagen, acht Stunden, 53 Minuten und 14 Sekunden auch für einen neuen Auckland-Denarau-Regattarekord sowie den Gewinn des Harbour Board Cups (für den Ersten im Ziel) und des Mercury Cups (für den Sieger nach PHRF-Rating).

Ein Jahr später verpasste die *Lew Anne* als kleinste Yacht des Feldes den Sieg, obwohl sie nach berechneter Zeit als Erste ins Ziel lief. Der Preis wurde ihr nicht zuerkannt, da die Crew die Selbststeuerungsanlage benutzt hatte, was bei einer Zwei-Mann-Besatzung zwar verzeihlich ist, aber weshalb das Boot keiner anderen Klasse zugeordnet werden konnte. Als einzige Yacht in der Klasse Zwei-Mann-Crew erhielt sie dennoch einen Ehrenpreis für die außergewöhnliche Leistung. Sieger wurde Grant Wharington auf *Wild Thing*.

Rechts DIE IMS MAXI-YACHT *WILD THING* VON GRANT WHARINGTON. DIE 69-FUSS-YACHT WURDE EIGENS FÜR DAS SYDNEY-HOBART RACE ENTWICKELT.

ROUND THE

WORLD RACES

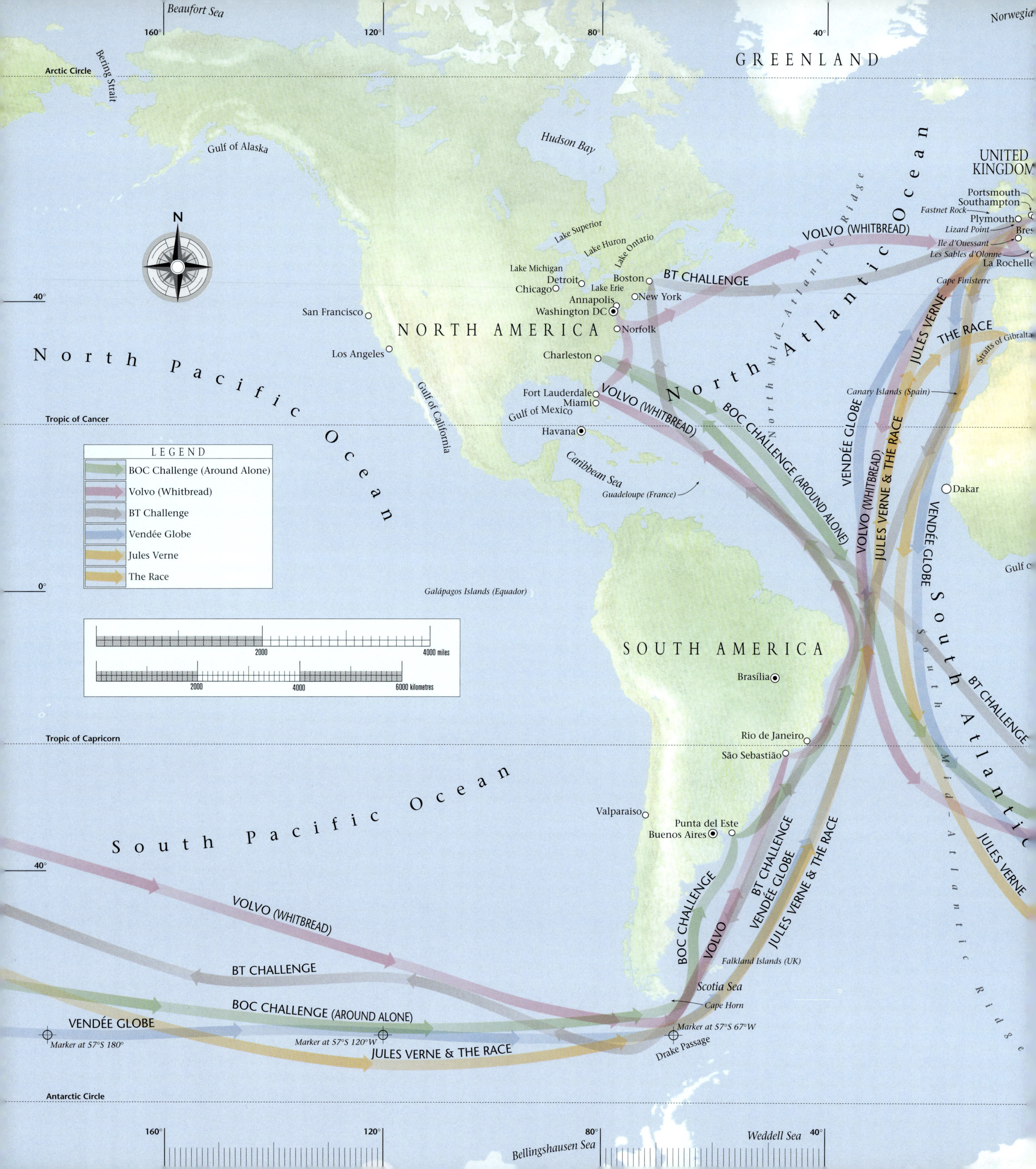
Beaufort Sea
Norwegia
GREENLAND
Arctic Circle
Bering Strait
Gulf of Alaska
Hudson Bay
UNITED KINGDOM
Portsmouth
Southampton
Fastnet Rock
Plymouth
Lizard Point
Ile d'Ouessant
Les Sables d'Olonne
La Rochelle
Cape Finisterre
Lake Superior
Lake Huron
Lake Ontario
Lake Michigan
Lake Erie
Detroit
Chicago
Boston
New York
Annapolis
Washington DC
Norfolk
San Francisco
Los Angeles
Charleston
Fort Lauderdale
Miami
Gulf of Mexico
Havana
Gulf of California
Caribbean Sea
Guadeloupe (France)
NORTH AMERICA
North Pacific Ocean
North Atlantic Ocean
North Mid-Atlantic Ridge
Tropic of Cancer
Canary Islands (Spain)
Straits of Gibraltar
Dakar
Gulf o
LEGEND
BOC Challenge (Around Alone)
Volvo (Whitbread)
BT Challenge
Vendée Globe
Jules Verne
The Race
2000
4000 miles
2000
4000
6000 kilometres
Galápagos Islands (Equador)
SOUTH AMERICA
Brasília
Rio de Janeiro
São Sebastião
Valparaiso
Punta del Este
Buenos Aires
Falkland Islands (UK)
Scotia Sea
Cape Horn
Drake Passage
Marker at 57°S 67°W
Marker at 57°S 120°W
Marker at 57°S 180°
Tropic of Capricorn
South Pacific Ocean
South Atlantic
South Mid-Atlantic Ridge
Antarctic Circle
Bellingshausen Sea
Weddell Sea
VOLVO (WHITBREAD)
BT CHALLENGE
BOC CHALLENGE (AROUND ALONE)
VENDÉE GLOBE
JULES VERNE
THE RACE
JULES VERNE & THE RACE
BOC CHALLENGE
VOLVO
160°
120°
80°
40°
0°

Barents Sea
Kara Sea
40°
80°
120°
160°
Arctic Circle
ASIA
Bering Sea
Sea of Okhotsk
North Sea
Baltic Sea
London
Paris
EUROPE
Monte Carlo
Beijing
Sea of Japan
JAPAN
Tokyo
Yokohama
Osaka
Mediterranean Sea
East China Sea
North Pacific Ocean
Tropic of Cancer
Hong Kong
Red Sea
Arabian Sea
Luzon Island
San Fernando
Manila
South China Sea
Bay of Bengal
Gulf of Eden
Mid-Indian Rise
PHILIPPINES
AFRICA
Mindanao Island
Guinea
Singapore
INDONESIA
0°
Dar es Salaam
Arafura Sea
Coral Sea
Indian Ocean
FIJI
Mozambique Channel
New Caledonia (France)
Tropic of Capricorn
AUSTRALIA
Johannesburg
Fremantle
Cape Leeuwin
Cape Town
VOLVO (WHITBREAD)
Hauraki Gulf
Great Australian Bight
Sydney
Adelaide
Canberra
Auckland
Cape of Good Hope
BOC CHALLENGE
Melbourne
Tasman Sea
King Island
North Island
Flinders Island
Wellington
South Island
Tasmania
Christchurch
Hobart
BT CHALLENGE
VOLVO (WHITBREAD)
BOC CHALLENGE (AROUND ALONE)
NEW ZEALAND
Ocean
VENDÉE GLOBE
BT CHALLENGE
BOC CHALLENGE
Kerguelen Island (France) 49°S 69°E
Marker at 50°S 80°E
VENDÉE GLOBE
THE RACE
Heard Island (Australia) 53°S 73°E
Southern Ocean
JULES VERNE & THE RACE
Antarctic Circle
ANTARCTICA
Copyright © 2000 New Holland Publishers [UK] Ltd
Produced with Mountain High Maps™ © Digital Wisdom Inc.

VOLVO
MERIT CUP
MONACO

VOLVO CHALLENGE

früher Whitbread

„Für jede Seglerin und für jeden Segler bedeuten die Südmeere die ultimative Segelerfahrung. Wellen, die von keinem Land gehemmt werden, rollen rund um das Ende der Welt. Für Segler ist dies ein Erlebnis, das sie nirgendwo sonst erfahren können."
Glen Sowry, dreimaliger Whitbread-Teilnehmer

Als die königlich britische Marine im April 1972 einige 55-Fuß-Yachten in Empfang nahm, war die Hatz eröffnet. Es galt, einen Hauptsponsor für ein Round-the-World-Race für Mannschaften an Land zu ziehen. Als die Royal Navy auch noch ankündigte, das Rennen mit oder ohne Sponsor unterstützen zu wollen, führte dieser Vertrauensvorschuss dazu, dass man sich rasch mit dem Warenhausgiganten Whitbread PLC einigte, der Lebensmittel, Getränke und Freizeit-Produkte mit über 70.000 Angestellten vertrieb. Das erste Whitbread-Race fand 1973/1974 statt und wird seitdem alle vier Jahre ausgetragen.

Zur Premiere gingen in Portsmouth an der englischen Südküste bei der Insel Wight 17 Yachten an den Start. Im Gegensatz zu anderen Rennen rund um die Welt, die etwa zur gleichen Zeit ins Leben gerufen wurden (so das von der Sunday Times gesponsorte Golden Globe Race 1967), waren die Whitbread-Yachten mit bis zu 14 Personen bemannt. Darüberhinaus waren die Schiffe 73 Fuß lang, weshalb sie auch einen gewissen Komfort und Stabilität boten. Schließlich ging es bei dieser ersten Regatta mehr um ein Rennen als um einen Belastungstest. Die gesamte Route wurde in vier Etappen unterteilt:

- Von Portsmouth/England nach Kapstadt/Südafrika (7350 Seemeilen)
- Von Kapstadt nach Sydney/Australien (6550 Seemeilen)
- Von Sydney nach Rio de Janeiro/Brasilien (8370 Seemeilen)
- Von Rio de Janeiro nach Portsmouth (5560 Seemeilen)

Das Aufgebot der am Start aufgereihten Yachten war durchaus repräsentativ für den jeweiligen Typus der beteiligten Segler. Am häufigsten vertreten waren normale Serienyachten mit einer Amateurmannschaft, deren Ehrgeiz es offensichtlich war, in die Fußstapfen der großen britischen Segelpioniere zu treten, die da Sir Francis Chichester, Sir Robin Knox-Johnston und Sir Chay Blyth hießen. Aber es gab auch die Fraktion der Profisegler, wie Blyth selbst oder der französische Segelheld Eric Tabarly.

Chay Blyth hatte für seine Crew ein Dutzend Fallschirmspringer nach ihrem Durchhaltevermögen und ihrer Kraft ausgesucht und weniger nach ihren Segelerfahrungen. Ramón Carlin indes, ein wohlhabender mexikanischer Waschmaschinenhersteller, bevorzugte Crewmitglieder mit Erfahrung und Kompetenz, um so auch das Manko seiner „Familien"-Yacht, einer Swan 65 namens *Sayula II*, sowie seine eigenen mangelhaften Fähigkeiten auszugleichen. Das

Gegenüber DIE YACHT *MERIT CUP* MIT SKIPPER GRANT DALTON AM STEUER UND DIE CREW AN DER REELING BEIM START DES WHITBREAD ROUND-THE-WORLD-RACE 1997/1998 IM WESTAUSTRALISCHEN FREEMANTLE.

Von oben nach unten ACTION AN BORD DER *MERIT CUP* WÄHREND DER VIERTEN ETAPPE. WÄHREND DES WHITBREAD RACE KANN SICH DIE CREW KEINEN LEERLAUF ERLAUBEN UND ARBEITET UNTER ALLEN NUR DENKBAREN WETTERBEDINGUNGEN. DIE SCHUTZBEKLEIDUNG ERMÖGLICHT DER BESATZUNG DIE EISIGEN BEDINGUNGEN IM EWIG STÜRMENDEN SÜDMEER ÜBERHAUPT AUSZUHALTEN.

Seiten 98–99 DIE YACHT *NUCLEAR ELECTRIC* BEIM BT CHALLENGE DES JAHRES 1996/1997. AN DECK BEFINDET SICH WEGEN DER EISIGEN KÄLTE NUR EINE MINIMALE BESATZUNG.

Rennen forderte einen hohen Tribut. Drei Segler gingen verloren: Dominic Guillet, der französische Skipper der Yacht *33-Export*; Paul Waterhouse, ein britisches Besatzungsmitglied an Bord der italienischen Yacht *Tauranga*, sowie der britische Fallschirmspringer Bernie Hosking von Chay Blyths *Great Britain II*. Rollende Seen und gewaltige Stürme sind für die südlichen Breiten zwar typisch, aber die Tatsache, dass die Crew an Bord von Ramón Carlins Sieger-Yacht in einen solchen Schneesturm geriet, dass sie an Deck einen Schneemann bauen konnten, war schon außergewöhnlich.

Vom fünften Whitbread Race 1989/1990 berichtet Gordon Maguire über das Rennen an Bord der *NCB Ireland*:

„Das Whitbread Race ist ein Rennen der Extreme. Nichts ist mit dem Kick und dem Vergnügen zu vergleichen, das es bereitet, sich auf dieser fast außer Kontrolle geratenen Achterbahn bei 20 Fuß hohen Wellen und Winden von 40 Knoten zu befinden. Hinzu kommt der Reiz der vorbei treibenden Eisschollen, die manchmal so groß sind wie ein kleines Haus und knapp unter der Wasseroberfläche vorbei treiben. In einem Boot, das vor wahren Wellenbergen steht und dessen Spinnaker und Großsegel bei heulenden Sturmböen ihre ganze Größe entfaltet haben, ist eine normale Kommunikation nahezu unmöglich. Es ist so dunkel, dass wirklich nichts außerhalb des Bootes sichtbar ist. Die Temperaturen sind so niedrig, dass Schnee fallen könnte. Kurz – es ist ein Ritt aus der Hölle.“

Ähnlich, wenn nicht sogar gleich geht es auf den Hightech-Racern zu, die mit Profimannschaften permanent am Limit und darüber segeln. Diese Eigenschaft des Whitbread Race ist letztlich für den Ruf als härtestes Round-the-World-Rennen verantwortlich. Ein Rennen,

Oben EISBERGE SIND IN SÜDLICHEN MEEREN EIN GEWOHNTER ANBLICK. DIE KLEINEREN SOGENANNTEN GROWLERS, TREIBEN UNMITTELBAR UNTER DER WASSEROBERFLÄCHE UND SIND FÜR DIE YACHTEN EXTREM GEFÄHRLICH.

Mitte DER AMERIKANER SKIP NOVAK MIT SEINER RUSSISCHEN CREW AN BORD DER *FAZISI* WÄHREND EINER FLAUTE. WARTEN AUF WIND IST FÜR EINE CREW OFT SCHLIMMER ALS DIE HÄRTEN DER SÜDLICHEN MEERE.

Ganz oben EINE YACHT IN DER AUFGEWÜHLTEN SEE VOR KAP HOORN. WÄHREND DES WHITBREAD 1993/1994 ERWIESEN SICH DIE EISIGEN UND STÜRMISCHEN BEDINGUNGEN VOR SÜDAMERIKA ALS SCHWIERIGSTE ETAPPE.

Oben SCHNAPPSCHÜSSE VON DIVERSEN WHITBREAD ROUND-THE-WORLD-RENNEN. ZU ERWÄHNEN IST FREILICH DIE CREW DER *EF LANGUAGE*, DIE IHREN SIEG 1997/1998 FEIERT (OBERE REIHE, MITTE). EIN SCHLUCK SCHAMPUS, NACHDEM MAN KAP HOORN UMRUNDET HAT (MITTLERE REIHE, LINKS). DIE ÄQUATORTAUFE MIT KÖNIG NEPTUN UND SEINER JUNGFRAU (MITTLERE REIHE, MITTE). DIE CREW DER HOLLÄNDISCHEN YACHT *FLYER* (UNTERE REIHE, RECHTS) BEIM VERSUCH, DEN GEBROCHENEN BAUM WÄHREND DES RENNENS 1981/1982 ZU REPARIEREN (SPÄTER GEWANNEN SIE DAS WHITBREAD RACE).

bei dem „die Crew am Rande des Wahnsinns mit 30 Knoten über die Wellen heizt, dabei Schmerzen erträgt und das Schicksal herausfordert."

EIN RENNEN, DAS KEINEN SCHLAF GESTATTET

Nach dem Whitbread Race 1993/1994 wurde der Skipper der *New Zealand Endeavour* mit den Worten zitiert: „Schon 24 Stunden nach dem Start war klar, dass das Rennen ein Blutbad werden würde. Beim letzten Rennen hatten wir Tiefen, was wir irgendwie akzeptierten. Diesmal hatten wir keine Zeit, auch nur eine Sekunde zu verlieren. Wir konnten es uns nicht leisten. Der Anspruch ist sehr hoch. Wer eine Auszeit nimmt, kann gleich alles vergessen."

Beim Whitbread ist es durchaus üblich, dass Crews auf ihre Freiwache verzichten, um dafür zu sorgen, dass das Boot bei guten Wetterbedingungen seine Höchstgeschwindigkeit beibehält. So ist auch zu erklären, dass 1997/1998 die Mannschaften fast aller Schiffe während der siebten Etappe – auf dem 870 Meilen langen Stück nach Baltimore in der Chesapeake Bay an der amerikanischen Ostküste – auf Schlaf verzichteten (in jenem Jahr war das Rennen verlängert worden). Während desselben Rennens lernte die Crew der *Tokio* das kennen, was man heute scherzhaft unter der „Dicko Method of Whitbreading" versteht. Die Philosophie von Skipper Chris Dickson war einfach und gründete auf einem Zitat, das er einmal nach einem Rennen gesagt haben soll: „Man war so müde, dass man schon einschlief, wenn man die Koje berührte. Wer nicht müde war, hatte einfach nicht genug gearbeitet." Damit sein Boot so leicht wie möglich blieb, um maximale Geschwindigkeit laufen zu können, hatte er sehr strenge Vorstellungen von dem, was die Mannschaft an Bord bringen durfte. „Gewiss, wir hatten auch ein paar Bücher an Bord; wir kennen uns jetzt alle gut mit den Flaggensignalen aus und mit der Aufbereitung von Wasser. Das medizinische Handbuch war eines der beliebtesten."

Oben DIE *NEW ZEALAND ENDEAVOUR*, SIEGERIN IN DER MAXI-KLASSE MIT GRANT DALTON ALS SKIPPER. MIT PERFEKT STEHENDEN SEGELN NUTZT SIE EINE MORGENBRISE WÄHREND DES WHITBREAD RACE 1993/1994.

Die Männer auf Whitbread-Racern, die mit den Gewalten der Südmeere fertig werden, sind nichts weiter als Adrenalin-Junkies, die sich wochenlang mit Krämpfen und eiskalten Bedingungen, mit permanenter Feuchtigkeit, Unbequemlichkeit und dauernder Angst auseinandersetzen.

Der zweimalige Whitbread-Teilnehmer Gunnar Krantz aus Schweden beschreibt einige seiner Gefühle auf der *Swedish Match* wie folgt: „Während wir die Wellen herunter jagten, konnten wir nicht sagen, ob das Blinken auf dem Radar nur weiße Flecken waren oder Eisschollen. In solch einem Moment denkt man nur, dass man für zwölf Menschenleben und ihre Familien verantwortlich ist. Es ist ein Gefühl, dass man wieder eine Minute überlebt hat, nur eine weitere Minute…“

Und über das Absurfen der Wellen sagte er: „Das Schiff ragt aus den Wellen und landet auf dem Spiegel wie ein Motorboot.“

Und trotz der regelmäßigen Ermahnungen queren die Yachten immer wieder aufs Neue die Südmeere. Und Zitate wie diese verhallen: „Es war das letzte Mal, das ich hier war“ oder „nie wieder kehre ich in diese Hölle zurück“. Doch es scheint so, dass immer wieder dieselben Menschen zurückkehren und sich dem Whitbread Race stellen.

Mit wachsendem Wettbewerb werden auch die Herausforderungen größer. Es wird von Mal zu Mal wichtiger, Skipper und Mannschaften einzusetzen, die immer mehr Mut aufbringen. Um siegen zu können, muss das Boot rund um die Uhr an seine Grenzen gebracht werden – und das auf jeder einzelnen Etappe. Den Spruch „Take it easy“ kommt zu keiner Zeit und an keinem Ort im Vokabular eines Regattaseglers vor. Es ist Segeln mit geballter Faust, wenn man sich den Härten der südlichen Meere immer wieder und wieder stellt.

Rechts DER FAVORIT DES JAHRES 1993/1994: DIE YACHT *TOKIO* MIT CHRIS DICKSON AM STEUER. VOR SÜDAMERIKA VERLOR DIE YACHT IHR RIGG UND DAMIT ALLE CHANCEN AUF DEN SIEG.

PORTFOLIO DER WHITBREAD-SIEGER

Oben DIE BRITISCHE YACHT *HEATH'S CONDOR* VERLOR WÄHREND DER ERSTEN ETAPPE DES RENNENS VON 1977/1978 IHREN MAST. AN BORD WAR DER NEUSEELÄNDER SIR PETER BLAKE, DER SCHLIESSLICH DAS WHITBREAD RACE VON 1989/1990 GEWANN.

Oben Mitte BEIM WHITBREAD RACE VON 1973/1974 STEUERTE DIE *GREAT BRITAIN II* DER BERÜHMTE SCHOTTISCHE SEGLER SIR CHAY BLYTH. NACH BERECHNETER ZEIT BELEGTE DIE 80-FUSS-YACHT PLATZ SECHS.

Oben DIE 65-FUSS-ALUMINIUM-KETSCH *FLYER* UNTER SKIPPER UND EIGNER CORNELIS VAN RIETSCHOTEN. ER ERREICHTE DEN SIEG IM JAHR 1977/1978.

Links 1981/1982 KEHRTE VAN RIETSCHOTEN MIT EINER 77-FUSS-SLOOP ZURÜCK. WIE SCHON MIT DER *FLYER* ERKÄMPFTE ER SICH DEN SIEG UND WURDE DAMIT DER EINZIGE SKIPPER, DER ZWEI WHITBREAD-RENNEN GEWINNEN KONNTE.

Ergebnis dieses fortschreitenden Wettbewerbs ist auch das Streben nach immer schnelleren Yachten. So ist auch 1993/1994 das Erscheinen der neuartigen Whitbread 60er-Yachten zu erklären, deren Erscheinungsbild für 1997/1998 erneut angepasst wurde. Im Gegensatz zu früheren Rennen sorgt die Startberechtigung einer einzigen Klasse – der Whitbread 60-Yachten – dafür, dass die Ergebnisse knapper ausfallen. So beendeten dann auch die fünf führenden Yachten die dritte Etappe im australischen Sydney mit nur fünf Minuten Abstand voneinander – und das nach 2250 Seemeilen von Freemantle auf der Westseite des Kontinents. Der Rest des Feldes erreichte das Ziel kaum zwei Stunden später. Der Leistungsunterschied zwischen den einzelnen Booten ist absolut minimal. Von den neun teilnehmenden Yachten stammen acht aus der Feder des neuseeländischen Architekten Bruce Farr.

HEISS UMKÄMPFTE DESIGNS

Die beiden für Whitbread zugelassenen Klassen sind einerseits die 68-70-Fuß-Maxis sowie die Whitbread 60. Diejenige Yacht einer jeden Klasse, die als erste über die Ziellinie geht, hat gewonnen. Auf diese Weise wird jede Verwirrung, wer nun nach berechneter Zeit zum Sieger erklärt werden kann, vermieden.

Der Unterschied zwischen einer Maxi und einer Whitbread 60 besteht laut Skipper Ross Field von der japanisch-neuseeländischen Yacht *Yamaha* (Siegerin 1993/1994) in folgenden Merkmalen: Während die Maxi sich wie eine stabile Plattform verhält, gleicht die Whitbread 60 einer schaukelnden Sauciere. Je schneller eine W60 wird, desto schwieriger ist sie zu handhaben, sodass die Crew sehr viel agiler sein muss als auf einer Maxi. Irgendwie sind es konservative Ausführungen der radikalen Open 60-Klasse, wie sie etwa bei der Vendée Globe oder dem BOC Challenge eingesetzt werden. Die

Links DIE YACHT *TOKIO* BEI IHRER ANKUNFT IN FREEMANTLE. 1993/1994 WURDE LETZTMALIG JEDE ETAPPE GLEICH HOCH BEWERTET. SEITDEM JEDOCH GEHT ES NACH DEM SCHWIERIGKEITSGRAD.

Ganz oben VOM START WEG FÜHRTE 1997/1998 DIE *EF LANGUAGE* DURCH DEN SOLENT. EIN PSYCHOLOGISCHER SIEG, DENN DIE YACHT GEWANN NICHT NUR DIE ETAPPE, SONDERN DIE GESAMTE REGATTA.

Rechts DIE YACHTEN *INNOVATION KVAERNER* UND *TOSHIBA* BEIM START IN SOUTHAMPTON 1997. DIE *TOSHIBA* BELEGTE AUF DER ERSTEN ETAPPE DEN 6. PLATZ. SKIPPER CHRIS DICKSON GAB AUF UND WURDE VON PAUL STANBRIDGE ERSETZT.

W60-Yachten sind geringfügig größer und schwerer, sind aber weniger breit, verfügen über Wasserballast, mehr Verdrängung und haben ein höheres Freibord. Mit Hilfe des Wasserballasts können sie ein Gewicht hin und her pumpen, das etwa 35 Männern entspricht. Dies wiederum bedeutet, dass sie auch bei schwerem Wetter aufrecht gesegelt werden und aufgrund des niedrigen Gewichts und der Rumpfform leicht ins Gleiten kommen kann.

Aus taktischen, politischen und praktischen Erwägungen heraus wurde die Whitbread-Route in den letzten Jah-

ren mehrfach verändert. Als in den Jahren 1997/1998 nur die W60-Klasse zugelassen war, legte man neue Zwischenstopps ein, was die Zahl der Etappen auf neun erhöhte:

▲ Von Southampton nach Kapstadt/Südafrika (7350 Seemeilen)

▲ Von Kapstadt nach Freemantle/West-Australien (4600 Seemeilen)

▲ Von Freemantle nach Sydney an der Ostküste (2250 Seemeilen)

▲ Von Sydney nach Auckland/Neuseeland (1270 Seemeilen)

▲ Von Auckland nach Sao Sebastiao/Brasilien (6670 Seemeilen)

▲ Von Sao Sebastiao nach Fort Lauderdale/Florida, USA (4750 Seemeilen)

▲ Von Fort Lauderdale nach Baltimore/USA (870 Seemeilen)

▲ Von Baltimore nach La Rochelle/Frankreich (3390 Seemeilen)

▲ Von La Rochelle nach Southampton/England (450 Seemeilen).

EIN NEUES ZEITALTER DES SPONSORINGS

Verändert haben sich aber nicht nur die Yachten und der Verlauf, sondern auch der Charakter der Veranstaltung. Reichten früher etwa 500.000 Dollar pro Boot, dass die Whitbread Yacht den Überlebenstrip über vier Etappen zurücklegte, so sind Sponsoren heute durchaus bereit, die Dauerbelastung des Extrem-Segelns zu honorieren.

Eine Art Schwanengesang erlebte das Whitbread Race in den Jahren 1997/1998, als 2,6 Millionen Haushalte in 193 Ländern die Regatta am Bildschirm verfolgten (es war die am weitesten verbreitete Segelveranstaltung aller Zeiten). Dennoch entschied der Sponsor Whitbread PLC nach 25 Jahren, die Sponsorenrechte am Rennen zu verkaufen, da die Veranstaltung und ihr Ausmaß längst über den britischen Markt hinaus gewachsen war. Nun folgt der schwedische Autohersteller Volvo, der seine Fahrzeuge in 130 Ländern der Welt vermarktet und in 62 Ländern produzieren lässt. Die Entscheidung von Volvo, die Vermarktungsrechte dieser Segelveranstaltung zu übernehmen, lässt sich gut mit der Markenphilosophie in Einklang bringen: Stärke, Ausdauer, Teamgeist, Hochtechnologie, Sicherheit, Reiz und Leistung.

Ganz oben DIE VON LAURIE SMITH GESKIPPERTE *SILK CUT* IN EINER STEIFEN BRISE 1997/1998 VOR FREEMANTLE. DIE YACHT BELEGTE AUF DER ZWEITEN ETAPPE DEN VIERTEN PLATZ.

Links EINE LUFTAUFNAHME DES STARTS IN SOUTHAMPTON 1997 ALS BEWEIS FÜR DIE UNGLAUBLICHE BEGEISTERUNG DER ZUSCHAUER FÜR DAS WHITBREAD ROUND-THE-WORLD-RACE.

Rechts BLICK AUS DER VOGELPERSPEKTIVE AUF DIE YACHT *TOSHIBA* WÄHREND DES RENNENS 1997/1998. AUF DER VIERTEN ETAPPE ÜBERNAHM DENNIS CONNOR DIE FUNKTION ALS SKIPPER VON PAUL STAINBRIDGE.

AROUND ALONE

früher BOC Challenge

„Verschwenden Sie für den Rest Ihres Lebens keine Zeit. Machen sie das Beste daraus, ehe Sie sich selbst wieder zu Staub verwandeln."
Harry Mitchell (UK), vermisst auf See an Bord seiner Yacht Henry Hornblower

Alles fing im Jahr 1982 an, als die britische BOC-Gruppe, die auf industrielle Gase spezialisiert und im Gesundheitswesen tätig war, die nach ihr selbst benannte Regatta sponsorte. Die British Oxygen Company sah in diesem Engagement die Möglichkeit, auf weltweiten Schlüsselmärkten ihr Geschäft zu promoten. Verpflichtet hatte man als Racedirektor keinen Geringeren als den weltberühmten britischen Segler Robin Knox-Johnston, der letztlich dafür sorgte, dass am 28. August 1982 in Newport/Rhode Island 17 Einhandsegler die Herausforderung annahmen.

Zwar endete 1998/1999 der Sponsorvertrag mit BOC, aber das Rennen wurde unter dem neuen Namen Around Alone fortgesetzt. Teilnahmeberechtigt sind Yachten zweier Kategorien – die Klasse I mit 50 bis 60 Fuß sowie die Klasse II für Yachten unter 50 Fuß. Der Routenverlauf war dabei nicht immer gleich. 1998/1999 bestand das Rennen aus vier Etappen: Von Charleston im südöstlichen South Carolina/USA weiter über Kapstadt/Südafrika, von dort in der zweiten Etappe nach Sydney/Australien, weiter nach Punta del Este/Südamerika und schließlich zurück nach Charleston. Das Rennen ist ein Ausdauer-Marathon, der ein Höchstmaß an navigatorischen Fähigkeiten, Wettervorhersagen sowie Renntaktik mit der Kompetenz kombiniert, große Reparaturarbeiten unterwegs auszuführen, das Schiff stets auf Höchstleistung zu trimmen, aber ein Minimum an Schlaf zu benötigen. Die Geschichte der BOC-Challenge kennt Schiffbrüche, Untergänge, dramatische Rettungsaktionen – und zwei Tote. 1986/1987 wurde die Yacht des Franzosen Jean-Jacques de Roux vor der südaustralischen Küste treibend aufgefunden. Der Skipper war nicht mehr an Bord. Keine Spur mehr gab es von Harry Mitchell samt seinem Boot *Henry Hornblower*, die 1994/1995 verloren gingen.

BOC-PERSÖNLICHKEITEN

Die Französin Isabelle Autissier war die erste Frau, die eine Etappe der BOC Around Alone Challenge gewinnen konnte. Ins internationale Rampenlicht trat sie mit ihrem Sieg der Etappe von Newport nach Kapstadt im Rahmen der BOC 1994/1995, als sie sogar den bestehenden Rekord ihres Landsmanns Alain Gautier um ganze zwei Tage unterbot. Ihren schärfsten Konkurrenten während des Rennens deklassierte sie mit fünf Tagen Vorsprung.

Eine Leistung, die sie nicht überheblich werden ließ, auch deshalb nicht, weil sie die erste Frau war: „Es ist schön, wenn man sieht, wie wichtig dies für Frauen sein kann", bekennt sie, „aber eigentlich reicht es mir, dass ich gewonnen habe." Offensichtlich bewusst ist sie sich ihrer nachteiligen Physiognomie, zumal die 60-Fuß-Yacht ein forderndes Gerät ist und sie zugibt, längst nicht so kräftig zu sein wie die Männer des Rennens. Andererseits wurde ihre Yacht *Ecureil* speziell auf sie zugeschnitten, weshalb sie die Bedienung als einfach empfindet. Noch dazu gilt sie als sehr diszipliniert,

Links AUF DER *COYOTE* BEREITET MAN SICH 1994 AUF DAS SETZEN DES SPINNAKERS VOR. DER FRANCO-AMERIKANER J.P. MOULIGNÉ GEWANN LOCKER MIT SEINER *CRAY VALLEY II* 1998/1999 (MITTE). JOSH HALL IM JAHR 1994 AUF DER UNGLÜCKSELIGEN *GARTMORE*. ER MUSSTE SEIN BOOT NACH EINER KOLLISION MIT EINEM UNBEKANNTEN OBJEKT AUFGEBEN. SPÄTER WURDE ER AUS SEINER RETTUNGSINSEL VON MITBEWERBER ALAIN NIEBAUER GERETTET.
Gegenüber DER FRANZOSE PHILIPPE JEANTOT AUF SEINER YACHT *CREDIT AGRICOLE*. ER GEWANN DIE REGATTAPREMIERE 1982/1983, UND 1986/1987.

was Instandhaltungsarbeiten betrifft. Die Tatsache, dass sie im Laufe ihrer Karriere nur wenige technische Probleme hatte, ist größtenteils auf ihre penible Vorbereitung zurückzuführen.

Nachdem sie zwar ihre erste Etappe mit einem fünfeinhalbtägigen Vorsprung in der Klasse I absolviert hatte, entwickelte sich die Reise von Kapstadt nach Sydney an der australischen Ostküste zu einer Kette von Missgeschicken. Zuerst verlor sie ihren Mast, doch gelang es ihr, mit einem Notrigg bis zu den Kerguelen-Inseln zu segeln, jenen französischen Kolonien im südindischen Ozean, wo ein neuer Mast installiert wurde. Doch 2750 Seemeilen südwestlich von Adelaide in Südaustralien schlug das Schicksal erneut zu. Isabelle Autissier:

„Der Wind und das Meer waren sehr rau … fünfzig bis sechzig Knoten. Obwohl keine Segel gesetzt waren, machte ich acht Knoten Fahrt. Ich befand mich unter Deck, als das Boot sich überschlug. Einmal rum, 360 Grad! Ich konnte es regelrecht spüren, denn ich fühlte zuerst das eine Schott, dann das Kajütdach, dann das andere Schott. Als ich meine Augen öffnete, war das Boot voller Wasser. Wäre ich an Deck gewesen, ich wäre wohl weg gewaschen worden."

Die *Ecureil* bot ein Bild der Verwüstung. Beide Masten waren über Bord gegangen, der Decksaufbau abgerissen und an dessen Stelle klaffte ein großes Loch. Die Notbojen hatten die Wettfahrtleitung alarmiert, und etwa 16 Stunden nach der Havarie wurde sie von einem Hercules C-130 Flugzeug der Australian Air Force geortet.

Links ALAIN GAUTIER AUF DER *GENERALI CONCORDE* BEIM START ZUR DRITTEN ETAPPE 1990/1991 VON SYDNEY NACH PUNTA DEL ESTE. ER GEWANN DIESE ETAPPE IN 31 TAGEN UND BELEGTE AM ENDE PLATZ ZWEI.

Oben ISABELLE AUTISSIER AUF DER *ECUREIL POITOU CHARENTES*. AUF DER ETAPPE VON KAPSTADT NACH SYDNEY VERLOR SIE 1990 ZWAR DEN MAST, WURDE ABER TROTZDEM SIEBTE DES RENNENS.

Von jetzt an lief eine großangelegte Rettungsaktion. Zweieinhalb Tage lang blieben die Flugzeuge in ihrer Nähe, ehe die Fregatte HMAS Darwin der australischen Marine zu ihr vordrang und sie dann über einen Hubschrauber barg. Angeblich sagte sie: „Dies ist das erste Mal, dass ich mein Boot verlassen musste. Es war sehr schwer, denn ich habe drei Jahre damit zugebracht, über die Vorbereitung dieses Schiffes nachzudenken."

Fortan übernahm ihr Landsmann Christophe Auguin die Führung, nachdem Isabelle Autissier ausgeschieden war. Auguin selbst begann im Alter von fünf Jahren gemeinsam mit seinem Vater auf der 21 Fuß langen *Muscadet* mit dem Segelsport. Als die Familie in die Nähe von Saint Malo in die Bretagne zog, wurde Auguin Mitglied des örtlichen Segelvereins. Schon bald nahm er an jeder nur denkbaren Regatta teil, sogar am unsäglichen Fastnet Race des Jahres 1979 (lesen Sie dazu Seite 18). Schließlich war es die Figaro-Regatta, die ihn Höherem weihte. Wurde er bei seinem ersten Start noch Neunter, so belegte er 1985 schon Platz fünf, um ein Jahr darauf als Sieger auf dem Treppchen zu stehen. Mit diesem Sieg in der Tasche konnte er seinen Job als Lehrer für Elektromechanik an den Nagel hängen und Profi-Segler werden.

Seine erste BOC Challenge erlebte er 1990/1991 an Bord einer 60 Fuß langen und 19 Fuß breiten Sled, des wohl extremsten Monohulls, den es zu jener Zeit gab. Die Yacht verdrängte nur zehn Tonnen, doch konnte sie auf beiden Seiten 3,5 Tonnen Wasserballast zur Stabilisierung aufnehmen. Zweifellos – ein Sieg stand nicht in Auguins Agenda, zumal Alain Gautier bereits drei Etappen lang führte. Trotzdem übernahm Auguin vor der Küste von Brasilien die Führung auf der letzten Etappe. Und er stellte einen neuen Rekord auf – mit knapp über 120 Tagen.

Im Laufe der vierten Woche der dritten Etappe desselben Rennens, als man sich allmählich über den Verbleib des britischen Seglers Harry Mitchell sorgte, empfing die Wettfahrtleitung einen Funkspruch des auf der Yacht *Cornwall* segelnden Briten Robin Davie: „Die *Cornwall* entmastet auf 55°58"38'W. Hilfe nicht erforderlich. Down, aber nicht out."

Und 45 Minuten später: „Habe das Deck aufgeklart und das Rigg gekappt. Mir bleiben zwei Spinnakerbäume. Trinke gerade eine Tasse Tee. Denke, dass ich bis zum Tagesanbruch beidrehe. Keine Schäden an Rumpf und Deck, soweit ich es sehen kann. Ich wiederhole, keine Hilfe erforderlich."

Und während sich Robin Davie auf die Falkland-Inseln schleppte, die sich östlich von Argentiniens Südküste befinden, stellte auch der australische Teilnehmer Arnet Taylor einen großen Riss am Mastfuß seiner *Thursday's Child* fest. Auch er entscheidet sich, die Falklands anzulaufen, um Reparaturen durchführen zu lassen.

Es folgte ein weiterer Notruf: Der Brite Josh Hall kollidierte mit seiner 60-Fuß-Yacht *Gartmore* mit einem nicht identifizierten Objekt, das den Rumpf so beschädigte, dass mehr Wasser eindrang als abgepumpt werden konnte. Zu diesem Zeitpunkt befand sich Alan Nebauer am Steuer seiner *Newcastle Australia* etwa 90 Seemeilen von Halls Position vor der brasilianischen Küste entfernt. Als er schließlich Hall aus der Rettungsinsel barg, konnten sie noch zusehen, wie die *Gartmore* sank.

DAS VERSCHWINDEN VON HARRY MITCHELL

In der Geschichte des BOC gab es keine größere Persönlichkeit als Harry Mitchell aus dem südenglischen Portsmouth. Der im Ruhestand lebende Manager einer Autovermietung war als „Brite mit Mumm" berühmt-berüchtigt, auch als „Alter Mann des Meeres" und als echter „Seebär". Einmal sagte er: „Das BOC ist die einzige Regatta, an der ich teilnehmen kann und nicht beweisen muss, dass Jugend die letztendliche Antwort für Motivation ist."

Für alle war er der liebste Mensch, das Herz und die Seele einer jeden Party. Sein erstes BOC Challenge bestritt Mitchell im Alter von 62 Jahren auf dem berühmten Admiral's Cupper *Yeoman XX*, die alsbald

Oben links DIE VON CHRISTOPHE AUGUIN GESKIPPERTE *SCETA CALBERSON* BEIM FINISH IN CHARLESTON/USA UND DEM GESAMTSIEG DER BOC CHALLENGE 1994/1995.

Oben rechts EINE LUFTAUFNAHME VON DER OPEN-60-YACHT *FILA*. AM STEUER DER CHARISMATISCHE UND BELIEBTE ITALIENER GIOVANNI SOLDINI, DER 1998/1999 DAS AROUND ALONE RACE GEWANN.

ISABELLE AUTISSIER

Geboren wurde Isabelle Autissier am 18. Oktober 1956 als vierte von fünf Töchtern. Sie wuchs in Paris auf und begann im Alter von acht Jahren mit dem Segeln. Mit 18 begann sie ihr Studium in Rennes als Landwirtschafts-Ingenieurin mit Fischereiwesen als Spezialfach. In dieser Zeit baute sie sich ihre eigene Yacht Parole, mit der sie gemeinsam mit Freunden in den West Indies und in Brasilien segelte. Nachdem sie allein zurückgesegelt war, war sie vom Einhandsegeln infiziert.

Im verhältnismäßig gesetzten Alter von 31 Jahren wechselte sie ins Regattageschäft und nahm erstmals an der Mini-Transat 1987 teil. Prompt gewann sie die erste Etappe und belegte in der Gesamtwertung einen dritten Platz, angesichts des Feldes voll erfahrener und eingefleischter Einhandsegler eine bemerkenswerte Leistung. In den Jahren 1988 und 1989 startete sie bei der Figaro-Regatta für Einhandsegler, was sie ihrem Traum von der BOC-Teilnahme wieder ein Stück näher brachte. Nach ihrer ersten Vendée Globe Challenge war es endlich soweit. Sie konnte ihre Sponsoren davon überzeugen, die 60-Fuß-Yacht von Jean-Luc van den Heede zu erwerben, mit der sie beim BOC 1990/1991 auf Anhieb den siebten Platz in der Gesamtwertung erzielte. Schon jetzt war ihre Professionalität unverkennbar. Stets analysierte sie ihre Stärken und Schwächen und beobachtete genau, warum die einen siegten und die anderen verloren. In ihrem technischen Verständnis gleicht sie ihrem französischen Landsmann und Segler, Philippe Pupon. Ihre Fähigkeit, Probleme zu lösen, erwies sich als großer Vorteil.

Ihre ganze Zeit widmet Isabelle Autissier dem Segelsport. Gemeinsam mit dem französischen Architekten Jean Berret entwarf sie eine leichte und einfach zu handhabende Yacht für Leichtwind-Bedingungen. Dann wieder arbeitete sie mit Wetter- und Routing-Experten zusammen, so etwa mit Pierre Lasnier, der zu den Stars der Szene gehört. Alles nur, um sich zu verbessern. Etwa 18 Monate vor dem Start des BOC-Rennens 1994/1995 lief ihre neue Yacht *Ecureil* für erste Testschläge vom Stapel. Nebensächlich zu erwähnen, dass sie zwei von drei Etappen des Round Europe Race gewann, um anschließend sogar den von einem Klipper aufgestellten Rekord für die Strecke von New York nach San Francisco mit sagenhaften 14 Tagen zu schlagen.

In den Medien wird Isabelle Autissier stets als freundliche, intelligente Frau dargestellt, die sich auch noch gut artikulieren kann. Es ist eigentlich typisch für sie, dass sie nach ihrer hochkarätigen Leistung bei der BOC-Challenge 1994/1995 von dem Rummel, der um ihren Etappensieg gemacht wurde, eher überrascht war.

Oben und ganz oben ISABELLE AUTISSIER FEIERT IHREN ETAPPENSIEG BEI DER BOC-CHALLENGE 1994 (OBEN). START IM SÜDAFRIKANISCHEN KAPSTADT ZUR ZWEITEN ETAPPE.

Oben ISABELLE AUTISSIER BEI DER VENDÉE GLOBE 1996/1997. LEIDER VERLIERT SIE NACH EINER KOLLISION MIT EINEM GEGENSTAND DIE RUDERANLAGE.

Oben AUF DER ETAPPE VON SOUTHAMPTON NACH KAPSTADT WERDEN DIE MENSCHEN AUF ISABELLE AUTISSIER AUFMERKSAM. SIE LIEGT FÜNF TAGE (UND 1000 MEILEN) VOR DEM AMERIKANER STEVE PETTENGILL.

den Spitznamen *Kiss Kiss* trug. Als Mitchell sie für seine BOC-Teilnahme rüstete, taufte er sie auf den Namen *Double Cross* um. Leider musste er nach über der Hälfte des Wegs aufgeben, nachdem er vor Neuseeland auf Grund gelaufen war. Seinen zweiten Versuch startete er 1991/1992 mit dem neuen Boot *We Are Lovers*, wohl auch in der Hoffnung, dieser Name würde ihm Glück bringen. Doch auf dem Weg zum Start in Newport wurde er von einem Frachtschiff gerammt. Davon unbeeindruckt alberte er lediglich herum, dass er sich eine „blutige Nase" geholt habe. Sprach's und schickte das Startgeld für das kommende BOC los.

So kam es, dass Harry im Alter 70 Jahren auf dem reparierten Boot mit dem neuen Namen *Henry Hornblower* wieder an den Start ging. Am 2. März 1995, 1450 Seemeilen westlich vom südamerikanischen Kap Hoorn, löste während eines gewaltigen Sturms der EPIRB-Notruf aus. Sofort leitete das Rettungszentrum im chilenischen Valparaiso einen Frachter um, der schon zweieinhalb Tage nach dem Notruf in dem betroffenen Seegebiet eintraf. Zwei Mal suchte er nach einem Raster das Meer ab, sendete Nebelsignale und schoss Leuchtraketen ab – alles in der Hoffnung, eine Antwort zu erhalten. Doch vergeblich. Eine Woche später wurde ein weiteres Schiff mit Kurs Kap Hoorn umgeleitet. Erst nach 36 Stunden entließ die Rettungsleitstelle den Frachter aus seiner Pflicht. Die Suche war inzwischen auf ein 200 Quadratkilometer großes Gebiet ausgedehnt worden, aber der Wind war wieder bis auf Sturmstärke angeschwollen und die Wellen bis zu 40 Fuß hoch. Kein Wunder, dass der Frachter an die Grenzen seiner Leistungsfähigkeit kam, zumal der Antrieb und das Rudersystem überfordert waren.

Noch ein paar Tage später wurde erneut ein Schiff mit der Suche nach Harry Mitchell beauftragt. Selbst zu diesem Zeitpunkt war Wettfahrtleiter Mark Shrader davon überzeugt, dass es immer noch Hoffnung gebe. Seiner Meinung konnte Mitchell lediglich nicht kommunizieren und sei weiterhin auf dem Weg nach Kap Hoorn. Dabei sei irgendwie das EPIRB über Bord gegangen, das dann vier Tage lang seine Signale aussandte.

Fünf Tage nach dem Notruf hätte Harry Mitchell eigentlich seinen 43. Hochzeitstag gefeiert. „Er macht wieder nur Schau", will Ehefrau Dianne glauben machen. „Ich kann mir einfach nicht vorstellen, dass es ihm nicht gut geht. Ich weiß zwar nicht, wo Harry sich befindet und ob er je gefunden wird. Jedenfalls ist er in Gottes Hand."

Oben DER FRANZOSE MARC THIERCELIN AUF SEINER YACHT *SOMEWHERE*, MIT DER ER DIE VIERTE ETAPPE DES AROUND ALONE 1998/1999 GEWANN. AUF SEIN KONTO GEHT AUCH DAS BESTE ETMAL DER KLASSE I.

Links HARRY MITCHELL AUF SEINER YACHT *DOUBLE CROSS* WÄHREND DES BOC 1986. AUF DER ZWEITEN ETAPPE STÜRZTE ER UND WAR DANACH SECHS STUNDEN AUSSER GEFECHT – MIT GEBROCHENEN RIPPEN UND EINER PLATZWUNDE.

HOOD
33
HEATH
GROUP

BT CHALLENGE

früher British Steel Challenge

„Ich habe mit den Verantwortlichen des Whitbread Race gesprochen – und sie übertreiben nicht, es ist wirklich so schlimm. Dabei segeln die wenigstens mit dem Wind, aber wir gehen 6000 Meilen gegenan.“
John Robertson (GB), von Bord der Yacht Courtaulds International

Wer jemals davon geträumt hat, auf einer riesigen Yacht die sieben Weltmeere zu überqueren oder die südlichen Eismeere zu bezwingen, für den wurde die BT Challenge geschaffen. Verkauft wurde das geistige Kind des Segelfanatikers Chay Blyth als „das größte Abenteuer des Lebens“, das nach seinen Vorstellungen alle vier Jahre stattfinden sollte. Jedenfalls war es die konsequente Fortsetzung einer phänomenalen Karriere als Segler. Die wohl größte Leistung vollbrachte er im Jahr 1971, als er allein gegen alle vorherrschenden Winde und Strömungen um die Welt segelte. Danach machte er seinem Namen noch mit einer Atlantiküberquerung im Ruderboot und mit Teilnahmen am Whitbread (und heute Volvo) Round-the-World-Race alle Ehre. Die erste Challenge, damals noch unter dem Namen British Steel Challenge, fand im Jahr 1992/1993 statt, ehe das Telekommunikations-Unternehmen British Telecom im Jahr 1996/1997 das Rennen als Sponsor übernahm und es fortan BT Challenge nannte. Blyth war stets davon überzeugt, dass Hochseesegeln ein elitärer Sport ist. Daher sah er es als sein Ziel an, dem normalen Menschen das eigentlich Unmögliche zu ermöglichen – ein Rennen rund um die Welt, aber in „falscher“ Richtung. Für jene, die sich diesen Traum erfüllen wollten, kostete der Spaß 18.750 Pfund pro Koje – für manche dennoch das Zweifache eines normalen Jahresgehalts.

Erfahrene Segler beschreiben das Rennsegeln gegen den Wind gerne mit den Worten „es wäscht einem das Hirn aus“, weshalb diese Regatten oft auch als sinnlos und masochistisch angesehen werden. Wenn ein Schiff gegenan segelt, dann lautet der korrekte nautische Begriff „kreuzen“. Das inhaltlich gleichbedeutende englische Wort „beating“ sagt eigentlich alles, denn es geht ums Kämpfen. Alles ist nicht nur viel langsamer als mit dem Wind, sondern zudem äußerst unbequem. Die Yacht kämpft im wahrsten Wortsinne mit jeder Welle und schiebt Lage. Und dennoch gibt es für diesen offensichtlichen Wahnsinn, Segellaien um die Welt zu schicken, einen nachvollziehbaren Grund. Wenn einmal ein Besatzungsmitglied über Bord gegangen sein sollte, dann hat die übrige Crew wenigstens eine höhere Chance, ihn wiederzufinden – einfach deshalb, weil alles viel langsamer geht. Hinzu kommt, dass das Regattafeld eher beieinander bleibt und die Yachten sich im schlimmsten Fall sogar zu Hilfe kommen können.

Segeln gegen den Wind bedeutet ferner, dass auch weniger erfahrene Segler ans Ruder gehen und dabei nicht Gefahr laufen, das Boot zu ruinieren, weil alles nach dem Prinzip von Versuch und Irrtum abläuft. Dagegen gibt es offensichtlich nichts Gefährlicheres als das Gegenteil, als Segeln mit dem Wind. Die Whitbread bzw. Volvo Yachten segeln immer auf Messers Schneide, wenn sie mit enormer Geschwindigkeit die Wellen abreiten. Für Fehler bleibt kein Spielraum, und die Crew muss andauernd auf alle Veränderungen gefasst sein. Es ist nur der Fähigkeit des Steuermanns und seiner erfahre-

Gegenüber BEIM DER ERSTEN BT CHALLENGE 1992 WAR SAMANTHA BREWSTER NOCH ALS BESATZUNGSMITGLIED DER *HEATH INSURED* DABEI. SPÄTER WAR SIE DIE ERSTE FRAU UND JÜNGSTE PERSON, DIE JE DIE WELT IN ENTGEGENGESETZTER RICHTUNG UMRUNDETE.

Von oben nach unten DIE CREWS DER VERSCHIEDENEN YACHTEN ARBEITEN HART, UM AUS IHREN SCHIFFEN WÄHREND DER BT CHALLENGE DIE BESTMÖGLICHE LEISTUNG HERAUSZUHOLEN. ENTSCHEIDEND SIND ROUTINEMÄSSIGE WARTUNGSARBEITEN, DAMIT DER NORMALE VERSCHLEISS AUF DERARTIG LANGEN STRECKEN AUF SEE MÖGLICHST GENAU BEOBACHTET WERDEN KANN.

nen Crew zu verdanken, wenn die Yachten sicher den Trip um die Welt schaffen.

Als „Arbeitstier" konzipierte der britische Designer David Thomas die Bootsklasse für die BT Challenge. Es handelt sich hierbei um 67-Fuß-Stahlkutter, die bei einer Werft in Plymouth mit dem Ziel gebaut werden, dass für alle Teilnehmer dieselben technischen Voraussetzungen gewährleistet sind. Die Boote sind insgesamt schwerer und daher strapazierfähiger. Um die Geschwindigkeit am Wind zu steigern, wurden die Segel weit nach unten gezogen. Der insgesamt geringere Druck, der auf Segel und Mast ausgeübt wird, reduziert zugleich das Risiko von gefährlichem Bruch.

Da es bei dieser Regatta um seglerische Fähigkeiten geht – und nicht um Design oder Geld –, sind die Boote auch keine leichten Rennmaschinen. Vielmehr legte man Wert auf Stabilität und Sicherheit. Allein der Riss bedingt ein geringeres Geschwindigkeitspotenzial, doch sind die Bedingungen für alle gleich und alle starten mit einem gleich langen, gleich bewerteten Schiff.

Innerhalb von drei Wochen, in denen die BT Challenge 1992 promotet wurde, meldeten sich über 5000 Interessierte, die an dem Rennen teilnehmen wollten. Aus den Bewerbern wurden nur 140 Besatzungsmitglieder und 200 Ersatzleute ausgewählt. Nur 30 Prozent aller ausgesuchten Teilnehmer hatten zuvor je einen Fuß auf eine Yacht gesetzt. Tatsache ist – die Regattapremiere war ein Riesenerfolg, da sich die Öffentlichkeit mit dem Rennen identifizieren konnte.

Die Crews für die BT Challenge 1996 wurden Anfang des Jahres 1994 ausgesucht. Start- und Zielhafen des Törns über sechs Etappen war Southampton. Bis zum April jenes Jahres, als die Crews gesucht wurden, befanden sich bereits 2000 Personen auf der Warteliste, die allesamt bereit waren, rund 19.000 Pfund für die Teilnahme zu zahlen. Rechnet man die verkauften Kojen und das Engagement der Sponsoren zusammen, hatte das Rennen einen Etat von rund 20 Millionen Pfund. Chay Blyths ursprüngliche Idee, den Traum von der großen weiten Welt mit den Wünschen des einfachen Mannes zu kombinieren, schien aufgegangen zu sein: Sponsoring einerseits und der Verkauf von Plätzen auf einer Rennyacht andererseits. Vom Anspruch her glich die BT den Klipper-Rennen, die von England aus und wieder dorthin zurück gingen – lediglich mit dem Unterschied, dass das härteste Rennen der Welt auch für Segelneulinge in greifbare Nähe gerückt war.

Schon vor dem Regattastart 1996 wuchs die Warteliste für das BT Challenge des Jahres 2000 wieder an. Eine Flotte neuer 72-Fuß-Yachten war für das Millennium-Race in Vorbereitung, wobei insgesamt 14 Schiffe mit internationaler Besatzung an den Start gehen sollten. Dazu Chay Blyth: „Wir setzen nicht in anderer Form das Whitbread-Rennen fort. Denn je teurer (die

Ganz oben MIT DER ALTEN YACHT *BRITISH STEEL II* SEGELTE BLYTH NONSTOP UM DIE WELT. IM BILD FÜHRT SIE DAS FELD BEIM START DER ERSTEN BT CHALLENGE 1992 AN.

Oben DIE BT CHALLENGE-FLOTTE DES JAHRES 1996 IM ST. KATHERINES DOCK IN LONDON. DIE VERANSTALTUNG WIRD EXTREM GUT VERMARKTET UND WELTWEIT VON DER ÖFFENTLICHKEIT ANGENOMMEN.

Gegenüber DIE *BRITISH STEEL II* IM SOLENT WÄHREND DER BT CHALLENGE 1992/1993. SIEGER DER VERANSTALTUNG WURDE JOHN CHITTENDEN AUF DER YACHT *NUCLEAR ELECTRIC*.

Challenge

professionellen) Regatten sind und je mehr Formel-1-Eindruck sie hinterlassen, desto mehr sind diese Rennen für das normale Publikum außerhalb jeder Reichweite."

EIN RENNEN, DAS LEBEN VERÄNDERT

Für die Teilnehmer birgt die Regatta ein hohes Maß an Motivation, Erwartungshaltung und Verpflichtung, wie man es im Alltag kaum findet. Insgesamt sind es vier Jahre der Vorbereitung. Vier Jahre, in denen sich die zukünftigen Besatzungsmitglieder und ihre Familien auf die Regatta einstellen. Viele Opfer müssen gebracht werden und alles mündet in der wohl größten Verpflichtung, die man je im Leben einging.

Der Druck, der auf den Skippern lastet, ist enorm. Sie tragen die Hoffnungen und Erwartungen der gesamten Crew in sich. Dabei kommt es weniger auf ihre seglerischen Fähigkeiten an – sei es Navigation, das Trimmen der Segel etc. Die Gefahr liegt in der Erwartungshaltung der Crew. So meinte eine ehemalige Teilnehmerin über ihren Skipper: „Was ich ihm übel nehme, ist die Tatsache, dass er dem ganzen Rennen den Glanz nahm." Sie und der Rest der Besatzung fühlte sich unterfordert, ausgenutzt und nicht genügend beachtet. Humphrey Walters, 1997 Crewmitglied auf der Ocean Rover und Chef einer Management-Trainings-Firma meint indes: „Es gibt von allem etwas – Ausdauer, Einschränkung, Führungsfähigkeit, Teamarbeit, Risiko und Gefahr. In ähnlicher Zusammenstellung gibt es das nur im Krieg. Nur – ich möchte nicht in den Krieg ziehen."

Für Menschen, die im Alltag ein ganz normales Leben führen, ist die Tatsache, dass sie die Eismeere segeln, ein absoluter Höhepunkt. Von eben diesen Härten der Südmeere berichtet John Robertson, Besatzungsmitglied auf der *Courtaulds International*:

„Es war am späten Vormittag, als ich hinter dem Steuer stand und über 60 Fuß Deck in die schier unendliche graue Weite dieser Wasserwüste blickte. Mein Blick schweifte höher und höher – bis ich irgendwann den Himmel sehen konnte. Der Bug stellte sich steil auf, bis ich irgendwann das Gefühl hatte, das Boot würde senkrecht auf seinem Spiegel stehen. Als wir uns dem Gipfel dieses Berges näherten, stellte ich zu meinem Entsetzen fest, dass wir ins Nichts fuhren. Im nächsten Augenblick versank das Vordeck in einem Nebel aus weißem Schaum, der um den Mast direkt auf mich zu wirbelte. Ich fühlte, wie sich mein Griff verkrampfte und mich die Wasserwand mit ihrer vollen Härte traf. Der Bug ging in den freien Fall über. Es gab nicht einmal mehr eine Welle, die wir hinabgleiten konnten."

Kein Zweifel, dass das Rennen zur lebensverändernden Erfahrung wurde. Während die einen den Alltag, den sie zuvor als selbstverständlich hinnahmen, freudig wieder akzeptierten, war es für andere unmöglich, in ihr altes Leben zurückzukehren. Sie fühlten sich rastlos, unzufrieden und verlangten fortan mehr von ihrem Leben: „Als ich zurückkam, hatte ich große Schwierigkeiten, irgend etwas zu tun. Alles wirkte auf mich so irdisch. Die Rückkehr zum 9-bis-17-Uhr-Job wollte nicht in meinen Kopf. Ständig schweifte ich ab", so der Londoner Bauunternehmer Nigel Bray, nachdem er 1992 an Bord der British Steel II am ersten Rennen

Oben links DIE YACHT *TIME & TIDE* MIT EINER KÖRPERBEHINDERTEN CREW AN BORD. START BEI SCHWEREN BEDINGUNGEN ZUM BT CHALLENGE 1996 VOR SOUTHAMPTON.

Links DIE SIEGERYACHT VON 1992, DIE *NUCLEAR ELECTRIC*, BEIM START 1996. DAS GROSS IST GEREFFT, DAMIT SIE BEI DEN STARKEN WINDEN NICHT ÜBERPOWERT IST.

teilgenommen hatte. „Seitdem trete ich auf der Stelle. Ständig versuche ich, den Spaß und die Erregung nachzuempfinden, die wir erlebten. Wenn einmal derart viel Adrenalin durch einen hindurch gepumpt wurde, ist es schwer, sich wieder anzupassen."

Als Rekrutin mit dabei war auch Samantha Brewster, Tochter eines Landwirts und selbst Sportlehrerin. Ihre traumatische Weltumseglung auf der *Health Insurance*, bei der sich ein Crewmitglied das Leben nahm, hat dennoch nicht ihren seglerischen Appetit gezügelt. Nach ihrer vorübergehenden Rückkehr ins normale Leben unternahm sie als erste Frau und jüngste Person eine Einhand-Weltumseglung – für die Tour in „falscher" Richtung, also gegen die vorherrschenden Winde und Strömungen, brauchte sie 247 Tage.

James Hatfield bekam nach seiner Einhand-Weltumseglung den MBE-Orden von Queen Elizabeth II. Auf ihre Frage, was er denn als nächstes tun wolle, antwortete er: „Als Skipper mit einer Crew aus Behinderten die Welt umsegeln."

Gesagt, getan. 1996 setzte sich Hatfield mit seiner Crew über lebensbedrohende Krankheiten und Behinderungen hinweg und segelte mit der Yacht *Time & Tide* um die Welt. Ein Vorfall nur zwei Tage nach dem Start spiegelt den Humor wider, der half, den Alltag an Bord zu bewältigen. Hatfield berichtete, dass Crewmitglied Nigel Smith sein Bein unterhalb des Knies gebrochen hatte. Über Funk wurde folgender Bericht abgegeben: „...der Arzt reinigte die Wunde, um dann eine ordentliche Ladung Kitt darauf zu geben. Paul Burns und David Tate vom Segel-Reparatur-Team wurden um ihre Meinung gebeten. Sie entschieden, den inneren Bereich der Wunde mit der Flex zu reinigen, um so eine saubere Fläche zu erhalten. Danach konnte man alles mit Tape wenigstens bis Rio zusammenhalten." Der beinamputierte Nigel Smith meinte anschließend nur, dass seine Prothese schon öfters gebrochen war...

Die Crew belegte in der Gesamtwertung einen zehnten Platz und ließ sogar vier durchtrainierte „gesunde" Crews hinter sich. Die gesamte Flotte zeigte sich erstaunt. Doch Hatfield wies darauf hin, dass jeder Einzelne der Mannschaft sich schon mit der schwersten Herausforderung seines Lebens auseinandergesetzt hatte – mit der jeweiligen Behinderung. Die Regatta war da nur ein Abenteuer.

Wie für den 34-jährigen Paul Burns, Mitglied des britischen Fallschirmspringer-Regiments. Er hatte 1979 bei einem Bombenattentat der IRA in Warren Point sein linkes Bein verloren. Zwei Jahre verbrachte er im Krankenhaus, blieb aber in der Armee und absolvierte hinterher 700 Sprünge. Zu den Spendern, die für sein Startgeld in Höhe von 18.750 Pfund aufkamen, gehörte die ehemalige Premierministerin Margaret Thatcher sowie der britische Millionär Richard Branson (Besitzer der Virgin-Gruppe). Um seine Spende abzuholen, sprang Burns in den Garten Bransons.

Letztlich ist alles Chay Blyths Eingebung zu verdanken, dass seine ganz „normalen" Menschen sich der Herausforderung stellten, die er sich ausgedacht hatte. Vielleicht vermag eine Veranstaltung wie die BT Challenge die Theorie zu untermauern, dass in jedem ungeahnte Charakterzüge sowie unbekannte Kraftreserven schlummern. Die Herausforderung besteht nur darin, den Auslöser hierfür zu finden.

Oben EINE DER RAREN SONNIGEN GELEGENHEITEN IM SÜDMEER, DIE DAZU GENUTZT WIRD, DAS ÖLZEUG ZU TROCKNEN. IM BILD DIE *BRITISH STEEL II* BEIM BT CHALLENGE 1992.

Oben BESATZUNGSMITGLIEDER DER *NUCLEAR ELECTRIC* VERSUCHEN WÄHREND DER BT CHALLENGE 1996/1997, EINE DER WANTEN EINZUSTELLEN, DIE DEN MAST HALTEN.

Ganz oben DIE YACHT *COMMERCIAL UNION* ZIEHT UNTER SPINNAKER DURCH DIE SEE. DOWNWIND-SEGELN ERFORDERT KONZENTRATION UND TEAMARBEIT, WAS BEI EINER MANNSCHAFT AUS SEGELNEULINGEN SCHWIERIG IST.

VENDÉE GLOBE CHALLENGE

Die Definition der Vendée Globe ist eigentlich ganz einfach: Einhand rund um die Welt, ohne Hilfe von außen. Start und Ziel befindet sich an der französischen Westküste in Les Sables d'Olonne. Das Konzept ist klar, die Wirklichkeit brutal – dieses Solo Round-the-World-Race versteht sich selbst als außergewöhnliches Abenteuer: Von den ruhigen Breiten des Äquators bis hin zu den Stürmen und extremen Wetterbedingungen der Südmeere – bei dieser Regatta stößt der Segler an seine Grenzen, wird er Erschöpfung und Enttäuschungen zuhauf erleben. Für die Teilnahme ist lediglich ein maximal 60 Fuß langer Monohull erforderlich, mit dem die Segler Kurs in Richtung Osten nehmen, wobei sie weder einen Zwischenstopp einlegen noch Hilfe von außen – weder physisch noch beratend – annehmen dürfen.

Die Regatta ist eine ganz spezielle Herausforderung, wenn man bedenkt, dass mehr Menschen als Astronauten im Weltall als auf den Meeren solo und einhand die Erde umkreist haben. In der Tat gilt die Vendée Globe als härtestes Sportevent überhaupt. Ersonnen wurde die Regatta, die Segler aus aller Welt vereint, nur deshalb, damit diese ihre Grenzen kennenlernen können. Sieger ist der Skipper, der als erster zum Ausgangshafen Sables d'Olonne zurückkehrt und die Ziellinie überquert.

Der geistige Vorvater der Vendée Globe ist sicherlich der in Kanada geborene Segler Joshua Slocum. Nach seinem Start im Jahr 1895 benötigte er drei Jahre, um die Welt zu umrunden – eine halbe Ewigkeit, verglichen mit den etwa drei Monaten, die in der Regel für den 22.700 Seemeilen langen Trip benötigt werden.

Und das sind die obligatorischen Durchlaufpunkte der Vendée Globe:

- Les Sables d'Olonne, Frankreich
- Gran Canaria
- Die Antarktis an Steuerbord
- Heard Island (Südmeer) an Steuerbord
- Marker auf 50°S90°E an Steuerbord
- Marker auf 57°S180° an Steuerbord
- Marker auf 57°S120° W an Steuerbord
- Marker auf 57°S67° W an Steuerbord
- Kap Hoorn, Südamerika
- Les Sables d'Olonne, Frankreich

Organisiert wird die Regatta von der Agentur Sail Com, wobei diese technisch von der UNCL (Union Nationale pour la Course au Large) und dem SNS (Sport Nautique Sablais) unterstützt wird.

Bei der ersten Vendée Globe am 26. November 1989 gingen in Les Sables d'Olonne 13 Segler an den Start, von denen sieben das Rennen offiziell nach rund 120 Tagen beendeten. Drei weitere kamen zwar ebenfalls ins Ziel, aber sie mussten unterwegs einen Zwischenstopp einlegen. Die letzten drei Teilnehmer mussten aufgrund schwerwiegender Schäden an ihren Booten aufgeben.

Von oben nach unten UNTER DEN MENSCHENMASSEN (GANZ OBEN UND MITTE) BEFINDEN SICH AUCH DIE FAMILIENANGEHÖRIGEN DER TEILNEHMER, DIE DANN BIS ZUM FINISH IN SABLES D'OLONNE KEINEN KONTAKT MEHR HABEN. UNTEN: PETE GOSS AUF DER *AQUA CORUM*.

Gegenüber DER SIEGER DES RENNENS 1996/1997, CHRISTOPHE AUGUIN, AN BORD DER *GÉODIS*. EIN BOOT DIESER GRÖSSE VERFÜGT ÜBLICHERWEISE ÜBER EIN STEUERRAD. DOCH SOWOHL AUGUIN ALS AUCH ISABELLE AUTISSIER BEVORZUGEN DEN DIREKTEN KONTAKT, DEN EINE DOPPELRUDERANLAGE ERMÖGLICHT.

Als Erster ging 1989/1990 der Franzose Titouan Lamazou mit seiner Yacht Ecureil d'Aquitaine II nach erfolgreicher Weltumseglung ins Ziel. Ganz nebenbei stellte er mit 109 Tagen, acht Stunden, 48 Minuten und 50 Sekunden einen neuen Rekord für die 24.120 Seemeilen auf.

Den zweiten Platz auf dem Siegertreppchen nahm der Franzose Loic Peyron ein, obwohl dieser vor dem Kap der Guten Hoffnung seinen Landsmann Philippe Poupon retten musste, dessen Yacht *Fleury Michon* gekentert war. Dritter wurde der Franco-Belgier Jean Luc van den Heede und Vierter Philippe Jeantot in seiner Doppelrolle als Teilnehmer und Organisator des Rennens.

TÖDLICHE VERLUSTE 1991/1992

Bei der zweiten Ausgabe der Vendée Globe 1991/1992 gingen 14 Segler auf die schon legendäre Weltumseglung. Doch zwei Unglücke führten jedem die Schwierigkeiten und Risiken dieser Extremregatta vor Augen. Am 22. November 1991 machte die Besatzung eines aus Les Sables d'Olonne kommenden Tankers 800 Seemeilen westlich der Küste den kieloben treibenden

Rumpf der *Coyote* des Amerikaners Mike Plant aus, der sich auf dem Weg zum Regattastart befand. Niemand hatte von ihm etwas gehört, seit er am 16. Oktober in New York losgesegelt war. Am 25. November erreichte ein Schiff der französischen Marine den Rumpf der Coyote, doch die Taucher fanden unter Deck nur eine zum Teil aufgeblasene Rettungsinsel. Von Mike Plant keine Spur.

Unterdessen hatte der britische Vendée-Teilnehmer Nigel Burgess vor Cap Finistère seinen automatischen Notruf aktiviert. Später wurde Burgess tot in seinem Überlebensanzug und mit der Signalboje um den Hals treibend aufgefunden. Er hatte tödliche Kopfverletzungen erlitten. Sein Boot wurde später in intaktem Zustand aufgefunden.

Ein heftiges Tiefdruckgebiet entmastete die Yacht eines Teilnehmers und zwang fünf weitere, nach Les Sables zu Reparaturarbeiten zurückzukehren. Was folgte, waren immer wieder bohrende Fragen nach dem Sinn einer Regatta wie der Vendée. Tenor: „Was ist das für eine Veranstaltung, die das Leben zweier Segler kostet und sechs weitere binnen drei Tagen außer Gefecht setzt?"

Dominiert wurde das Rennen von Alain Gautier, dem ein Start-Ziel-Sieg gelang, und nur Philippe Poupon konnte ihm auf dem Rückweg im Südatlantik gefährlich werden. Allerdings erlitt Poupon 1500 Meilen vor dem Ziel einen Mastbruch, weshalb er das Rennen mit einem Notrigg beenden musste. In der Gesamtwertung landete er hinter Jean Luc van den Heede auf Platz drei.

Über 200.000 Menschen erwarteten die Segler bei ihrer Rückkehr in Les Sables d'Olonne.

DAS DRAMA VON 1996/1997

Die dritte Vendée Globe ging an den Franzosen Christophe Auguin, der damit auch seinen dritten Round-the-World-Titel für sich verbuchen konnte, nachdem er bereits zwei mal die BOC-Regatta gewonnen hatte. Er beendete den 26.000 Meilen langen Marathon auf seiner *Géodis* in der Rekordzeit von 105 Tagen, 20 Stunden, 31 Minuten und 23 Sekunden. Insgesamt waren 15 Segler gestartet, von denen allerdings nach rund 106 Tagen nur sechs nach Frankreich zurückkehrten. Über den Druck, dem er sich durch seine Konkurrenten Yves Parlier und Isabelle Autissier ausgesetzt fühlte, meinte Christophe Auguin: „Es ist wie bei der Formel 1. Wer zu viel Gas gibt, riskiert seinen Motor."

Tatsächlich hatte Parlier mit seinem Flügelrigg vor allem zu Beginn des Rennens einen bemerkenswerten Takt vorgegeben. Zur gleichen Zeit lieferten sich Autissier und Auguin fast zwei Wochen lang ein Kopf-

Ganz oben DER FRANZOSE YVES PARLIER WÄHREND DER VENDÉE GLOBE 1996/1997. SEINE *AQUITAINE* SCHEINT ANGESICHTS DES ÜBER DIE WASSEROBERFLÄCHE RAGENDEN BUGS FÖRMLICH ZU FLIEGEN.

Links ALAIN GAUTIER AUF DER *GENERALI CONCORDE* 1989 MIT WEIT AUSGESTELLTEM BAUM. DAS GROSS SOLL EIN MAXIMUM AN WIND AUS BACKBORD AUFNEHMEN.

an-Kopf-Rennen im Südatlantik, ehe Isabelle mit einem treibenden Objekt kollidierte und dabei ein Ruder verlor.

Auguins *Géodis* glich nicht zuletzt durch ihren plumpen Bug und ihr ebensolches Heck, ihrem breiten Rumpf, dem niedrigen Freibord und dem riesigen Deck fast einem Surfbrett. Zwar war es nicht das neueste Boot des Rennens, und es gab mindestens drei Konkurrenten, die schneller waren, doch Auguin war durch seinen Siegeswillen und auch eine Portion Glück im Vorteil. Einer der Hauptkonkurrenten und Titelverteidiger der Vendée meinte über Auguin: „Es ist unbeschreiblich, dass einer drei Round-The-World-Rennen für sich entscheidet. Dass hat zuvor noch niemand geschafft. Christophe hat den unbedingten Siegeswillen, und den braucht man auch. Wenn er etwas will, dann macht er es zu 100 Prozent. Er hat einfach ein Gefühl für Taktik und für die Meteorologie."

Zweifellos nahm Letztere den größten Teil des Tages ein. Rund drei Stunden täglich widmete sich Auguin den Wetter-Faxen und versuchte mit Hilfe seines Computers neue Routen zu kalkulieren, wobei er stets analysierte, welche Aufgaben bevorstanden und dabei alle denkbaren Möglichkeiten in Betracht zog. Gut investierte Zeit, wie sich später herausstellte.

Ein schwerer Sturm während des Rennens 1996/1997 traf – neben Tony Bullimore (Kasten rechts) – auch den Franzosen Thierry Dubois. Dessen Boot kenterte drei Mal – und das vor dem eigentlichen Drama. Bei der ersten Havarie überschlug sich sein Boot über den Bug und der Mast zerbrach in drei Teile. Bei 60 bis 70 Knoten Wind und massiven Brechern klammerte sich Dubois an Deck und versuchte, ein Nottrigg zu

GANZ OBEN DER FRANZÖSISCHE SEGLER CHRISTOPHE AUGUIN AN BORD SEINER *GÉODIS* BEIM ÜBERMITTELN VON NACHRICHTEN WÄHREND DER VENDÉE GLOBE 1996/1997.

TONY BULLIMORE'S DRAMATISCHE RETTUNG

Die dramatische Rettung des 56-jährigen Briten Tony Bullimore aus seinem gekenterten Boot gleicht einem Wunder. Seine *Exide Challenger* wurde entdeckt, nachdem der Emergency Position Indicating Radio Beacon-Notruf (EPIRB) am 5. Januar 1996 abgesetzt worden war. Seine Yacht trieb kieloben, und offensichtlich war der Kiel einfach abgerissen. Von Bullimore fehlte jede Spur. Am 8. Januar setzte ein Orion PC 3-Flieger Ultraschall-Bojen rund um den Rumpf ab. Mit Vorstellungskraft waren leichte Klopfgeräusche zu hören, aber es gab keine Gewissheit darüber, ob diese von Bullimore stammten. Als das Schiff HMS Adelaide am Unglücksort ankam, setzte man eine Rettungscrew im Schlauchboot aus. Ihr Klopfen an den Rumpf wurde von einem wahren Trommeln beantwortet, gefolgt von Bullimore selbst, der seine Rettung nicht abwarten wollte und allein aus dem Boot heraus tauchte. Er beschrieb anschließend die sechs Tage im Inneren seines Bootes als „Tischtennisball in einer Waschmaschine". Der einzige trockene Bereich befand sich im vorderen Stauraum und war 0,5 mal einen Meter lang sowie 50 Zentimeter hoch. Tony Bullimore: „In solchen Situationen gerate ich nicht in Panik. Das ist eine Einstellung, die bei mir irgendwie eingebaut ist, denn in der Vergangenheit war ich schon oft in heiklen Situationen."

Es ist offensichtlich, dass diese Einstellung in Kombination mit seinem Humor Bullimore half, diesen Albtraum zu überleben. So hatte er sich beim Versuch, die Rettungsinsel zu lösen, die Spitze seines kleinen Fingers abgerissen. Als der Schmerz überhand nahm, hielt er die Hand einfach ins Wasser, dessen Kälte betäubend wirkte.

Vor Topp und Takel trieb er durch den Sturm mit 60 Knoten, als auch der Kiel abriss. Die nachfolgende Kenterung fasste er in folgende Worte:

„Plötzlich war da ein Krachen, wirklich ein Geräusch, das Krack machte. Es passierte, peng – so schnell und unerwartet. Binnen zwei oder drei Sekunden lag das Schiff kopfüber im Wasser. Das war keine langsame Kenterung, es war wie ein Blitz. Und dabei habe ich mich nicht einmal verletzt."

Oben DIE GEKENTERTE *EXIDE CHALLENGER* OHNE KIEL. DIES WAR FÜR SECHS TAGE DAS FROSTIGE UND EINSAME ZUHAUSE FÜR TONY BULLIMORE.

Oben AN DER UNGLAUBLICHEN RETTUNG TONY BULLIMORES UND THIERRY DUBOIS' (HIER BEI DER ANKUNFT IN AUSTRALIEN) WAREN DIE AUSTRALISCHE MARINE, DIE LUFTWAFFE UND DIE RETTUNGSDIENSTE BETEILIGT.

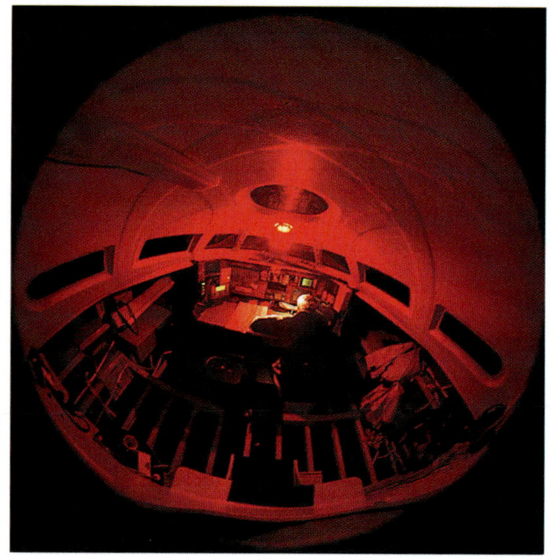

herumdrehen würde, legte Dubois seinen Überlebensanzug an und verkroch sich mit seinen Notbojen in einem der wasserdichten Schotts. Damit das Signal aber sicher übertragen werden konnte, kletterte er nach draußen. Die größte Aufgabe bestand darin, zwischen den Rudern eingeklemmt zu sein und nicht über Bord zu gehen, während das Boot wie wild herumhüpfte, aber keine Anstalten machte, sich wieder aufzurichten. Zwar konnte Dubois seine Rettungsinsel halb aufpumpen, aber sie wurde von den starken Winden einfach weg geweht.

Ironie des Schicksals: Dubois Notlage wurde nur deshalb entdeckt, weil man sich auf der Suche nach Tony Bullimore befand. Das Rettungsflugzeug der Australian Air Force warf neben Dubois eine Rettungsinsel ab, die jedoch bei der Landung kenterte und davon wehte. Beim zweiten Anflug wurden zwei aneinandergebundene Rettungsflöße abgeworfen. Eines jedoch blies sich noch vor der Landung auf. Dubois sprang ins Wasser, um von seinem Boot zu dem anderen Rettungsfloß zu schwimmen, doch war dieses beim Aufprall beschädigt worden. Und nun befand er sich in der denkbar schlechtesten Lage, in der sich ein Segler befinden kann – im Wasser, ohne Rettungsinsel und weit weg vom Boot.

errichten, als sein Boot erneut kenterte. Diesmal verlor er die Besinnung und erwachte erst wieder durch das kalte Wasser, das unter – seinem ursprünglich wasserdichten – Luk auf ihn schüttete. Jetzt wurde es, wie er selbst sagt, „sehr rau".

Dubois erkannte schnell die Aussichtslosigkeit seiner Situation und verkeilte sich auf einer Matratze mit dem Kartentisch, um so den Sturm auszusitzen und erst danach wieder etwas zu unternehmen. Etwa 24 Stunden später hörte Dubois, wie sich ihm und seinem Schiff eine gewaltige Welle näherte. Wie in Zeitlupe überschlug sich sein Schiff, so dass er im Inneren fast mitlaufen konnte und schließlich auf dem Kajütdach stand. Als klar war, dass sich sein Boot nicht wieder

Oben links BERTRAND DE BROC BEI EINER KLEINEN PAUSE WÄHREND DES RENNENS 1996/1997. SEIN RADARSYSTEM ALARMIERT IHN BEI AUFKOMMENDEN HINDERNISSEN.

Oben EINE GLÄSERNE HALBKUGEL AUF DEM DECK DER YACHT VON YVES PARLIER ERMÖGLICHT DEN RUNDBLICK ÜBER DAS SCHIFF, OHNE DIE WÄRME UND SICHERHEIT DER KABINE VERLASSEN ZU MÜSSEN.

Die Wahrscheinlichkeit, dass er sterben würde, war sehr groß. Dennoch versuchte er, einen kühlen Kopf zu behalten und langsam – wenn auch hoffnungslos – in dem eiskalten Wasser seinem treibenden Schiff hinterher zu schwimmen. Doch Gott sei Dank – eine halbe Stunde später kam das Flugzeug zurück, um erneut Rettungsinseln abzuwerfen. Diesmal klappte es, die Inseln landeten in Luv von Dubois. Als er sie erreichte, waren sie auch nicht beschädigt. Mit letzter Kraft kletterte er hinein und bereitete sich auf zwei oder drei Tage Warten ein, ehe Hilfe in Form der HMS Adelaide ankam, die ihn per Bord-Hubschrauber barg.

Im Laufe desselben Rennens drehte der Engländer Pete Goss am 25. Dezember 1996 mit seiner 50 Fuß langen *Aqua Corum* bei, um zurück in den Sturm zu segeln und dort den französischen Segler Raphael Dinelli zu retten. Er riskierte sein Leben und alle Chancen auf den Sieg. Immerhin – er erhielt dafür die höchste französische Auszeichnung, die Légion d`Honneur sowie beim britischen Neujahrsempfang 1998 den Titel MBE (Member of the Order of the British Empire).

Oben EINER DER RUHIGEN MOMENTE WÄHREND DES RENNENS 1996/1997. DIE *GÉODIS* VON CHRISTOPHE AUGUIN BEI LEICHTER ACHTERLICHER BRISE.

Rechts PATRICK DE RADIGUES AUF DER *AFIBEL*. DAS SCHMALE ACHTERSCHIFF UNTERSCHEIDET SICH WESENTLICH VON DER BREITEN RUMPFFORM DER *GÉODIS*.

Commodore
Commodore Explorer
Commodore Explorer
Commodore Explorer

JULES VERNE TROPHY

Die Trophée Jules Verne, wie sie eigentlich heißt, ist eine Idee des Franzosen Yves Le Cornac, der Segler mit der Idee herausfordern wollte, die Welt in 80 Tagen zu umrunden. Dabei handelt es sich bei der Trophée Jules Verne nicht um eine Veranstaltung im klassischen Sinne. Statt Yacht gegen Yacht geht es hier nur um den Wettkampf Yacht gegen Zeit. Schon daher gibt es keinen festgelegten Start, ja nicht einmal einen bestimmten Ausgangsort. Es handelt sich hier schlicht um die Einladung an alle Segler, die Herausforderung anzunehmen. Einzige Bedingung ist, dass die Boote von einem Ort starten und auch dorthin zurückkehren, der sich zwischen der Insel Ouessant in der französischen Bretagne und Lizard Point am südlichsten Zipfel Englands befinden muss.

Die erste Trophée Jules Verne ging 1993 mit 79 Tagen, sechs Stunden, 15 Minuten und 56 Sekunden an den Franzosen Bruno Peyron, der damit auch den Rekord einer Weltumseglung einstellte. Überhaupt kann sich sein seglerischer Lebenslauf sehen lassen: Vier Jahre in Folge war er „Multihull Skipper des Jahres“ (1987 bis 1990). Er stellte 1987 und 1992 den Rekord der schnellsten Einhand-Atlantiküberquerung auf. Sein Streben nach immer neuen Rekorden mündete im Jahr 2000 in der Premiere der Welt-Regatta „The Race“, bei der es nur darum geht, so schnell wie möglich einmal um die Welt zu segeln. Technische Voraussetzungen gab es für die Regatta nicht, die am 31. Dezember 2000 per Kanonenstart in Barcelona gestartet wurde (siehe Seite 132).

Peyrons Partner bei der Trophée 1993 war der bekannte amerikanische Segler Cam Lewis, der als einer der besten Multihull-Regattasegler überhaupt gilt und der im gleichen Jahr mit dem Titel „Rolex Yachtsman of the Year“ ausgezeichnet wurde. Zu den Verdiensten des Mannes aus Lincolnville/USA gehört unter anderem der Sieg beim America's Cup 1988 an der Seite von Altstar Dennis Connor auf der *Stars & Stripes*. Ausgezeichnet wurde Lewis ferner von der Féderation Internationale de la Course Océanique (FICO), die ihn zum besten amerikanischen Segler kürte.

ZWEI WELTKLASSE-SEGLER

Nur ein Jahr nach Bruno Peyrons erfolgreichem Griff zur Trophée Jules Verne, unternahmen die Segel-Veteranen Robin Knox-Johnston und Peter Blake aus Neuseeland einen zweiten Versuch, den Rekord einzustellen. Was ihnen mit dem 85-Fuß-Katamaran *Enza New Zealand* eindrucksvoll gelang. Zusammen benötigten sie nur 74 Tage, 22 Stunden und 17 Minuten.

Wie Jules Vernes Romanfigur Phileas Fogg, sind auch Knox-Johnston und Peter Blake auf ihrem Gebiet Legenden: Knox-Johnston war der erste Segler, der 1969 einhand und nonstop auf seiner Yacht *Suhaili* um die Welt segelte, wofür er von der britischen Zeitung Sunday Times mit der Golden Globe Trophy ausgezeichnet wurde. Zu den Ehrungen, die Peter Blake in seiner Heimat erfahren durfte, gehören zwei Titel als „Sportler des Jahres“ und vier als „Segler des Jahres“. Schon 1983 wurde er für seine Verdienste um den Yachtsport zunächst mit dem königlichen Titel „Member of the Order of the British Empire“ (MBE) geehrt und 1991 mit einem Ritterschlag durch Königin Elizabeth II. in den Adelsstand erhoben. Gleichzeitig erhielt er erneut für seine Verdienste um den Segelsport den Titel „Officer of the Order of the British Empire“ (OBE). Sir Peter Blake nahm an den ersten fünf Whitbread Round-The-World Races teil, eine Leistung,

Gegenüber NAHM DIE JULES-VERNE-HERAUSFORDERUNG 1993 AN: DER VON DEM FRANZOSEN ENTWORFENE KATAMARAN *COMMODORE EXPLORER*.
Von oben nach unten DIE *COMMODORE EXPLORER* (OBEN) MIT BRUNO PEYRON UND CAM LEWIS AN BORD. SIE WAREN DIE ERSTEN GEWINNER DER TROPHÉE JULES VERNE UND SCHAFFTEN MIT 79 TAGEN, SECHS STUNDEN, 15 MINUTEN UND 56 SEKUNDEN KNAPP DIE 80-TAGE-VORGABE. PETER BLAKE UND ROBIN KNOX-JOHNSTON AUF DER *ENZA NEW ZEALAND* BEI IHRER ERSTEN JULES-VERNE-TEILNAHME 1993. NACH EINER KOLLISION IM INDISCHEN OZEAN AM 26. FEBRUAR MUSSTEN SIE ALLERDINGS AUFGEBEN. DASSELBE BOOT BEIM FINISH 1994 (UNTEN). DIESMAL UNTERBOTEN BLAKE/JOHNSTON DEN REKORD VON PEYRON/LEWIS.

JULES VERNE (1828-1905)

Jules Verne wurde am 8. Februar 1828 im westfranzösischen Nantes an der Loire geboren. Zusammen mit seinem älteren Bruder segelte Jules regelmäßig auf der Loire, manchmal sogar bis zur Mündung am Meer. In der Vorstellung der Jungs verwandelte sich ihr leckendes Boot in eine luxuriöse Yacht, und die Landschaften um sie herum mutierten zu neuen Kontinenten. Jules' Vater wünschte sich von seinem Sohn, dass er in dessen Fußstapfen trete und Rechtsanwalt werde. Doch als Jules in Paris an die Universität kam, studierte er stattdessen Literatur. Sein Wissensdurst bei den Naturwissenschaften schien unstillbar, und er verschlang geradezu alle aktuellen Bücher und Zeitschriften, die sich mit diesen Themen befassten. Auch die Wissenschaftler, denen er begegnete, waren vor seinen Fragen nicht sicher. Wann immer er von einer bedeutenden Entdeckung erfuhr, ließ er seiner Vorstellungskraft freien Lauf. Daraus entwickelten sich schließlich seine fantastischen Geschichten. Im Jahr 1869 schrieb er den Roman „20.000 Meilen unter dem Meer" – ganze 30 Jahre, bevor das U-Boot überhaupt erfunden wurde. Die Antriebsenergie von Vernes U-Boot war übrigens Elektrizität, eine Energie, die zu jener Zeit nur im Labor hergestellt werden konnte. Verne forschte überall – in Büchereien und Aquarien, ja er überquerte sogar den Atlantik per Dampfschiff. Die meisten seiner Bücher entstanden auf seinem Boot. So stellte er sicher, dass er das Gefühl für die See exakt nachempfand.

Die Erfindungen in Jules Vernes Geschichten muteten für die Leser der damaligen Zeit sehr befremdlich an; heutzutage werden ihm fast prophetische Fähigkeiten nachgesagt. Seine Fantastereien von den Wanderungen unter dem Meer und im Weltall sind inzwischen Wirklichkeit geworden. Und Vernes Geschichte von der Reise, die es in „80 Tagen um die Erde" zu bewältigen galt, hat etwas von der heutigen Freizeitgesellschaft. In der Geschichte geht es darum, dass der Hauptdarsteller Phileas Fogg eine Wette annimmt, bei der es darum geht, die Erde in 80 Tagen zu umrunden – zur damaligen Zeit eine unvorstellbare Leistung.

Diese Idee wurde von dem Franzosen und Segler Bruno Peyron wieder aufgenommen, der sich selbst mit seinem Maxi-Katamaran *Commodore Explorer* der Herausforderung stellte. Sein Törn rund um die Erde gilt als modernes nautisches Märchen, das genau 79 Tage, 6 Stunden, 15 Minuten und 56 Sekunden dauerte.

Oben DIE *ENZA NEW ZEALAND* VOR DEM FRANZÖSISCHEN BREST. DAS KATAMARAN-TEAM WURDE 1994 DER ZWEITE TROPHÉE-TITELTRÄGER. ***Unten, links und rechts*** OLIVIER DER KERSUASSON IST NACH WIE VOR DER AKTUELLE TITELTRÄGER DER TROPHÉE JULES VERNE. 1997 GELANG IHM DIE WELTUMSEGLUNG INNERHALB DER 80-TAGE-FRIST. BRAUCHTE ER BEI EINEM VERSUCH 1994 AUF DER *LYONNAISSE DES EAUX* NOCH 77 TAGE, SO ERZIELTE ER 1994 AUF DER *ENZA NEW ZEALAND* MIT 74 TAGEN SOGAR EINEN NEUEN REKORD.

die er in den Jahren 1989/1990 als Skipper der Yacht *Steinlager* mit einem eindrucksvollen Sieg krönte. Er und seine Mannschaft holten sowohl nach gesegelter als auch nach berechneter Zeit die Siege in allen sechs Teiletappen des Rennens.

Als Kopf des neuseeländischen America's Cup Syndikats holte Blake dank perfekter Planung den America's Cup nach Neuseeland. Dies war erst das zweite Mal in der Geschichte des America's Cup, dass ein nicht-amerikanisches Team die Silbertrophäe gewann. Mit Blake im Team New Zealand siegten sie – von einer Ausnahme abgesehen – in allen Läufen vor Dennis Connor vom San Diego Yacht Club.

EIN NEUER REKORD

Erst im siebten Anlauf konnte der Franzose Olivier de Kersuasson für die schnellste Weltumseglung aller Zeiten zur Trophée Jules Verne greifen. Mit seinem 90-Fuß-Trimaran *Sport-Elec* brauchte er nur 71 Tage, 14 Stunden und 18 Minuten und unterbot damit den bestehenden Rekord von Johnston/Blake auf dem Katamaran *Enza* um über drei Tage. Doch trotz dieses gewaltigen Vorsprungs lag die Durchschnittsgeschwindigkeit von 14,6 Knoten unter der der *Enza*, die im Schnitt 14,7 Knoten segelte. Letztlich erklären sich die drei Tage Vorsprung der *Sport-Elec* durch die günstigeren Wetterbedingungen und damit durch die Tatsache, dass Kersuasson eine fast 1500 Meilen kürzere Route nehmen konnte als die *Enza*, die insgesamt 26.413 Meilen zurücklegte.

Der Wetterexperte an Bord der *Sport-Elec* war kein Geringerer als Bob Rice, der sowohl bei Blakes America's Cup-Herausforderung als auch bei der Trophée Jules Verne eine entscheidende Rolle spielte. So ließ es sich Sir Peter Blake auch nicht nehmen, im Hafen der bretonischen Stadt Brest die Yacht und deren Crew zu begrüßen.

Rechts DIE *ENZA* AUS DER VOGELPERSPEKTIVE. DIE SKIPPER KNOX-JOHNSTON UND BLAKE WURDEN FÜR IHRE VERDIENSTE UM DEN SEGELSPORT ZU RITTERN GESCHLAGEN. IHR 74-TAGE-REKORD VON 1994 WURDE VON KERSUASSON MIT 71 TAGEN UNTERBOTEN.

THE RACE

„The Race – das wäre wohl die extravaganteste Demonstration von Extremsport auf hoher See… Es gilt jetzt schon als das ultimative Treffen der besten Segler aller Zeiten. Nichts ist mit dieser schnellsten Weltumseglung auf den rasantesten Rennyachten, die je gebaut wurden, vergleichbar.“

Ross Field aus Neuseeland, Sieger des Whitbread Race 1993/1994

Rückblick auf den 31. Dezember 2000: Es ist schon ein gewaltiges Tamtam, was hier in der Marina Port Vell, im Süden der katalanischen Hauptstadt Barcelona veranstaltet wird. Rockmusik empfängt den Strom der Besucher und begleitet ihn erst einmal so gut es geht durch die Massen. Entlang der vielen weißen Zelte, in denen die Sponsoren des Rennens noch einmal kräftig auf die Werbetrommeln schlagen, führt der Weg unweigerlich zu einem überdimensionalen Globus – Symbol für die schnellste und härteste Regatta um die Welt. Und wie es auf einer solchen Reise aussehen kann, wird eindrucksvoll auf einer Großbildwand darunter angedeutet. Szenen, die wohl keiner je gesehen hat und die das Novum dieser Veranstaltung belegen. In weniger als 70 Tagen um die Erde, so die Prophezeiungen der kühnen Optimisten. Dass dies nur mit enormen Geschwindigkeiten von bis zu 40 Knoten gelingen kann, vermittelt die Leinwand dem erstaunten Zuschauer im Halbstundentakt.

Während die vielen verkabelten Journalisten im Pressezentrum ihre ersten Bilder elektronisch zu ihren Abnehmern senden und die aktuellen Informationen von der Organisation erhalten, wird unten auf dem Wasser gewühlt, was das Zeug hält. Jedes Schiff hat unterhalb der Hafenmauer seinen eigenen Container mit Ausrüstung und Material. Hier laufen die logistischen Fäden für den Start zusammen. Für eine lückenlose Nahrungskette, die in wasserdichten Säcken verpackt den Crews an gekennzeichneten Tagen zur Verfügung steht, sorgen eigene Landcrews.

Essen wie im Weltraum – so heißt das Motto während der schnellen Reise um die Welt. Zubereitet in Kombüsen, wie sie in Wohnwagen schon seit den fünfziger Jahren Standard sind. Die „Club Med“ verfügt in ihrem trist grauen Inneren gerade mal über eine Kochstelle, um heißes Wasser zu bereiten. Offensichtlich genug, um das gefriergetrocknete Pulver in den Tüten für die 13 Crewmitglieder zu einer leckeren Mahlzeit anquellen zu lassen. Aber was sagte Tim Kröger, der als einziger Deutscher beim Rennen dabei ist und auf der „Playstation“ von Steve Fossett segelt: „Wer sich bei diesem Rennen permanent negativ über die Qualität des Essens auslässt, der ist hier wirklich fehl am Platz.“

Es war Bruno Peyron, der 1993 mit seinem Kat „Explorer“ die Jules-Verne-Tropy gewann und nicht in „80 Tagen um die Welt“ segelte, sondern genau in 79 Tagen. Und zur Jahrtausendwende, so Peyrons Plan Mitte der neunziger Jahre, sollte es eine Regatta geben, die alles Dagewesene in den Schatten stellt. Die Idee zu „The Race“ war geboren. Und sie fand Anklang, einen überwältigenden sogar. Über siebzig Meldungen gingen damals ein.

Peyron war sich im Klaren darüber, dass es nur wenige schaffen würden, vor allem die finanziellen Hürden zu nehmen. Baukosten um die zehn Millionen Mark wurden taxiert, denn für ein solches Rennen waren fast nur Neubauten gefragt. Selbst in Zeiten von Vendée Globe und Volvo Ocean war es für ein Syndikat, das an einem Rennen wie „The Race“ teilnehmen wollte, nicht einfach, Sponsoren zu finden. Ein Umstand, der viele zum Aufgeben zwang. Selbst wenn

Von oben nach unten DIE JULES VERNE-TEILNAHME VON TRACY EDWARDS AUF DER ROYAL & SUNDALLIANCE ENDETE IM MÄRZ 1998 MIT EINEM MASTBRUCH. HIGH-TECH-AUSRÜSTUNG IST DER EINZIGE LUXUS IM INNEREN DER PLAYSTATION. FÜR TEILNEHMER BRUNO PEYRON AUF DER COMMODORE EXPLORER ENDETE DIE ERSTE JULES VERNE-WELTUMSEGLUNG BEINAHE MIT EINER KENTERUNG IM SÜDMEER, WO ER VOR CHILE EINEN STURM MIT 70 KNOTEN WIND ÜBERLEBTE.

Gegenüber DER SUPERMODERNE KATAMARAN PLAYSTATION VON STEVE FOSSETT HÄLT DEN IM JAHR 2000 AUFGESTELLTEN REKORD BEIM NEWPORT-BERMUDA RACE.

PlayStation
USA 2

Rümpfe bereits gebaut und die technischen Vorgaben in der Planung erfüllt waren, scheiterte es oft an weiteren Geldgebern. Allein das Startgeld war vor Jahren noch auf eine Million Mark festgesetzt.

Wenn auch die Finanzierung inzwischen in den Hintergrund gerückt ist, waren immer noch die technischen Probleme zu lösen. Neuland musste betreten werden, denn keiner hatte jemals in diesen Dimensionen gebaut. Die Schiffe sollten schließlich mit angepeilten 40 Knoten um die Erde hetzen, sich bei Windgeschwindigkeiten von 80 Knoten und mehr im Südpolarmeer haushohen Wellen stellen – unbeschreibliche Kräfte, die auf das Material und letztlich auch auf die Crews einwirken.

Die „Playstation“ hat beispielsweise eine Vorwindsegelfläche von über 1000 Quadratmetern, das ist nahezu die Hälfte dessen, was die Gorch Fock trägt. Allein das Großsegel wiegt über 800 Kilo und bringt an die 20 Tonnen Druck auf die Schoten. Es ist ein Drahtseilakt, und die Kunst besteht darin - neben einer perfekt eingespielten Crew natürlich –, das Schiff gut auszubalancieren. Eine Mischung aus Leichtigkeit und extremer Stabilität. Voraussetzungen, die nur mit Hightech-Materialien zu erreichen sind. Kohlefaser und Titan spielen in diesem Stück die Hauptrollen. Aber auch die Konstruktionen selber zeigen die unterschiedlichsten Varianten, dem Ziel auf eigenwillige Weise näher zu kommen. Einmal abgesehen von den Neubauten der Schwesterschiffe „Club Med“, „Team Adventure“ und „Innovation Explorer“, den modifizierten Gebrauchtbooten wie „Team Legato“ und „Warta Polpharma“ und der erst kürzlich noch mal schnell um sechs Meter verlängerten „Playstation“, so hat sich doch ein Schiff besonders hervorgetan: die „Team Philips“.

„Eigentlich sind es ja zwei Regatten“, so war zu lesen, „die letzte geht um die Welt, aber die erste, die Qualifikationspflicht von 2500 Meilen, die geht nach Barcelona, und auf die kommt es erst mal an.“ Und genau diese wurde der „Team Philips“ zum Verhängnis. Sie wäre die innovativste Kreation gewesen, die an diesem Rennen teilgenommen hätte. Eine futuristische Schöpfung, ohne einen Beam im Vorschiffsbereich und mit zwei völlig unverstagten Masten und Gabelbäumen. Eine Hightech-Maschine mit Überlastungssensoren in den Mastfüßen und Rümpfen, die nicht gleiten, sondern das Wasser zerschneiden sollten. In schwerer See musste das Schiff am 19. Dezember 2000 im Atlantik aufgegeben werden. Die Crew wurde von einem Frachter abgeborgen.

Oben WÄHREND DIE MEISTEN TEILNEHMER AUF NEUE BOOTE SETZEN, VERLÄSST SICH DER POLE ROMAN PASKE AUF DEN KAT, DER UNTER PEYRON BEREITS BEI DER TROPHÉE JULES VERNE EINEN REKORD AUFSTELLTE UND DER HEUTE DISNEY EXPLORER HESST.

Unten DER AMERIKANISCHE MULTIMILLIONÄR STEVE FOSSETT IST AN REKORDJAGDEN GEWÖHNT, SEI ES IM HEISSLUFTBALLON, BEIM HUNDESCHLITTENRENNEN ODER BEIM BERGSTEIGEN, UM NUR EINIGE ZU NENNEN.

31. Dezember, 11.00 Uhr. Die Polen schmeißen als erste ihre Leinen los, und auch die anderen machen sich auf den großen Treck. Szenen spielen sich ab: Der Mann geht auf See und die Deern heult – daran hat sich seit Hans Albers Zeiten nichts geändert. Die Wege am Wasser sind voller Menschen. An die 100.000 sind gekommen, und eine Armada an Seglern macht sich an diesem zwar sonnigen, aber kalten Tag auf, die Flotte der Giganten auf dem Wasser zu verabschieden. Einzig die „Team Legato" bleibt im Hafen. Sie startet, das sei vorweg genommen, erst einen Tag später. Probleme mit den Sicherheitsmitteln einerseits und mit den geforderten 2500 Qualifikations-Seemeilen andererseits machen zu schaffen. Tony Bullimore fehlen 150 Meilen.

In dem dichten Feld der Begleitboote sind die fünf Mega-Racer bislang nur an ihren höheren Masten auszumachen. Sie fahren unter Motor zum Start. Eine kleine Regatta von knapp 20 Seemeilen haben die Veranstalter noch vor den eigentlichen Start gesetzt. Bei drei bis vier Windstärken, eine Sache von einer guten Stunde. Es ist 13 Uhr, noch 60 Minuten bis zum Start. „Warta Polpharma" zeigt zuerst ihre knapp 320 Quadratmeter Segelfläche und lässt absolute Sprachlosigkeit aufkommen. Als hätten die vielen Segler und Motorboote auf Kommando ihren Anker geschmissen und würden wie betäubt auf dem Wasser liegen, so kommt die Polpharma mit einer atemberaubenden Geschwindigkeit aus dem Hintergrund hervor und ist nach ein paar Minuten vor der Skyline Barcelonas schon kaum noch auszumachen.

„Wieso ist ‚Club Med' plötzlich da hinten, eben war sie doch noch hier?" Die Fahrer der Presseboote sind ein wenig überfordert, und die Fotografen müssen ihre Reaktionszeiten anpassen. Der Vorbereitungsschuss ist abgefeuert. Noch zehn Minuten bis zum Start. Genauso viele Minuten wie Helikopter, die zur Zeit in der Luft sind und sich wie Hyänen an ihre Beute hängen. Es dauert nur Sekunden, bis aus den Schiffen, die in einigen Hundert Metern Entfernung auf Kurs gehen, eben diese Monster werden, die nun dicht an den Booten vorbei über die Startlinie zischen.

Die Ankunft in Marseille im März 2001: Was spielt es eigentlich für eine Rolle, wer eigentlich gewonnen hat – Club Med oder Innovation Explorer? Entscheidend ist, The Race wird als das schnellste Rennen des 3. Jahrtausends in die Geschichte eingehen – wenigstens als erstes schnellstes Rennen...

BRUNO PEYRON

Bruno Peyron stammt aus La Baule, jenem Badeort an der französischen Atlantikküste (in der Nähe der Loire-Mündung). Seinen ersten Katamaran ließ er im Alter von 22 Jahren mit einem Bipod-Rigg (zwei nebeneinander liegende Masten) bauen. Als Einhandsegler nahm er an vier Figaro-Solos und zwei Route du Rhum teil, bei der er jeweils Zweiter wurde. Er hat insgesamt 34 Atlantiküberquerungen hinter sich – davon zwölf als Einhandsegler, von denen er wiederum bei zwei einen neuen Rekord aufstellte (1987 und 1992). Von 1987 bis 1990 war er ununterbrochen die Nummer 1 unter den weltweiten Multihull-Seglern. Höhepunkt seiner beispiellosen Karriere war die Tatsache, dass er (im Alter von 38 Jahren) als erster die Trophée Jules Verne gewinnen konnte. Für diese Leistung (lesen Sie auch Seite 129) benötigte er 1993 mit seinem Maxi-Kat Commodore Explorer ganze 79 Tage, sechs Stunden, 15 Minuten und 56 Sekunden. Bruno Peyron hat inzwischen rund 240.000 Seemeilen auf den Ozeanen zurückgelegt.

Unten BRUNO PEYRON (OBEN) BEI DER ANKUNFT IN SAN FRANCISCO. DIE COMMODORE EXPLORER HAT DIE STARTBEDINGUNGEN FÜR THE RACE, DAS PEYRON SELBST INITIIERTE, ERFÜLLT.

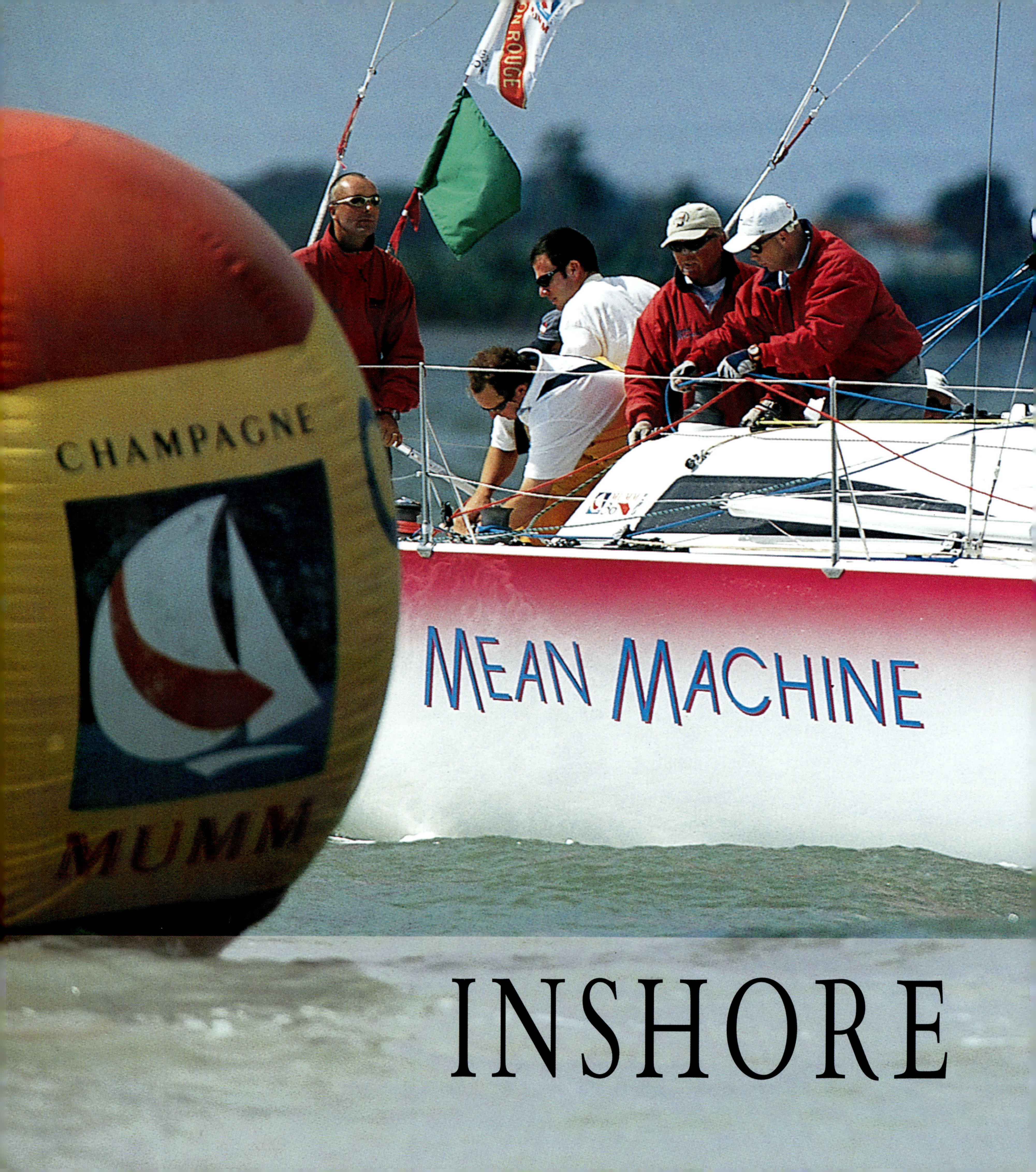

INSHORE

CLASSICS

25
25 MUMM
CHAMPAGNE

ADMIRAL'S CUP

Admiral Sir Miles Wyatt vom Royal Ocean Racing Club (RORC), dem weltweit ältesten Club für Seeregatten, rief 1957 den sogenannten Admiral's Cup ins Leben. Wyatt war nämlich gemeinsam mit vier Freunden der Meinung, man müsse Yachten aus anderen Ländern nach England locken, um sie gegen heimische Crews aus Cowes antreten zu lassen, jenem Hafen, in dem auch die Trophäe verliehen werden sollte.

Cowes liegt auf der Southampton gegenüber liegenden Seite des Solent im Norden der Insel Wight an der Mündung zum Medina River. London ist nur etwa 130 Kilometer entfernt, weshalb sich Cowes im 19. Jahrhundert zum traditionellen Zentrum des Segelsports entwickelte. Die Cowes-Regatten waren ein ebenso glänzender wie feierlicher Höhepunkt der Gesellschaft bzw. des europäischen Hochadels. Während Queen Victoria im Osborne House in der Nähe von Cowes residierte, kam hier ihre große Familie zusammen, um auf dem Solent gegeneinander Wettfahrten zu veranstalten, unter anderem die Monarchen aus Deutschland, Russland und Spanien. So ist auch die Geschichte von Cowes eng mit der der Royal Yacht Squadron verbunden, deren Schloss seit über einem Jahrhundert als Bollwerk die Stadt schützt.

Die Cowes Week findet alljährlich in der ersten Augustwoche statt und wird von den Combined Cowes Clubs organisiert. Der Admiral's Cup hingegen startet nur alle zwei Jahre unter der Schirmherrschaft des Royal Ocean Racing Clubs. Allerdings war der Admiral's Cup bis 1999 eine zweiwöchige Regattaserie, deren zweite Woche mit der Cowes Week zusammenfiel. Die Fastnet-Regatta, die stets am letzten Samstag der Cowes Week gestartet wurde, war als langes Offshore Race Teil dieser Veranstaltung.

Bereits 1997 jedoch entschied man, den Admiral's Cup aus der Cowes Week herauszulösen und ihn künftig zwei Wochen eher stattfinden zu lassen. Damit konnten auch die Küstenregatten direkt im Solent stattfinden, womit auch die teilnehmenden Nationen an dieser prestigereichen Regatta den exklusiven Rahmen bekamen, den sie verdienten. Letztlich fiel die Entscheidung auch deshalb, um das Fastnet Race, das nach wie vor am Ende der Cowes Week ausgerichtet werden sollte, nicht verlegen zu müssen. Stattdessen wurde mit dem Wolf Rock Race eine neue Offshore-Regatta im Rahmen des Admiral's Cup angesetzt.

Der Admiral's Cup selbst ist – wie bereits erwähnt – eine britische Regattaserie, bei der verschiedene Nationen mit Offshore-Yachten gegeneinander antreten. Jeweils in den ungeraden Jahren findet der Cup Mitte Juli über einen Zeitraum von zwei Wochen statt. Dabei darf jede Nation mit einem Team bestehend aus drei Yachten an den Start gehen, von denen jede einer bestimmten Klasse angehört: Hierbei handelt es sich um die Mumm 36 (One-Design), um die Sydney 40 (One-Design) sowie um die Big Boat Open Class (44 bis 50 Fuß Handicap-Racer).

Die Mumm 36-Klasse (gesponsort vom gleichnamigen Champagner-Hersteller) ist als One-Design-Klasse gut etabliert, nicht zuletzt wegen ihrer anspruchsvollen Segeleigenschaften und der Zuschauerattraktivität. Entwickelt wurde die Mumm 36 vom Konstrukteursbüro Farr International, sie ist das Ergebnis eines Design-Wettbewerbs, den der RORC veranstaltete, um eine neue IMS-Yacht (International Measurement System) für den Admiral's Cup zu kreieren. Inzwischen sind innerhalb der letzten beiden Jahre über 100 dieser Rennziegen gebaut worden. International haben die Mumm 36-Yachten bei allen Top-Regatten in Europa, den USA und im Pazifik Preise abgeräumt. Das Boot ist 36 Fuß lang, leicht, schnell, seegängig und geht mit einem maximalen Crewgewicht von 655 Kilo an den Start.

Vorhergehende Seiten STEUERMANN BOUVE BEKKING AUF DER *MEAN MACHINE*, EINEM DER BOOTE DES HOLLÄNDISCHEN TEAMS, DAS 1999 DEN ADMIRAL'S CUP GEWANN.

Gegenüber HOCH AM WIND: DIE *INNOVISION 7* VON HANS ECKOFF GEHÖRT ZUM SIEGREICHEN HOLLÄNDISCHEN TEAM.

Von oben nach unten IRLAND GING IM JAHR 1995 MIT DEN DREI BOOTEN *JAMESON I, II* UND *III* AN DEN START. DIE *CHERNIKEEF* (COMMONWEALTH TEAM) BEIM CUP 1999. UNTEN – DAS SIEGREICHE AMERIKANISCHE TEAM BEIM ADMIRAL'S CUP 1997.

Eine der Prämissen für den Begriff „One-Design" ist, dass jede Yacht nach exakt denselben Parametern gebaut ist und dass die Regatta nur nach gesegelter Zeit gewertet wird. Mit anderen Worten – wer zuerst die Ziellinie passiert, hat gewonnen. Die identischen Schiffe haben zur Folge, dass große Teile des Feldes gleichzeitig die Wendemarken erreichen, weshalb der Unterschied in den Fähigkeiten der jeweiligen Crews liegt. Dies mag letztlich auch der Reiz sein, weshalb Spitzenteams One-Design-Klassen so attraktiv finden.

Überraschend mag sein, dass eine Mumm 36 sowohl beim Erwerb als auch beim Unterhalt preiswerter ist als eine frühere IOR-Yacht (International Offshore Rules).

Oben GENUA UND GROSS MÜSSEN AUF DER SKANDINAVISCHEN *INVESTOR* VERSTELLT WERDEN, UM DER YACHT AUF STEUERBORD-BUG DAS WEGERECHT EINZURÄUMEN (1997).

Der Vorteil der One-Design-Formel liegt einfach darin, dass die Segler überall auf der Welt eine Mumm 36 chartern können und nur ihre Segel bzw. ihre Crew einfliegen müssen.

Bei den Mumm-36-Regatten ist es Usus, zwei oder sogar drei Offshore-Wettläufe pro Tag über einen Zeitraum von drei bis vier Tagen zu starten. Auf diese Weise gibt es ein Maximum an Wettfahrten bei einem Minimum an Zeit.

Die Sydney 40-Klasse ist das mittelgroße Boot eines jeden Admiral's Cup-Teams. Wie die Mumm 36 handelt es sich ebenfalls um ein Offshore One-Design, das in Australien gezeichnet und entwickelt wurde.

Die dritte und größte Yacht eines jeden Teams ist die IMS Big-Boat-Class, wobei es sich hier um die IMS 45-er und IMS 50-er-Yachten jüngster Bauart handelt. Schon immer wurde beim Admiral's Cup nach den jeweils gültigen Vermessungsregeln gesegelt. Indem man mit den Big Boats bis in die heutige Zeit an einer Handicap-Klasse festhielt, blieb dank der Organisatoren die Veranstaltung für nationale Konstrukteure und Werften offen.

Unten DAS AMERIKANISCHE TEAM AUF DER SYDNEY 40-YACHT *BLUE YANKEE PRIDE* WÄHREND DES ADMIRAL'S CUP 1999. JEDES TEAM BESTEHT AUS INSGESAMT DREI YACHTEN.

Oben BILDER VOM ADMIRAL'S CUP (OBERE REIHE, VON LINKS): DIE *APOLLO IV* GEGEN DEN STROM; DAS AUSTRALISCHE TEAM AUF *SWAN PREMIUM* SIEGTE 1987, DIE *NADA* 1975 (RECHTS). MITTLERE REIHE: DAS FINISH DER ERSTEN WETTFAHRT 1985 MIT DER ROYAL YACHT SQUADRON IM HINTERGRUND; ACTION AN BORD (1987); DIE *PINTA* 1985 KURZ VOR DER SPINNAKER-HALSE. UNTERE REIHE: DAS REGATTAFELD UNTER SPINNAKER (1985); DIE YACHT *SPEAKEASY* HOCH AM WIND (1997); DIE *TRILOGY III* AUF DOWNWIND-KURS UNTER SPINNAKER WÄHREND DER COWES WEEK 1990.

Die größten Segelnationen der Welt schicken ihre besten Segler zur Teilnahme am Admiral's Cup: So setzt sich ein typisches Feld aus einem halben Dutzend Olympiamedaillen-Gewinnern, aus America's Cup-Skippern und -Teilnehmern zusammen. Üblicherweise gehören die Yachten vermögenden Einzelpersonen. Andere hingegen werden von Sponsoren unterstützt, die dem jeweiligen Boot ihren Namen verleihen und eine begrenzte Werbefläche zur Verfügung stellen. In der Regel bestehen die Crews aus Profi-Seglern, die für ihren Einsatz vom Eigner oder Sponsor bezahlt werden, oder aus Profis aus der Segelindustrie, die von ihren Firmen an den Eigner verliehen werden.

EIN NEUES FORMAT FÜR DEN CUP

Die Regatten unter Land werden auf dem Solent abgehalten, sodass die Veranstaltung immer in der Nähe von Cowes bleibt. Die Offshore-Wertung setzt sich aus einer Mitteldistanz am mittleren Wochenende und einer Langstrecke über 48 bis 72 Stunden zusammen. Das ursprüngliche Fastnet Race wurde durch das Wolf Rock Race als finalem und härtestem Test der Veranstaltung ersetzt. Wolf Rock selbst befindet sich vor den Scilly Islands und Land's End am südwestlichen Zipfel Englands. Die gesamte Strecke verläuft entlang der englischen Südküste und wieder zurück nach Cowes, wobei eine ganze Reihe von Wendemarken mitten im

Links DIE IRISCHE YACHT *JAMESON II* IM SOLENT WÄHREND DES ADMIRAL'S CUP 1995. BEI EINEM STARTERFELD VON ACHT INTERNATIONALEN TEAMS SIEGTE ITALIEN.

Oben DIE MUMM-36-KLASSE-YACHT *JEANTEX* MIT DEUTSCHER CREW BEI EINEM ENGEN WENDEMANÖVER. VOR IHR LIEGT DIE SIEGREICHE HOLLÄNDISCHE CREW AUF *MEAN MACHINE* (1999).

Ärmelkanal genommen werden müssen. Wie beim Fastnet Race handelt es sich beim Wolf Rock um einen harten und ebenso klassischen Offshore-Segeltest, der viele der alten Hindernisse des früheren Rennens beinhaltet.

Das Wolf Rock Race startet und endet zu Füßen der Royal Yacht Squadron in Cowes. Damit bleibt die Veranstaltung nicht nur an einem Ort, sondern man vermeidet im Gegensatz zu den Vorjahren beim Fastnet Race, dass die Teams, die Zuschauer und die Presse ihre Zelte abbrechen und nach Plymouth umziehen müssen.

Mit der Entwicklung der Regattaserie gingen auch viele Start- und Finishvarianten einher. Während man in den Anfangsjahren der Wettfahrten Cowes als natürlichen Start- und Zielpunkt ansah, wurden zwischenzeitlich auch Ziellinien mitten im Solent favorisiert. Die Rückkehr zu Cowes als Regattaziel war zwar willkommen, wenn auch einige Regattapuristen befürchteten, dass der Zieleinlauf nach einem langen Offshore-Race in den Solent mit seinen tückischen Böen und den starken Tidenströmungen zu unfairen Verzerrungen führt. So manches Boot würde vor Anker den Strömungsumschwung einfach abwarten (dies obwohl Yachten ohnehin die östliche und breitere Zufahrt bevorzugen, da dort die Strömungen nicht so stark sind wie im Westen und vor allem bei den Hurst Narrows, wo Bedingungen vorherrschen können wie bei einem Schleusentor).

Heute findet sowohl das Finale des English Channel Offshore Race als auch des Wolf Rock Race in Cowes statt, womit der Regattaverlauf einen Vollkreis nimmt.

Oben DIE BRITISCHE YACHT *ARBITRATOR* LIEGT ZU REGATTABEGINN 1999 IN DER S 40-KLASSE IN FÜHRUNG. LEIDER LEGTE DIE CREW NACH EINEM EXZELLENTEN START EIN SCHLECHTES FINALE HIN.

Links SEIT DIE KÖNIGLICHE YACHT *BRITANNIA* AUSSER DIENST GESTELLT WURDE, DOMINIERT SIE NICHT MEHR WIE IN ALL DEN JAHREN DURCH IHRE PRÄSENZ DAS REGATTAGESCHEHEN IN COWES.

AMERICA'S CUP

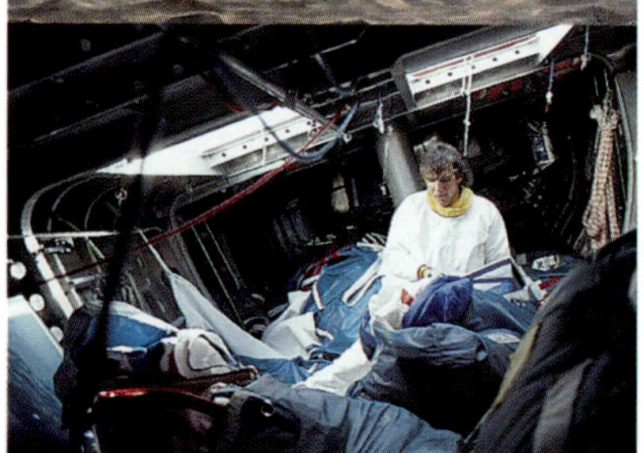

Es war der Londoner Juwelier Robert Garrard, der im Jahr 1848 den America's Cup entwarf, um ihn in seine Vitrine zu stellen. Dort entdeckte ihn der erste Marquis of Anglesey, der ihn erwarb und der Royal Yacht Squadron in Cowes (an der Nordküste der Insel Wight) stiftete. Hier wurde er zunächst als „100 Guinea Cup" bekannt, ehe er den Namen America's Cup erhielt.

Im Jahr 1851 wurde die neue Trophäe für einen Wettbewerb rund um die Insel Wight zwischen dem amerikanischen Schoner *America* und einer Flotte von Booten der Royal Yacht Squadron ausgesetzt. Eigentlicher Anlass dieser Segelvorführung war in der Blütezeit der viktorianischen Ära eine reine Demonstration britischer Vormacht. Die Vorstellung von Britannien als Herrscherin der Meere war tief im britischen Selbstvertrauen verwurzelt. Dieser Nationalstolz war in den Augen der Amerikaner eine Provokation, weshalb sie die Herausforderung annahmen.

Die Yacht *America* wurde von einem Syndikat, bestehend aus vermögenden New Yorker Kaufleuten, in Auftrag gegeben. Geleitet wurde das Projekt von John C. Stevens, dem Kommodore und Gründer des New York Yacht Clubs (NYYC). Sie waren davon überzeugt, dass amerikanische Yachten und Skipper den Briten Paroli bieten würden.

Als der Earl of Wilton, Kommodore der Royal Yacht Squadron, von dem Projekt hörte, schrieb er eine formelle Einladung an John Stevens, das Schiff jenes New Yorker Syndikats doch nach Cowes zu bringen. In seinem Antwortbrief stimmte Stevens zu und wendete dabei einen Trick der psychologischen Kriegsführung an. Er versprach, dass er die Einladung mit Demut annehme und es sehr wahrscheinlich sei, dass sie mit ihrem eigentlich für langgestreckte Küstengebiete gebauten Schiff die Überfahrt in ihre rauen Gewässer wagen würden. Stevens' Ziel war es freilich, den Briten zu schmeicheln und sie in falscher Sicherheit zu wiegen. Auf keinen Fall wollte er eine mögliche Wettfahrt verlieren.

Obwohl die *America* dank ihres Aussehens und ihren flachen Segeln die Aufmerksamkeit auf sich zog, noch ehe sie das Land verlassen hatte, so hatte sie eine Design-Vorgabe glatt verfehlt – die schnellste Yacht auf dem Wasser zu sein. Beim Vergleich gegen Stevens' private Yacht, die 110-Fuß Sloop *Maria*, wurde die *America* in Grund und Boden gesegelt.

Nach ihrer Ankunft in Frankreich setzte die *America* über den Ärmelkanal nach England über. Als sie sich der englischen Küste näherte, traf sie auf den Kutter *Laverock*, dem seinerzeit modernsten und schnellsten Boot der britischen Gewässer. Und unter den aufmerksamen Blicken der britischen Seglerelite – und zu ihrem großen Erschrecken – passierte die *America* die *Laverock* mit Leichtigkeit. Das wiederum hatte zur Folge, dass niemand die Herausforderung annehmen wollte, die Stevens am Schwarzen Brett der Royal Yacht Squadron angebracht hatte. Erst als die Tageszeitung Times die Feigheit der britischen Segler in einem aufstachelnden Editorial anprangerte, fühlten die Briten sich derart provoziert, dass sie einer Wettfahrt mit der *America* rund um die Insel Wight zustimmten. Der Preis war eben jener neu gestiftete 100 Guinea Cup.

16 Yachten gingen an den Start. Doch obwohl sie unterschiedlich konstruiert waren und ihre Größen von 47 bis 392 Tonnen reichten, gab es keine Handicap-Regelung. In jenen Tagen begannen alle Regatten dergestalt, dass sie mit nicht gesetzten Segeln vor Anker lagen. Die *America* erwischte einen schlechten Start, doch schon bald nahm sie die Verfolgung ihrer britischen Rivalen auf. Da jedoch die Wettfahrtinstruktionen nicht sehr klar formuliert waren, segelte die *America* auf einer kürzeren Route als die britischen Boote. Während letztere das Nab-Leuchtfeuer außen und damit auf

Von oben nach unten DIE AMERIKANISCHE *STARS & STRIPES* GEGEN DIE *TEAM NEW ZEALAND* 1988. EIN GEMÄLDE DES SCHONERS *AMERICA*, DER DIE ROYAL YACHT SQUADRON 1951 HERAUSFORDERTE. EIN SEGEL-MACHER AUF DER *WHITE CRUSADER* 1987. DIE SIEGREICHE *TEAM NEW ZEALAND* 1995.
Gegenüber DIE BESATZUNG DER *TEAM NEW ZEALAND* ZOG AUS DEM GESCHWINDIGKEITSPOTENZIAL UND DEN PERFEKTEN MANÖVERN ALLE VORTEILE BEIM AMERICA'S CUP 2000. DER CUP ENDETE MIT EINEM KLAREN 5:0-SIEG ÜBER DAS ITALIENISCHE TEAM *PRADA*.

NZL-60
TOYOTA
ONE
Steinlager
ITA 45
PRADA

der längeren Route umsegelten, kürzte die *America* auf der inneren Route ab. Einige der besten britischen Yachten eliminierten sich selbst – eine lief auf Grund und eine andere kam dieser zu Hilfe. Zwei weitere Teilnehmer kollidierten miteinander.

Geschichtlichen Aufzeichnungen zufolge, kam die America als Erste ins Ziel. Die Legende will, dass Königin Victoria, die das Geschehen von ihrer königlichen Yacht aus verfolgte, von dem Ergebnis bestürzt war und sich einen gewissen Trost vom Zweitplatzierten erhoffte. Worauf sie die berühmte Antwort erhielt: „Ihre Majestät, es gibt keinen Zweiten." Interessanterweise war es die *Aurora*, die als kleinstes Schiff des Feldes die Ziellinie acht Minuten hinter der *America* passierte. Wären Handicap-Regeln angewendet worden – die *Aurora* hätte den Schoner um Längen geschlagen.

Die Trophäe nahm Einzug in den NYYC und trug fortan den Namen des siegreichen Schoners. Ihren Ehrenplatz erhielt sie in einem eigens für sie entworfenen ovalen Raum jenseits der Eingangshalle des imposanten Clubgebäudes in Downtown Manhattan. Dort blieb die Trophäe auch die folgenden 132 Jahre, verteidigte sich doch der Club gegen 25 Herausforderungen aus aller Welt.

Der wohl beharrlichste Herausforderer war dabei der irische Tee-Baron Sir Thomas Lipton, der zwischen 1899 und 1930 insgesamt fünf Mal in Folge die Amerikaner herausforderte. Der sechste Anlauf war in voller Vorbereitung, als er 1931 starb. Lipton war in den USA sehr populär, und gerissen nutzte er seine America's Cup-Kampagne, um für seinen Tee zu werben, der in jener Zeit an Beliebtheit zunahm. Bei seiner letzten Herausforderung wurde Lipton im Alter von 80 Jahren von dem 46-jährigen Harold Vanderbilt – übrigens Mitglied jener wohlhabenden Familie – besiegt.

Zu den hartnäckigen Herausforderern – und damit legitimer Erbe Liptons – gehört zweifellos auch der Franzose Baron Marcel Bich. Der Erfinder der Wegwerf-Kugelschreiber und -Rasierer investierte in den 70-er Jahren mehr als zehn Millionen Dollar in die Konstruktion von vier Booten für vier verschiedene Herausforderungen. Dabei hielt er sich penibel an die Regeln und nutzte nur „heimische" Ausrüstung an Bord. Er ließ es sich nicht nehmen, die Schiffe selbst zu steuern, auch wenn ihm mitunter Größen wie Eric Tabarly und andere französische Spitzensegler assistierten. Seiner Weitsicht ist es zu verdanken, dass der America's Cup an internationalem Interesse zunahm und die Notwendigkeit entstand, eine Wettkampfserie zwischen den Herausforderern ins Leben zu rufen, dem Vorläufer des heutigen Louis Vuitton Cup.

DIE NIEDERLAGE VON 1983

Auf lange Sicht war eine Niederlage des NYYC unvermeidbar. 1983 waren es sieben Yachten aus fünf Ländern, die fast zeitgleich die Verteidigung des America's Cup herausforderten (zu jener Zeit hatte man gerade die zulässige Bootsklasse geändert – von der J-Class zur 12-Metre-Class). Aufgrund der Anzahl der Herausforderer war man erstmals gezwungen, eine Wettfahrtserie zu organisieren, mit deren Hilfe man herausfinden wollte, welches der sieben Syndikate gegen Amerika antreten durfte. Der französische Luxuswarenhersteller Louis Vuitton entschied, dass sein Name offiziell mit der Herausforderung verbunden sein sollte. In den nachfolgenden Jahren avancierte Louis Vuitton zum Co-Organisator der Ausscheidungsregatten, die über drei Wettfahrtserien – Round Robin genannt – verfügten sowie ein Halbfinale und das Finale.

An den Start gehen durften schließlich die radikale, schneeweiße *Australia II* des australischen Magnaten Alan Bond sowie die königsblaue, mit einem goldenen Streifen versehene *Victory 83* aus England. Doch während des gesamten aufregenden Rennens dominierten stets unbewiesene Behauptungen und Fragen an Land, ob das ungewisse „Etwas" des australischen Bootes, das allabendlich hinter einer Plane verhüllt wurde, auch legitim sei. Später stellte sich dieses „Etwas" als revolutionärer Flügelkiel heraus, und die Australier hatten die Louis-Vuitton-Vorläufe genutzt, ihr Boot für das Finale abzustimmen. Letztlich gelang es dem Team mit diesem Manöver, die Amerikaner von ihren eigenen Vorbereitungen für die America's Cup-Verteidigung abzulenken.

Die *Australia II* bezwang die *Victory 83* zum Gewinn des Louis Vuitton Cup, um schließlich gegen die *Liberty* aus den USA anzutreten. Für Alan Bond war es der nun-

Oben links DIE *LIBERTY* FÜHRT VOR DER *COURAGEOUS* WÄHREND DER ROUND ROBIN-AUSSCHEIDUNGEN IM RAHMEN DES LOUIS VUITTON CUP 1983, BEI DEM DER AMERICA'S CUP-HERAUSFORDERER ERMITTELT WIRD.

Oben rechts DIE *AUSTRALIA II* MIT IHRER GEHEIMWAFFE – EINEM INNOVATIVEN FLÜGELKIEL. DER WELTKLASSESEGLER JOHN BERTRAND GEWINNT DEN AMERICA'S CUP-TITEL 1983.

Gegenüber ES WAR EIN BEISPIELLOSER SIEG, ALS DIE *AUSTRALIA II* DEN AMERIKANERN DEN CUP ABRANG UND IHN DAMIT AUS DEM NEW YORK YACHT CLUB ENTFÜHRTE, WO ER SEIT 132 JAHREN STAND.

mehr vierte Anlauf auf den Cup. Als er in Newport/Rhode Island ankam, winkte er mit einem goldenen Schraubenschlüssel und schwor, diesen zu benutzen, um den America's Cup von seinem Ehrenplatz im New York Yacht Club abzumontieren.

Während im America's Cup-Finale, bei dem es darum geht, in sieben Wettfahrten die Oberhand zu bekommen, der revolutionäre Flügelkiel der *Australia II* mit Skipper John Bertrand immer wieder aufblitzte, gestaltete sich die Öffentlichkeitsarbeit an Land als schwierig. Besitzer Bond gelang es jedoch, jeden Versuch des NYYC abzuwehren, den Kiel als illegal zu verbieten. Auf dem Wasser allerdings sahen die Australier gegen den vollkommenen America's Cup-Skipper Dennis Connor nicht eben wie die wahrscheinlichen Sieger aus, zumal der NYYC mit 3:1 in Führung ging. Zwar war die *Australia II* schneller, aber offensichtlich nicht stabil genug, die Wettfahrten zu Ende zu bringen. Der Rückstand von 1:3 aufgrund technischer Probleme hatte zur Folge, dass die Australier fortan jedes einzelne Rennen gewinnen mussten. Nur ein einziger weiterer Sieg für Connor – und der Cup wäre vor Bonds goldenem Schraubenschlüssel sicher. Unglaublich, aber wahr – aus aussichtsloser Lage kämpfte sich die *Australia II* zurück ins Rennen und gewann die drei folgenden Wettfahrten. Der Triumph über die Amerikaner beendete eine 132-jährige Siegesserie – übrigens die längste Serie in der Geschichte des Sports.

Wie das Protokoll es vorsieht, wurde der America's Cup sowie die Organisation an den Royal Perth Yacht Club übergeben. Erstmals wurde so aus dem Titelverteidiger ein Herausforderer, eine Nachricht, die um die Welt ging.

Der Louis Vuitton Cup und der australische Sieg hatten noch einen Nebeneffekt: Der America's Cup wurde ein globales Rennen und mobilisierte mehr denn je Herausforderer aus vielen Ländern. Der America's Cup als internationales Rennen um technischen Vorsprung.

AMERIKA HOLT DEN CUP ZURÜCK

Beim nächsten America's Cup 1986 ging die noch nie dagewesene Zahl von 13 Herausforderern im westaustralischen Freemantle/Perth an den Start. Alle waren sie fest entschlossen, dem Royal Perth Yacht Club die Trophäe wieder abspenstig zu machen. Allerdings verlor Alan Bond bei seinem fünften America's Cup-Anlauf – er zog in diesem Jahr mit dem Rekord von Sir Thomas Lipton geich – schon in der Vorrunde. Dennis Connor hingegen, der Unterlegene des letzten Cups, startete für den San Diego Yacht Club. Mit dem Gewinn des Louis Vuitton Cup gegen die neuseeländische Yacht *Kiwi*

Magic setzte er den Grundstein für ein großartiges Comeback.

Die Wettfahrtserie vor Freemantle war die wohl spektakulärste, die die 12-Metre-Class je sah. Bei stürmischen Winden pflügten die Yachten durch die hohen Seen des Indischen Ozeans, die sich vor der australischen Westküste auftürmten. Unendliche Sonne, kräftige Winde, raue See und weißes Wasser sorgten für ganz neue Sehgewohnheiten bei diesem sonst eher gemächlichen Event. Die Fernsehübertragung öffnete neue Dimensionen des Segelns als Zuschauer-Sportart.

Die *Stars & Stripes* unter Dennis Connor schien nach monatelangen und endlosen Duellen gegen die anderen Herausforderer auf der Höhe seiner Leistungsfähigkeit angelangt – mehr als der australische Titelverteidiger mit der *Kookaburra III.* Nach nur vier Jahren holten sich die USA mit einem eindrucksvollen 4:0-Erfolg den America's Cup von den Australiern zurück.

Der San Diego Yacht Club verteidigte den Cup seinerseits zwei Mal und hielt ihn acht Jahre lang. Nur ein Jahr nach dem Sieg in Freemantle sah sich Connor einer erneuten Herausforderung, diesmal durch den Neuseeländer Sir Michael Fay, ausgesetzt. Der überraschenden Herausforderung von 1988 begegnete Dennis Connor mit dem Einsatz des Katamaran *Stars & Stripes*, was offensichtlich ein ungleiches Rennen war und letztlich in endlosen Instanzen vor Gericht endete. Schließlich entschieden die Richter, dass San Diego den Cup behalten durfte.

Links DIE *STARS & STRIPES* FÜHRT VOR DER *KIWI MAGIC* BEIM LOUIS VUITTON CUP 1987. DER SIEGREICHE US-SKIPPER DENNIS CONNOR REHABILITIERTE SICH MIT DEM WIEDERGEWINN DES AMERICA'S CUP.

Oben CONNORS CREW AUF DER *STARS & STRIPES*. DER US-SKIPPER HAT BISHER AN SIEBEN CUPS TEILGENOMMEN UND SIEGTE VIER MAL (1974, 1980, 1987 UND 1988).

Nach dieser unsäglichen Episode wurde die seit dem 2. Weltkrieg eingesetzte 12-Metre-Class ersetzt. Die auch heute noch gültige International America's Cup Class (IACC) kam erstmals im Jahr 1992 zum Einsatz, als der Milliardär Bill Koch mit der *America 3* für den San Diego Yacht Club startete. Dieser bezwang die *Il Moro di Venezia* des italienischen Milliardärs Raul Gardini und seines 150 Millionen Dollar schweren Syndikats.

Wie schon 1992 sah man auch im Jahr 1995 in San Diego die meisten Hauptdarsteller wieder. Viele, bis auf eine Ausnahme: Das *Team New Zealand* mit seinem schwarzen Boot, dessen Farbe sich an den Schoner *America* anlehnte, der im Jahr 1851 den Cup holte. Dieses Team war zweifellos beeindruckend. Russell Coutts aus Neuseeland steuerte sein Team durch die vier Round Robins, durch Halbfinale und Finale und vergab dabei nur eine einzige Wertung an den Gegner, ehe er sich standesgemäß den Louis Vuitton Cup holte. Die Seglerwelt – und vor allem die gesamte Bevölkerung Neuseelands – wappnete sich für den nächsten Schritt. Und in der Tat, das Team New Zealand sorgte für eine der beschämendsten Niederlagen, die der America's Cup je erlebte.

Straßenparaden und nationaler Taumel ergossen sich über Sir Peter Blake, Russell Coutts und die Besatzungsmitglieder, als sie den Cup nach Neuseeland brachten. Das kleinste Land, das sich je im America's Cup engagierte, verdiente sich die Lorbeeren. Die Royal New Zealand Yacht Squadron wurde somit die vierte Heimat des legendären Cups.

Im März 1997 hinterließ eine weitere dramatische Episode im wahrsten Sinne des Wortes ihre Spuren. Ein gewisser Benjamin Piri Nathan brach in die Räume der Squadron ein, schlug mit einem Holzhammer auf die Trophäe und beschädigte sie schwer. Nathan, der ein beachtliches Vorstrafenregister aufzuweisen hatte, behauptete, diese Attacke sei politisch motiviert gewesen. Er wurde verhaftet und hinter Schloss und Riegel ge-

Oben BEIM CUP 1988 TRAT DENNIS CONNOR GEGEN DIE *NEW ZEALAND* MIT EINEM KATAMARAN AN. DAS OFFENSICHTLICHE MISSVERHÄLTNIS BEIM WETTKAMPF GEGEN EINE MONOHULL-YACHT SORGTE FÜR AUFREGUNG.

Links DIE USA UND NEUSEELAND BEIM AMERICA'S CUP-DUELL 1985. DAS NEUSEELÄNDISCHE SELBSTVERTRAUEN SORGTE DANK DES GEWINNS DES LOUIS VUITTON CUP AUCH FÜR EINEN KLAREN 5:0-SIEG.

bracht. Dennoch machte die Nachricht weltweit die Runde. Unter den vielen Anrufen, die die Tat verurteilten und der Royal New Zealand Yacht Squadron ihre Sympathie ausdrückten, war auch ein Angebot des britischen Juweliers Garrard, der die Kanne 1848 gefertigt hatte und der bereit war, den Cup kostenlos zu restaurieren. In den folgenden drei Monaten setzten die Juweliere von Garrard ihr ganzes Können ein, die wertvolle Trophäe wieder herzurichten (bei einem Fahrzeug wäre dies wohl ein Totalschaden gewesen).

Als die Arbeit vollbracht war und der Cup auf dem Luftweg wieder nach Neuseeland zurückkehrte – wohlgemerkt auf einem eigenen Sitz der ersten Klasse –, erklärte Richard Jarvis, Managing Director bei Garrard, warum sein Unternehmen derartige Anstrengungen und das auch noch kostenlos unternahm: „Der Grund dafür ist schlicht – es handelt sich um den America's Cup."

Im Jahr 1999 kamen 18 Herausforderer aus zehn Nationen zusammen, um in Auckland für die Ehre zu kämpfen, gegen Neuseeland beim America's Cup antreten zu dürfen. Beim Louis Vuitton Cup waren Boote aus Australien, England, Frankreich (drei Boote), Hongkong, Italien, Russland, Japan, Spanien, der Schweiz (zwei Boote) sowie sechs Herausforderer aus den USA vertreten. Und es war die siebte Cup-Teilnahme – und damit Rekord – für Dennis Connor, der die San Diego Cortez Racing Association repräsentierte. Allerdings war er auch der einzige Amerikaner, der den Cup bereits verlor: das erste Mal 1983, das zweite Mal 1995.

Alle Hoffnungen ruhten auf Sir Peter Blake, jenem standfesten neuseeländischen Seemann mit dem langen und beeindruckenden Lebenslauf. Unvergessen war sein Sieg beim Whitbread Round-the-World-Race 1989/1990 sowie die Demontage des bestehenden Trophée Jules Verne-Rekords (nonstop um die Welt) 1994. Hierauf bauten die Kiwis ihr ganzes Vertrauen. Und schließlich zählte auch Russell Coutts, einer der talentiertesten Steuermänner der Welt, zum Team. Zum ersten Mal in der Geschichte des America's Cup kamen die Amerikaner nicht einmal bis ins Finale. Es war die Yacht *Prada* aus Italien, die den Louis Vuitton Cup gewann und die

Oben von links EIN KNAPPER KAMPF ZWISCHEN DER *AMERICA ONE* UND DER JAPANISCHEN *ASURA* WÄHREND DES LOUIS VUITTON CUP 1999. LETZTERE SEGELTE SCHLIESSLICH IM FINALE GEGEN DIE *PRADA* AUS ITALIEN.

Links EIN GELÖSTES TEAM NEW ZEALAND KURZ VOR VERGABE DES AMERICA'S CUP 2000. ZUM ERSTEN MAL IN DER GESCHICHTE KONNTE EIN ANDERES LAND ALS DIE USA DEN TITEL VERTEIDIGEN.

Ehre hatte, gegen Neuseeland anzutreten. Ein professioneller 5:0-Sieg der Kiwis sorgte jedoch dafür, dass die überglückliche Crew den prestigereichen America's Cup weiterhin ihr Eigen nennt.

Oben *BRAVO* UND *6IEME SENS* BEIM CUP 1999.
Rechts DIE *STARS & STRIPES* FÜHRT GEGEN DIE *AMERICA TRUE* VOM SAN FRANCISCO YACHT CLUB WÄHREND DES LOUIS VUITTON CUP 1999.

HISTORISCHE REGATTA-ERGEBNISSE

Nachfolgend finden Sie die historischen Regatta-Ergebnisse, abhängig von ihrer Verfügbarkeit. In einigen Fällen wurden nur die Ergebnisse berücksichtigt, die für den Text relevant sind. Bei den meisten Regatten gibt es sowohl verschiedene Klassen als auch Ratings. Nicht alle Sieger in jeder Kategorie konnten berücksichtigt werden, was dem sportlichen Geist einer Regatta eigentlich widerspricht. Räumliche Einschränkung sowie der Bezug zum Inhalt des Buches haben bei der nachfolgenden Zusammenfassung der Regattaergebnisse eine Rolle gespielt.

FASTNET (Handicap)

Jahr	Boot	Eigner
1925	*Jolie Brise*	E G Martin
1926	*Ilex*	Royal Engineer Yacht Club
1927	*Talley Ho!*	Lord Stalbridge
1928	*Nina*	P Hammond
1929	*Jolie Brise*	R Somerset
1930	*Jolie Brise*	R Somerset
1931	*Dorade*	R Stephens Senior
1933	*Dorade*	R Stephens Senior
1935	*Stormy Weather*	P Le Boutillier
1937	*Zeearend*	Kees Bruynzeel
1939	*Bloodhound*	I Bell
1947	*Myth of Malham*	John H Illingworth
1949	*Myth of Malham*	John H Illingworth
1951	*Yeoman III*	O A Aisher
1953	*Favona*	Sir M Newton
1955	*Carina II*	R Nye
1957	*Carina II*	R Nye
1959	*Anitra*	S Hansen
1961	*Zwerver*	W N H van der Vorm
1963	*Clarion of Wight*	D Boyer and D Miller
1965	*Rabbit*	R E Carter
1967	*Pen Duick III*	Eric Tabarly
1969	*Red Rooster*	R E Carter
1971	*Ragamuffin*	S Fischer
1973	*Saga*	E Lorentzen
1975	*Golden Delicious*	P Nicholson
1977	*Imp*	D Allen
1979	*Tenacious*	Ted Turner
1981	*Mordicus*	Taylor and Volterys
1983	*Condor*	R A Bell
1985	*Panda*	P T Whipp
▲ 1987	*Juno*	M Peacock
1989	(IMS) *Diane*	R Schwartz
	(IOR) *Great News*	R Short, Jones, Forbes
1991	(IMS) *Iona*	N Brown
	(IOR) *Passage*	G Isett
1993	(IMS) *Encore*	Jim Dolan
	(IOR) *Indulgence*	G Walker
1995	(IMS) *Nicorette*	Ludde Ingvall
	(IOR) *Nicorette*	Ludde Ingvall
1997	(IMS) *Morning Glory*	Hasso Plattner
	(IOR) *Royal Blue*	G Ekdahl
1999	*Whirlpool-Europe 2*	C Chabaud

▲ Ab 1987 wurden die Sieger nach IMS bzw. IOR-Rating berücksichtigt

Oben ALS EINHANDYACHT KONSTRUIERT: DIE 60-FUSS-YACHT *WHIRLPOOL* UND SIEGERIN DES FASTNET RACE 1999.

TOUR DE FRANCE À LA VOILE (Line honours)

Jahr	Boot	Skipper
1978	*Marseille*	François Pailoux
1979	*Dunkerque*	Joe Setten
1980	*Dunkerque*	Damien Savatier
1981	*Dunkerque*	Damien Savatier
1982	*Marseille*	Jean-Paul Mouren
1983	*Lanveoc-Navale*	Benoît Caignaert
1984	*Europe*	Philippe Hannin (Belgium) & Dominique d'Andrimont
1985	*Côtes du Nord*	Yannick du Petit
1986	*Le Havre*	Benoît Caignaert
1987	*Sète-Languedoc-Roussillon*	Pierre Mas & Bertrand Pace
1988	*Sète-Languedoc-Roussillon*	Pierre Mas & Bertrand Pace
1989	*Ronuc-Saône-et-Loire*	Richard Sautieux
1990	*Wasquehal*	Hans Boulsholte (Netherlands) & Philippe Delhumeau
1991	*La Ciotat*	Laurent Delage
1992	*Sodifac-Roubaix*	Jimmy Pahun
1993	*Saint Quentin-en-Yvelines*	Thierry Peponnet
1994	*Saint Pierre-et-Miquelon*	Alain Fedensieu
1995	*Baume et Mercier-EDC-Mauguio-Carnon*	Bernard Mallaret
1996	*E LeClerc-Région Scaso*	Paul Cayard & Vincent Fertin & Sébastien Destremeau
1997	*CSC-Sun-Microsystems*	Bertrand Pace & Philippe Guigne
1998	*Nantes & St Nazaire-Bouygues Telecom*	Luc Pillot
1999	*Kateie*	Luc De Wulf (Belgium)

Anmerkung: Alle Teilnehmer aus Frankreich, es sei denn, es ist anders verzeichnet

SCHLÜSSEL: IOR = International Offshore Rules — IMS = International Measurement System — * denotes current race record

SYDNEY–HOBART (LINE HONOURS & HANDICAP)

JAHR	BOOT	GESEGELTE ZEIT	HANDICAP
1945	*Rani*, GB	6 Tage 14 h 22 min	*Rani*, GB
1946	*Morna*, NSW	5 Tage 2 h 53 min 33 sek	*Christina*, NSW
1947	*Morna*, NSW	5 Tage 3 h 3 min 54 sek	*Westward*, TA
1948	*Morna*, NSW	4 Tage 5 h 1 min 21 sek	*Westward*, TA
1949	*Waltzing Matilda*, NSW	10 Tage 33 h 10 min	*Tradewinds*, NSW
1950	*Margaret Rintoul*, NSW	5 Tage 28 h 35 min	*Nerida*, SA
1951	*Margaret Rintoul*, NSW	4 Tage 2 h 29 min 1 sek	*Struen Marie*, NSW
1952	*Nocturne*, NSW	6 Tage 2 h 34 min 47 sek	*Ingrid*, NSW
1953	*Solveig*, NSW	5 Tage 7 h 12 min 50 sek	*Ripple*, NSW
1954	*Kurrewa IV*, NSW	5 Tage 6 h 9 min 47 sek	*Solveig*, NSW
1955	*Even*, NSW	4 Tage 18 h 13 min 14 sek	*Moonbi*, NSW
1956	*Kurrewa IV*, NSW	4 Tage 4 h 31 min 44 sek	*Solo*, NSW
1957	*Kurrewa IV*, NSW	3 Tage 18 h 30 min 39 sek	*Anitra V*, NSW
1958	*Solo*, NSW	5 Tage 2 h 32 min 52 sek	*Siandra*, NSW
1959	*Solo*, NSW	4 Tage 13 h 33 min 12 sek	*Cherana*, NSW
1960	*Kurrewa IV*, NSW	4 Tage 8 h 11 min 15 sek	*Siandra*, NSW
1961	*Astor*, NSW	4 Tage 4 h 42 min 11 sek	*Rival*, NSW
1962	*Ondine*, USA	3 Tage 3 h 49 min 16 sek	*Solo*, NSW
1963	*Astor*, NSW	4 Tage 10 h 53 min	*Freya*, NSW
1964	*Astor*, NSW	3 Tage 20 h 5 min 5 sek	*Freya*, NSW
1965	*Stormvogel*, South Africa	3 Tage 20 h 30 min 9 sek	*Freya*, NSW
1966	*Fidelis*, Neuseeland	4 Tage 8 h 39 min 43 sek	*Cadence*, NSW
1967	*Pen Duick III*, Frankreich	4 Tage 4 h 10 min 31 sek	*Rainbow II*, Neuseeland
1968	*Ondine II*, USA	4 Tage 30 h 20 min 2 sek	*Koomooloo*, NSW
1969	*Crusade*, GB	3 Tage 15 h 7 min 4 sek	*Morning Cloud*, GB
1970	*Buccaneer*, Neuseeland	3 Tage 14 h 6 min 12 sek	*Pacha*, NSW
1971	*Kialoa*, USA	3 Tage 12 h 46 min 21 sek	*Pathfinder*, Neuseeland
1972	*American Eagle*, USA	3 Tage 4 h 42 min 39 sek	*American Eagle*, USA
1973	*Helsal*, NSW	3 Tage 1 h 32 min 9 sek	*Ceil III*, Hong Kong
1974	*Ondine III*, USA	3 Tage 13 h 51 min 56 sek	*Love & War*, NSW
1975	*Kialoa*, USA	2 Tage 14 h 36 min 56 sek	*Rampage*, WA
1976	*Ballyhoo*, NSW	3 Tage 7 h 59 min 26 sek	*Piccolo*, NSW
1977	*Kialoa II*, USA	3 Tage 10 h 14 min 9 sek	*Kialoa*, USA
1978	*Apollo*, NSW	4 Tage 2 h 23 min 24 sek	*Love & War*, NSW
1979	*Bumblebee IV*, NSW	3 Tage 1 h 45 min 52 sek	*Screw Loose*, TA
1980	*New Zealand*, New Zealand	2 Tage 18 h 45 min 41 sek	*New Zealand*, New Zealand
1981	*Vengeance*, NSW	3 Tage 22 h 30 min	*Zeus II*, NSW
1982	*Condor*, Bermuda	3 Tage 59 min 17 sek	*Scallywag*, NSW
1983	*Condor*, Bermuda	3 Tage 50 min 29 sek	*Challenge III*, VA
1984	*New Zealand*, New Zealand	3 Tage 11 h 31 min 21 sek	*Indian Pacific*, NSW
1985	*Apollo*, NSW	3 Tage 4 h 32 min 28 sek	*Sagacious*, NSW
1986	*Condor*, Bermuda	2 Tage 23 h 26 min 25 sek	*Extension*, NSW
1987	*Sovereign*, NSW	2 Tage 21 h 58 min 8 sek	*Illusion*, NSW
1988	*Ragamuffin*, NSW	3 Tage 15 h 29 min 7 sek	*Sovereign*, VA
1989	*Drumbeat*, WA	3 Tage 6 h 21 min 34 sek	*Ultimate Challenge*, VA
1990	▲ *Ragamuffin*, NSW	2 Tage 21 h 5 min 33 sek	*Sagacious V*, NSW
1991	• *Brindabella*, ACT	3 Tage 1 hr 14 min 9 sek	(IOR) *Atara*, Ireland (IMS) *She's Apples II*, NSW
1992	• *New Zealand Endeavour*, NZ	2 Tage 19 h 19 min 18 sek	(IOR) *Ragamuffin*, NSW (IMS) *Assassin*, NSW
1993	• *Ninety Seven*, NSW	4 Tage 54 min 11 sek	(IMS) *Micropay Cuckoos Nest*, NSW (IOR) *Solbourne Wild Oats*, NSW
1994	*Tasmania*, TA	2 Tage 16 h 48 min 4 sek	(IMS) *Raptor*, Deutschland
1995	*Sayonara*, VA	3 Tage 53 min 53 sek	(IMS) *Terra Firma*, VA
1996	*Morning Glory*, Deutschland	2 Tage 14 h 7 min 10 sek	(IMS) *Ausmaid*, VA
1997	*Brindabella*, NSW	2 Tage 23 h 37 min 12 sek	(IMS) *Beau Geste*, Hong Kong
1998	*Sayonara*, USA	2 Tage 19 h 3 min 32 sek	(IMS) *AFR Midnight Rambler*,
1999	* *Nokia*, Australien/Dänemark	1 day 19 h 48 min 2 sek	(IMS) *Yendys*, Hong Kong

▲ *1990 erreichte die Yacht* **Rothmans** *die schnellste gesegelte Zeit, wurde aber nach Regel 26 bestraft (wegen unzulässiger Werbung).*

• *In den Jahren 1991, 1992 und 1993 gab es in der Übergangsphase vom IOR zum IMS-Rating jeweils zwei Gesamtsieger. Seit 1994 gibt es nach IMS jeweils nur einen Gewinner.*

Oben DIE AUSTRALISCHE YACHT *WILD THING* BEIM KATASTROPHALEN SYDNEY-HOBART-RACE VON 1998.

Unten HÄUFIGER GAST BEI AUSTRALISCHEN REGATTEN: DIE YACHT *BINDARELLA*, DEREN CREW GERADE DEN SPINNAKERBAUM SETZT. SIE BELEGTE BEIM SYDNEY-HOBART 1998 DEN ZWEITEN PLATZ.

CHICAGO–MACKINAC (Mackinac cup handicap winners)

Jahr	Boot	Eigner
1898	*Vanenna*	W R Crawford
1899–1903	ausgefallen	
1904	*Vencedor*	Fred Price
1905	*Mistral*	D Lawrence
1906	*Vanadis*	G S Steere
1907	*Vencedor*	G Tramel
1908	*Valmore*	W H Thompson
1909	*Valmore*	W H Thompson
1910	*Valmore*	W H Thompson
1911	*Mavourneen*	E M Mills, Otto C Schoenwerk
1912	*Polaris*	J O Heyworth
1913	*Olympian*	J O Heyworth
1914	*Olympian*	Snite & Barcal
1915	*Leda*	G B Currier
1916	*Intrepid*	Snite & Barcal
1917–1920	ausgefallen wegen des 1. Weltkrieges	
1921	*Virginia*	Carlos Alling
1922	*Intrepid*	Prather & Farrell
1923	*Virginia*	J A Hadwiger
1924	*Sari*	B Carpenter
1925	*Virginia*	J A Hadwiger
1926	*Intrepid*	Prather & Farrell
1927	*Siren*	Karas
1928	*Comet*	H A Beaumont
1929	*Blue Moon*	H T Simmons
1930	*Cynthia*	J L Williamson
1931	*Siren*	Karas brothers
1932	*Bagheerea*	R P Benedict Jr
1933	*Siren*	Karas brothers
1934	*Elizabeth*	L A Williams
1935	*Princess*	Jedzrykowski–Kallgren
1936	*Rubaiyat*	Nathaniel Rubinkam
1937	*Rubaiyat*	Nathaniel Rubinkam
1938	*Hope*	Herman Karnstedt
1939	*Gloriant*	A M Herrmann
1940	*Bangalore*	Edward Lumbard
1941	*Lively Lady*	Otto Dreher
1942	*White Cloud*	Sorenson
1943	*Gloriant*	Thomas
1944	*Bangalore Too*	Lumbard, Kinsey
1945	*Cara Mia*	L L Karas
1946	*Blitzen*	Grates, Knapp
1947	*Cara Mia*	L L Karas
1948	*Taltohna*	E B Tolmon Jr
1949	*Cara Mia*	L L Karas
1950	*Fleetwood*	Nicholas J Geib
1951	*Gale*	Harry G Nye Jr
1952	*Tahuna*	P C McNulty
1953	*Fleetwood*	N J Geib
1954	*Taltohna*	Edgar B Tolman
1955	*Rangoon*	Silberman–Stern
1956	*Copperhead*	C L Kotovic
1957	*Meteor III*	Henry Burkard
1958	*DYNA*	Clayton Ewing
1959	*Feather II*	William G Peacock Jr
1960	*Freebooter*	Pohn-Pohn
1961	*Blue Horizon*	Dick Kaup
1962	*Flame*	James E Doane
1963	*Meteor III*	Henry Burkard
1964	*X-Barb*	Dr David Axelrod
1965	*Blitzen*	Schoendorf brothers
1966	*Blitzen*	Schoendorf brothers
1967	*Flying Buffalo*	M Declercq & K Ness
1968	*Comanche*	Schoendorf brothers
1969	*Flying Buffalo*	M Declercq & K Ness
1970	*Decision*	D W Howell
1971	*Endurance*	R H DeRusha
1972	*Azure*	Lekan & Haagenson
1973	*Bay Bea*	Pat Haggerty
1974	*No Go VII*	Crowley, Siegel
1975	*Dora IV*	L A Williams
1976	*Tortuga*	Creger, Wharton
1977	Sieben Erstplatzierte in sieben Kategorien	
1978	*Scaramouche*	E Kirsch
1979	*Chocolate Chips*	Lester, Porter
1980	*Rush*	R K Hicks
1981	*Thunderbird*	Mashke, Erb
1982	*Leading Edge*	Eugene Mondry
1983	*Thirsty Tiger*	A G d'Ottavio
1984	*HeriTage*	Sea Scouts
1985	*Hilaria*	Robert Stocker
1986	*Eagle*	Jerome O'Neill
1987	*Glider*	J Huff, R Stearns
1988	*Jeannine*	Jack Roeser
1989	*Insatiable*	Fred Krehbiel
1990	*Kodiak*	Lloyd Ecclestone Jr
1991	*Wizo*	Hector J Marchland
1992	*Sensation*	Thomas, Thomas, Chapman
1993	*Daybreak*	Robert Chatain Jr
1994	*Windquest*	Richard de Vos
1995	*Flash Gordon 2*	Helmut Jahn
1996	*Bantu*	Thomas Kuber
1997	*Wizo*	Willard J Harman
1998	*Bacchant*	Jere Sullivan
1999	*Pied Piper*	Richard Jennings

ROUTE DU RHUM (Line honours)

Jahr	Boot	Skipper	Multihull
1978	*Olympus*	Mike Birch	Trimaran
1982	*Elf Aquitaine*	Marc Pajot	Catamaran
1986	*Fleury Michon*	Philippe Poupon	Trimaran
1990	*Pierre 1er*	Florence Arthaud	Trimaran
1994	*Primagaz*	Laurent Bourgnon	Trimaran
1998	* *Primagaz*	Laurent Bourgnon	Trimaran

Bemerkenswert ist der große Zeitunterschied zwischen Birchs Rekord von 1978 (23 Tage) und Bourgnons Rekord von 1994 (14 Tage, sechs Stunden, 28 Minuten, 29 Sekunden)

OSAKA CUP (Line honours)

Jahr	Entries	Boot	Skipper	Gesegelte Zeit
1987	64	*Nakiri Daio*	Warwick Thomson	31 Tage 19 h 6 min 26 sek
1991	42	*Nakiri Daio*	Ross Fields	28 Tage 6 h 39 min 10 sek
1995	28	* *Wild Thing*	Grant Wharington	26 Tage 20 h 47 min 6 sek
1999	20	*Sayernara*	Rob Drury	30 Tage 3 h 39 min 22 sek

NEWPORT–BERMUDA (LINE HONOURS)

JAHR	ENTRIES	BOOT	GESEGELTE ZEIT
1906	3	*Tamberlane*	126 h 9 min
1907	12	*Dervish*	89 h
1908	5	*Verona*	100 h 19 min 30 sek
1909	5	*Amorita*	78 h 19 min
1910	2	*Vagrant*	90 h 42 min
1923	22	*Memory*	112 h 18 min 45 sek
1924	14	*Memory*	102 h 31 min 21 sek
1926	16	*Dragoon*	118 h 6 min 45 sek
1928	25	*Rugosa II*	103 h 13 min 48 sek
1930	42	*Yankee Girl II*	98 h 29 min 39 sek
1932	27	*Highland Light*	71 h 35 min 43 sek
1934	29	*Vamarie*	75 h 33 min 32 sek
1936	44	*Vamarie*	114 h 50 min 30 sek
1938	38	*Baruna*	91 h 5 min 42 sek
1946	31	*Baruna*	119 h 3 min 5 sek
1948	36	*Baruna*	87 h 9 min 45 sek
1950	59	*Bolero*	75 h 32 min 9 sek
1952	58	*Royono*	97 h 16 min 28 sek
1954	77	*Bolero*	108 h 55 min 4 sek
1956	89	*Bolero*	70 h 11 min 37 sek
1958	111	*Good News*	102 h 23 min 48 sek
1960	131	*Venturer*	121 h 13 min 12 sek
1962	131	*Northern Light*	80 h 46 min 32 sek
1964	143	*Stormvogel*	92 h 10 min 15 sek
1966	167	*Kialoa II*	105 h 2 min 41 sek
1968	152	*Ondine*	83 h 12 min 35 sek
1970	152	*Windward Passage*	87 h 3 min 47 sek
1972	178	*Robon*	80 h 15 min 15 sek
1974	166	*Ondine*	67 h 52 min 22 sek
1976	150	*Tempest*	88 h 16 min 20 sek
1978	161	*Circus Maximus*	105 h 5 min 46 sek
1980	160	*Bumblebee IV*	70 h 7 min 45 sek
1982	178	*Nirvana*	62 h 29 min 16 sek
1984	115	*Boomerang*	82 h 11 min 50 sek
1986	125	*Condor*	90 h 46 min 47 sek
1988	120	*Congère*	87 h 24 min 8 sek
1990	145	*Boomerang*	87 h 20 min 1 sec
1992	117	*Boomerang*	72 h 19 min 29 sek
1994	149	*Windquest*	72 h 15 min 9 sek
1996	145	* *Boomerang*	57 h 31 min 30 sek
1998	162	*Alexia*	90 h 56 min 16 sek

Oben DER START DER KATEGORIE-II-YACHTEN ZUM KLASSISCHEN NEWPORT-BERMUDA RACE 1998 – EIN RENNEN ÜBRIGENS, AN DEM VIELE RENN-FAHRTENYACHTEN TEILNEHMEN.

COASTAL CLASSIC [AUCKLAND–RUSSELL] (LINE HONOURS)

JAHR	BOOT	SKIPPER	GESEGELTE ZEIT
1982	*Krisis*	Duncan Stuart	18 h
1983	*NZ Challenger*	John Mansell	26 h 57 min 35 sek
1984	*Mokihi*	Max Purnell	18 h 49 min 7 sek
1985	*Split Enz*	J Sager, R Dekker, N Strong	17 h 6 min 48 sek
1986	*Bullfrog*	Ian Johnston, Cathy Hawkins	19 h 53 min 6 sek
1987	*Afterburner*	Alastair Russell	12 h 39 min 55 sek
1988	*Afterburner*	Alastair Russell	9 h 20 min 50 sek
1989	*Emotional Rescue*	Graeme Woodroffe	19 h 7 min 26 sek
1990	*Split Enz*	J Sager, R Dekker, J Hughes	18 h 20 min 29 sek
1991	*Future Shock*	Ian Margan	25 h 4 min 58 sek
1992	*Antaeus*	Tony Ruiterman	21 h 59 min 48 sek
1993	*Split Enz*	J Sager, R Dekker, J Hughes	8 h 48 min 31 sek
1994	*Split Enz*	J Sager, R Dekker, J Hughes	19 h 17 min 51 sek
1995	*Afterburner*	Alastair Russell	18 h 28 min 44 sek
1996	* *Split Enz*	J Sager, R Dekker, J Hughes	7 h 20 min 51 sek
1997	*Split Enz*	J Sager, R Dekker, J Hughes	8 h 32 min 33 sek
1998	*Afterburner*	Alastair Russell	7 h 56 min 58 sek
1999	*Afterburner*	Alastair Russell	13 h 3 min 25 sek

SAN FERNANDO (HANDICAP)

JAHR	BOOT	EIGNER
1975	*Drogheda*	Barry Bryne
1977	*Drogheda*	Barry Bryne
1979	*Charisma*	Vic Locke
1981	*Gailforce*	Roger Goodlet
1983	*Mandalay*	Nigel Stevens
1985	*Rapid Transit*	Charlie Smith
1987	*Charlie*	Jaron Leet
1989	*Bimblegumbie*	Keith Jacobs
1991	* *Rothmans*	Lawrie Smith
1993	*X-Rated*	Rick & Ingie Strompf
1995	*Bimblegumbie*	Keith Jacobs
1997	*Ffree Fire*	Sam Chan
1999	*Jelik*	Frank Pong

Oben DIE YACHT *ZEPHYRUS* BEIM START ZUM CAPE TO RIO RACE 2000, DAS VON EINER MOBILFUNKGESELLSCHAFT GESPONSORT WURDE. DIE *ZEPHYRUS IV* VERBESSERTE DEN REKORD DER *MORNING GLORY* UM ZWEI TAGE.

TRANSPACIFIC (LINE HONOURS)

JAHR	ENTRIES	BOOT	EIGNER/SKIPPER	GESEGELTE ZEIT
1906	3	*Lurline*	H H Sinclair	12 Tage 9 h 59 min
1908	4	*Lurline*	H H Sinclair	13 Tage 21 h 31 min
1910	3	*Hawaii*	syndicate	14 Tage 3 h 23 min
1912	4	*Lurline*	A E Davis	13 Tage 17 h 3 min
1923	4	*Mariner*	L A Norris	11 Tage 14 h 46 min
1926	6	*Invader*	Don M Lee	12 Tage 2 h 48 min 3 sek
1928	6	*Talayha*	L Lippman	13 Tage 4 h 58 min 30 sek
1930	4	*Enchantress*	Morgan Adams	12 Tage 13 h 22 min 52 sek
1932	2	*Fayth*	William S McNutt	14 Tage 14 h 33 min
1934	12	*Vileehi*	H T Horton	13 Tage 3 h 42 min 26 sek
1936	22	*Dorade*	James Flood	13 Tage 7 h 20 min 4 sek
1939	26	*Contender*	Richard R Loynes	14 Tage 7 h 50 min
1941	7	*Stella Maris II*	Dr A Steele	13 Tage 21 h 3 min 55 sek
1947	34	*Chubasco*	W L Stewart Jr	12 Tage 15 h 51 min 18 sek
1949	24	*Morning Star*	Richard S Rheem	10 Tage 10 h 13 min 9 sek
1951	27	*Morning Star*	Richard S Rheem	10 Tage 16 h 44 min 33 sek
1953	32	*Goodwill*	R E Larrabee	11 Tage 2 h 17 min 24 sek
1955	53	*Morning Star*	Richard S Rheem	9 Tage 15 h 5 min 10 sek*
1957	34	*Barlovento*	Frank Hooykaas	11 Tage 13 h 2 min 44 sek
1959	41	*Goodwill*	Ralph Larrabee	10 Tage 12 h 16 min 15 sek
1961	41	*Sirius II*	Howard F Ahmanson	10 Tage 10 h 38 min 35 sek
1963	32	*Ticonderoga*	Robert Johnson	11 Tage 16 h 46 min 33 sek
1965	55	*Ticonderoga*	Robert Johnson	9 Tage 13 h 51 min 2 sek
1967	71	*Stormvogel*	Kees Bruynzeel	11 Tage 14 h 10 min 56 sek
1969	72	*Blackfin*	Kenneth DeMeuse	9 Tage 10 h 21 min
1971	69	*Windward Passage*	Mark Johnson	9 Tage 9 h 6 min 48 sek
1973	60	*Ragtime*	Ragtime Syndicate	10 Tage 14 h 40 sek
1975	65	*Ragtime*	White/Pasquini	9 Tage 23 h 54 min 51 sek
1977	69	*Merlin*	Bill Lee	8 Tage 11 h 1 min 45 sek
1979	80	*Drifter*	Harry Moloschco	11 Tage 18 h 1 min 4 sek
1981	74	*Merlin*	Nick Frazee	8 Tage 11 h 2 min 31 sek
1983	66	*Charley*	Nolan K Bushnell	9 Tage 1 hr 53 min 48 sek
1985	64	*Swiftsure III*	Nick/Robert Frazee	10 Tage 19 h 21 min 47 sek
1987	55	*Merlin*	Donn Campion	8 Tage 12 h 40 sek
1989	49	*Silver Bullet*	John DeLaura	8 Tage 12 h 50 min 35 sek
1991	42	*Chance*	Robert McNulty	9 Tage 21 h 59 min 35 sek
1993	42	*Silver Bullet*	John DeLaura	9 Tage 9 h 11 min 17 sek
1995	38	*Cheval 95*	Hal Ward	9 Tage 1 hr 32 min 20 sek
1997	38	*Pyewacket II*	Roy Disney	7 Tage 15 h 24 min 40 sek
1999	34	* *Pyewacket III*	Roy Disney	7 Tage 11 h 41 min 27 sek

CAPE TO RIO (LINE HONOURS & HANDICAP)

JAHR	BOOT	SKIPPER	GESEGELTE ZEIT
1971	*Ocean Spirit*	Robin Knox-Johnston	23 Tage 18 h 40 min 47 sek
(Handicap)	*Albatross II*	John Goodwin	
1973	*Stormy*	Kees Bruynzeel	21 Tage 12 h
(Handicap)	*Stormy*	Kees Bruynzeel	
1976	*Ondine*	Huey Long	17 Tage 5 h 35 min 20 sek
(Handicap)	*Chica Tica*	C di Mottola Balestra	
1993	*Broomstick*	Hanno Teuteberg	15 Tage 3 h 10 min
(Handicap)	*Morning Glory*	Hasso Plattner	
1996	*Morning Glory*	Hasso Plattner	14 Tage 14 h 52 min
(Handicap)	*Renfreight*	Norge Kennedy	
2000	* *Zephyrus IV*	Robert McNeil	12 Tage 16 h 49 min 41 sek
(Handicap)	*Zephyrus IV*	Robert McNeil	

AUCKLAND–FIDSCHI (LINE HONOURS)

JAHR	BOOT	GESEGELTE ZEIT
1956	*Wanderer*	11 Tage 12 h 26 min
1966	*Roulette*	9 Tage 12 h 50 min
1969	*Kahurangi*	7 Tage 14 h 51 min
1973	*Ta'aroa*	5 Tage 12 h 52 min
1977	*Anticipation*	5 Tage 23 h 39 min
1979	*Anticipation*	9 Tage 8 h 8 min
1981	*Ta'aroa*	6 Tage 17 h 50 min
1983	*Urban Cowboy*	7 Tage 18 h 4 min
1985	*Urban Cowboy*	5 Tage 8 h 53 min
1987	*Satellite Spy*	5 Tage 19 h 22 min
1989	*Future Shock*	4 Tage 14 h 42 min
1991	*Longfellow*	5 Tage 16 h 58 min
1993	*Ice Fire*	7 Tage 22 h 21 min
1995	*Antaeus*	4 Tage 19 h 31 min
1997	*Hydroflow*	5 Tage 12 h 5 min 22 sek
1998	* *Antaeus*	4 Tage 8 h 53 min 14 sek
1999	*Wild Thing*	6 Tage 17 h 26 min 26 sek

Anmerkung: Von 1956 bis 1995, Start von Fidschi, seit 1997 Start von Denarau.

MINI-TRANSAT (Line honours)

Jahr	Boot	Skipper
1977	*Petit Dauphin*	Daniel Gillard
1979	*American Express*	Norton Smith
1981	*Iles du Ponant*	Jacques Peignon
1983	*Voiles Cudennec*	Stéphane Poughon
1985	*Aquitaine*	Yves Parlier
1987	*Exa*	Gilles Chiorri
1989	*Thom Pouss*	Philippe Vicariot
1991	*GTM Enterprise*	Damien Grimont
1993	*Amnesty International*	Thierry Dubois
1995	*Omapi-Saint Brevin*	Yvan Bourgnon
1997	*Karen Liquid*	Sébastien Magnen
1999	*Voile Magazine Jeanneau*	Sébastien Magnen

VOLVO [WHITBREAD] (Handicap)

Jahr	Boot	Skipper	Gesegelte Zeit
1973/74	*Sayula II*	Ramón Carlín	152 Tage 9 h
1977/78	*Flyer*	Cornelis van Rietschoten	136 Tage 5 h 28 min 48 sek
1981/82	*Flyer*	Cornelis van Rietschoten	120 Tage 6 h 34 min 14 sek
1985/86	*L'Esprit d'Equipe*	Lionel Pean	132 Tage 0 h 15 min 19 sek
1989/90	*Steinlager II*	Peter Blake	128 Tage 9 h 40 min 30 sek
1993/94	*New Zealand Endeavour*	Grant Dalton	120 Tage 5 h 9 min 23 sek
1997/98	* *EF Language*	Paul Cayard	117 Tage 7 h 39 min 1 sec

Anmerkung: 1993/1994 sowie 1997/1998 Ergebnis nach gesegelter Zeit

AROUND ALONE [BOC CHALLENGE] (Line honours)

Jahr	Class 1	Class 2
1982/83	Philippe Jeantot (Frankreich)	Yuko Tada (Japan)
1986/87	Philippe Jeantot (Frankreich)	Mike Plant (USA)
1991/92	Christophe Auguin (Frankreich)	Yves Dupasquier (Frankreich)
1994/95	Christophe Auguin (Frankreich)	David Adams (Australien)
1998/99	Giovanni Soldini (Italien)	J P Mouligné (Franco-American)

BT CHALLENGE (Line honours)

Jahr	Boot	Skipper	Gesegelte Zeit
1992/93	* *Nuclear Electric*	John Chittenden	151 Tage 11 h 49 min 11 sek
1996/97	*Group 4 Securitas*	Mike Golding	161 Tage 5 h 25 min 18 sek

VENDÉE GLOBE CHALLENGE (Line honours)

Jahr	Boot	Skipper	Gesegelte Zeit
1989/90	*Ecureuil d'Aquitaine*	Titouan Lamazou	109 Tage 8 h 48 min 50 sek
1991/92	*Bagages Superior*	Alain Gautier	110 Tage
1996/97	* *Géodis*	Christophe Auguin	105 Tage 20 h 31 min 23 sek

JULES VERNE TROPHY (Schnellste gesegelte Zeit)

Jahr	Boot	Skipper	Gesegelte Zeit
1993	*Commodore Explorer*	Bruno Peyron, Cam Lewis	79 Tage 6 h 15 min 56 sek
1994	*Enza New Zealand*	Robin Knox-Johnston, Peter Blake	74 Tage 22 h 17 min
1997	* *Sport-Elec*	Olivier de Kersauson	71 Tage 14 h 18 min

Oben DIE ZWEITE GENERATION DER WHITBREAD-60-YACHT: DAS DEUTSCHE TEAM ILLBRUCK BEI DEN VORBEREITUNGEN FÜR DAS VOLVO ROUND-THE-WORLD RACE 2001.

Mitte DIE YACHT *RHÔNE POULENC* BEI DER BT-CHALLENGE 1993: AUF DER DRITTEN ETAPPE DURCH DIE STURMGEPEITSCHTE, EISIGE SEE NACH KAPSTADT.

Unten DIE *ENZA* IM STÜRMISCHEN ÄRMELKANAL KURZ VOR DEM ZIELEINLAUF DER JULES VERNE TROPHY 1994. DIE WELTUMSEGLUNG LEGTE SIE IN WENIGER ALS 75 TAGEN ZURÜCK.

Oben DIE *PRADA* IN GEWOHNTER POSITION – HINTER DER TEAM NEW ZEALAND. IM FINALE DES AMERICA'S CUP 2000 SIEGTEN DIE NEUSEELÄNDER.

Mitte EIN BILD, DAS DIE GRENZEN DER MACHBARKEIT ZEIGT: DIE IN ZWEI TEILE GEBROCHENE *YOUNG AMERICA* BEIM AMERICA'S CUP 2000.

Unten DIE YACHT *VENTURE A COMPETITION* BEIM ADMIRAL'S CUP 1999. BEI DIESER REGATTA SIND PRÄZISE NAVIGATION UND TAKTIK GEFRAGT.

AMERICA'S CUP

Jahr	Winning team	Team defeated
1851	*America* **USA**	**5 British Boots GB**
1870	*Magic* **USA**	*Cambria* **GB**
1871	*Columbia/Sappho* **USA**	*Livonia* **GB**
1876	*Madeline* **USA**	*Countess of Dufferin* **Canada**
1881	*Mischief* **USA**	*Atalanta* **Canada**
1885	*Puritan* **USA**	*Genesta* **GB**
1886	*Mayflower* **USA**	*Galatea* **GB**
1887	*Volunteer* **USA**	*Thistle* **Scotland**
1893	*Vigilant* **USA**	*Valkyrie II* **GB**
1895	*Defender* **USA**	*Valkyrie III* **GB**
1899	*Columbia* **USA**	*Shamrock* **GB**
1901	*Columbia* **USA**	*Shamrock II* **GB**
1903	*Reliance* **USA**	*Shamrock III* **GB**
1920	*Resolute* **USA**	*Shamrock IV* **GB**
1930	*Enterprise* **USA**	*Shamrock V* **GB**
1934	*Rainbow* **USA**	*Endeavour* **GB**
1937	*Ranger* **USA**	*Endeavour II* **GB**
1958	*Columbia* **USA**	*Sceptre* **GB**
1962	*Weatherly* **USA**	*Gretel* **Australien**
1964	*Constellation* **USA**	*Sovereign* **Australien**
1967	*Intrepid* **USA**	*Dame Pattie* **Australien**
1970	*Intrepid* **USA**	*Gretel II* **Australien**
1974	*Courageous* **USA**	*Southern Cross* **Australien**
1977	*Courageous* **USA**	*Australia* **Australien**
1980	*Freedom* **USA**	*Australia* **Australien**
1983	*Australia II* **Australien**	*Liberty* **USA**
1987	*Stars & Stripes* **USA**	*Kookabura II* **Australien**
1988	*Stars & Stripes* **USA**	*New Zealand* **New Zealand**
1992	*America³* **USA**	*Il Moro di Venezia* **Italien**
1995	*Team New Zealand* **Neuseeland**	*Stars & Stripes* **USA**
2000	*Team Neuseeland* **Neuseeland**	*Prada-Luna Rossa* **Italien**

ADMIRAL'S CUP (Bestes Teamergebnis auf Handicap-Basis)

Jahr	Boot	Land	No. of Nations
1957	*Myth of Malham, Uomie, Jocasta*	GB	2
1959	*Griffin II, Ramod, Myth of Malham*	GB	3
1961	*Windrose, Figaro, Cyane*	USA	5
1963	*Clarion of Wight, Outlaw, Noryema*	GB	6
1965	*Quiver IV, Noryema IV, Firebrand*	GB	8
1967	*Mercedes III, Balandra, Caprice of Huon*	Australien	12
1969	*Red Rooster, Carina, Palawan*	USA	11
1971	*Prospect of Whitby, Morning Cloud, Cervates IV*	GB	17
1973	*Saudade, Rubin, Carina III*	Deutschland	16
1975	*Noryema X, Yeoman XX, Battlecry*	GB	19
1977	*Moonshine, Yeoman XX, Marionette*	GB	19
1979	*Police Car, Impetuous, Ragamuffin*	Australien	19
1981	*Victory of Burnham, Yeoman XXIII, Dragon*	GB	16
1983	*Sabina, Pinta, Outsider*	Deutschland	15
1985	*Outsider, Rubin G VIII, Diva*	Deutschland	18
1987	*Propaganda, Goldcorp, Kiwi*	Neuseeland	14
1989	*Jamarella, Juno IV, Indulgence VII*	GB	14
1991	*Corum Saphir, Corum Rubis, Corum Diamant*	Frankreich	8
1993	*Pinta, Rubin XII, Container*	Deutschland	8
1995	*Capricorno, Brava Q8, Mumm a Mia*	Italien	8
1997	*Flash Gordon 3, MK Café, Jameson*	USA	7
1999	*Mean Machine, Trust Computers, Innovision 7*	Niederlande	9

INDEX

Kursive Seitenzahlen beziehen sich auf Abbildungen

„Ich habe meine Silvesterfeier mit 200 australischen Matrosen verbracht“
Aufdruck auf dem T-Shirt von Isabelle Autissier nach ihrer Rettung durch die australische Marine zum Jahreswechsel 1994/1995.

DANKSAGUNGEN

Folgenden Personen soll an dieser Stelle für ihre Unterstützung bei der Entstehung dieses Buches gedankt werden: Mike Urwin, Kate Langley, Sarah Bustamante und Lindstrom Beatty Communications, Masumi Yamaoka, Dave Foord, Catherine Léourier, Rich Roberts, George Bauer, Rob Sharp, Craig Middleton, Tracey Rhodes, Mark Bartlett (für seinen Beitrag zur Auckland-Russell Coastal Classic), Vic Locke und Kelly Gilkinson (vom Royal Hong Kong Yacht Club mit ihrem Beitrag zum San Fernando Race), Konstrukteur Dudley Dix für seinen Rat zum Thema Yachtdesign, ebenso Guy Ribadeau, Bill Lee und die Kollegen von Farr Yacht Designs bzw. Van der Stadt Designs (für das Zurverfügungstellen der Risse). Schließlich dankt der Verlag Joyce Talbot für ihre Geduld, für ihren Beitrag und die Informationen zu allen Regatten in Neuseeland. Dank gilt letztlich Geoff Meek von North Sails, der die Statistik zusammengestellt hat.

FOTOHINWEISE

Key: **DPPI** = Agence DPPI; **KOS** = KOS Picture Source; **SN** = Stock Newport; **TL** = Touchline.

DPPI/Billy Black 132 (mitte); **DPPI/Daniel Forster** 150 (unten), 158 (oben und mitte); **DPPI/P Garenne** 130 (unten links); **DPPI/Jean-Marie Liot** 27, 28 (unten links), 29, 30 (oben), 31, 65 (oben rechts); **DPPI/Franco Pace** 18; **DPPI/Benoit Stichelbaut** 69, 73 (rechts); **DPPI/Henri Thibault** 64, 130 (oben rechts und unten rechts); **DPPI/Jacques Vapillon** 70 (oben), 115 (oben), 122 (mitte); **Anthony Steward** 12, 13; **Argus** 88; **Billy Black** endpapers, 43 (unten links und rechts), 79 (oben), 110 (mitte), 114 (unten links), 160; **Cedric Robertson** 86, 87, 89, 90 (unten), 91 (unten), 156; **Christel Clear** 124 (unten), 142 (unten); **Garmt de Vries Collection** 130 (oben links); **Goss Challenges Ltd** 9; **Ivor Wilkins** 51, 111, 131, 139 (unten), 140 (oben), 144 (unten); **Jon Nash Photography** 117 (mitte und unten); **Karina Wang** 46 (unten), 48–49, 49; **KOS** 4–5, 11 (oben links), 21 (unten und mitte), 22 (rechts), 37, 65 (oben links und unten), 106, 107 (oben), 109 (rechts), 116, 118 (unten), 120, 134 (oben), 136–137, 139 (mitte), 143 (oben), 144 (oben und 2nd from unten), 146, 147, 148, 149 (oben), 158 (unten); **KOS/Carlo Borlenghi** 14 (unten rechts), 22 (links), 102, 110 (unten), 132 (unten), 135 (oben), 140 (unten), 142 (oben); **KOS/Roger Garwood** 35 (unten); **KOS/Bob Grieser** 60–61; **KOS/ Heinrich Hecht** 149 (unten); **KOS/Marc Lavaud** 14 (unten links); **KOS/Gilles Martin-Raget** 11 (oben mitte), 21 (oben), 66 (oben, mitte, unten), 67, 123, 127 (links), 151 (unten links), 158 (unten); **KOS/Merit Crew** 105 (obere Reihe, rechts); **KOS/G-J Norman** 68, 132 (oben); **KOS/Eric North** 24 (oben rechts), 107 (oben rechts); **K Soehata** 81, 82–83, 84, 85; **KOS/Henri Thibault** 26, 30 (unten); 70 (unten links), 71 (links), 72–73, 124 (oben), 125 (oben), 126 (links); **KOS/Jacques Vapillon** cover spine, 114 (unten mitte), 122 (oben und unten), 126 (rechts), 127 (rechts); **Mike Hunter** 52, 53 (oben und unten rechts); **Neil Rusch** 90 (oben); **Onne van der Wal** 38, 39, 43 (oben links und rechts), 105 (untere Reihe, rechts), 133, 134 (unten); **Pixie Thomas** 58 (oben); **PPL** 10 (oben), 14 (oben), 24 (oben links und unten), 33, 34 (mitte), 35 (oben und mitte), 42, 83 (oben), 144 (2nd from oben), 153 (oben), 155; **PPL/Jack Alterman** 113 (links); **PPL/Richard Bennett** 34 (unten links); **PPL/Peter Bentley** 129 (mitte), 138; **PPL/Gis Bermuda** 41; **PPL/Chichester Archive** 10 (unten); **PPL/Peter Danby** 108 (oben rechts); **PPL/Paul Egan** 157 (mitte); **PPL/Bob Fisher** full title, 83 (unten), 107 (unten links), 141 (obere Reihe, mitte und mittlere Reihe [all]); **PPL/Robert D Hagan** 115 (unten); **PPL/Rob Haine** 121 (unten links); **PPL/Heath** 117 (oben); **PPL/Jono Knight** front cover, 32; **PPL/Jamie Lawson-Johnston** 16–17, 20, 112, 139 (oben), 141 (untere Reihe, rechts), 143 (unten); **PPL/Ian Mainsbridge** 34 (rechts); **PPL/Jon Nash** 6–7, 11 (oben rechts), 70 (unten rechts), 98–99, 105 (obere Reihe, mitte), 121 (oben und unten rechts); **PPL/Skip Novak** 104 (mitte und unten), 105 (mittlere Reihe, links und mitte); **PPL/Mark Pepper** 63, 79 (mitte), 108 (links), 118 (oben), 119, 129 (unten), 157 (unten); **PPL/Barry Pickthall** 40, 56, 57, 58 (unten), 59, 62, 104 (oben), 107 (mitte, oben), 141 (obere Reihe, links und rechts, und untere Reihe, links); **PPL/RAAF** 125 (unten links); **PPL/Nick Rains** 141 (untere Reihe, mitte); **PPL/Cedric Robertson** 91 (oben); **PPL/Pierre Saboulin** 66 (rechts), 128, 129 (oben); **PPL/Philippe Schiller** 103 (oben und mitte), 105 (untere Reihe, links); **PPL/Eric Simonson** 135 (unten); **PPL/Onne van der Wal** 107 (unten); **PPL/Phil Wade** 105 (mittlere Reihe, rechts); **PPL/West Australia** 125 (unten rechts); **Roger de la Harpe/Africa Imagery** back cover; **SN** 105 (untere Reihe, mitte); **SN/Carlo Borlenghi** half title, 103 (unten), 105 (obere Reihe, links), 108 (unten rechts), 109 (oben links und unten), 113 (rechts); **SN/Skip Novak** 80, **SN/Onne van der Wal** 110 (oben), 114 (oben und unten rechts); **Terry Fong** 50, 53 (unten links und mitte), 54, 55 (oben und mitte), 92, 93, 94, 95; **Thierry Martinez** 8–9, 19, 23, 25, 28 (oben), 34 (oben), 36–37, 71 (rechts), 96–97, 145, 150–151 (obere Reihe), 151 (rechts), 152, 153 (unten), 157 (oben); **TL** 55 (unten); **TL/Stephen Munday** 79 (unten); **Walter Cooper** 44, 45, 46 (oben), 47, 48 (oben links); **Yoichi Yabe/KAZI** 74, 75, 76, 77, 78.

Philip Zepter
watches
PlayStation
PlayStation